비만의 역설
MYTHOS ÜBERGEWICHT

비만의 역설
왜 뚱뚱한 사람이 더 오래 사는가

초판 1쇄 인쇄일 2014년 11월 24일   초판 1쇄 발행일 2014년 11월 28일

지은이 아힘 페터스 | 옮긴이 이덕임
펴낸이 박재환 | 편집 유은재 | 관리 조영란
펴낸곳 에코리브르 | 주소 서울시 마포구 동교로 15길 34 3층(121-842) | 전화 702-2530 | 팩스 702-2532
이메일 ecolivres@hanmail.net | 출판등록 2001년 5월 7일 제10-2147호
종이 세종페이퍼 | 인쇄·제본 상지사

ISBN 978-89-6263-128-9 03330

책값은 뒤표지에 있습니다.   잘못된 책은 구입한 곳에서 바꿔드립니다.

*이 책은 2013년 출판한 《다이어트의 배신》의 개정판입니다.

왜 뚱뚱한 사람이 더 오래 사는가

비만의
MYTHOS ÜBERGEWIGHT
역　설

아힘 페터스 지음 | 이덕임 옮김

에코리브르

〈비너스의 탄생〉, 산드로 보티첼리(1445~1510)

마리 사비네^{Marie-Sabine}에게 바칩니다.

이 책은 임상 연구소인 '이기적인 뇌'의 과학적 연구 결과를 바탕으로 한 것이다. 2004년 뤼베크 대학교에서 독일연구협회[DFG]의 지원을 받아 설립한 이연구소의 회원은 뇌과학, 정신과, 신경내분비학, 내과, 약리학, 생화학, 화학, 수학 분야의 연구자들로 이루어졌다. 여러 학문 분야와 제휴해 1만 2000여 건의 연구 결과에 대한 분석과 평가를 수행했다. 여기서 도움을 준 수많은 과학자들에게 경의와 감사의 말을 전한다. 이들의 도움이 없었다면 이 책을 쓰지못했을 것이다.

차례

의사들의 실책은 말할 수 없이 많다.

대체로 이들은 환자를 굶기는 데는 지나치게 낙관적이지만 환자의 고통을 그

치게 하는 데는 지나치게 비관적이다.

—마르셀 프루스트

건강한 체중 감량에 관한 여러 가지 속설

유명 온라인 서점에서 '다이어트'라는 단어를 입력해보라. 2013년 1월 7일 기준으로 총 1만 7171종에 달하는 상품을 검색할 수 있다. 또 '체중 감량'이라는 주제를 다룬 독일어 '서적' 부문에서만도 1만 권 이상의 제목을 검색할 수 있다. 책 한 권이 보통 200쪽가량이라고 가정했을 때, 약 200미터의 책장이 체중 감량을 다룬 책들로만 꽉 채워지는 셈이다. 많이 먹는 사람은 뚱뚱하고, 적게 먹는 사람은 날씬하다. 이것이 충고의 핵심이다. 하지만 수많은 저자가 너무나 간단한 해결책을 가진 이 주제에 대해 한없이 다양한 방식으로 반복해서 다루고 있다. 지방, 단백질, 탄수화물 등을 줄이거나 칼로리 계산기 또는 점수 매기기 등을 통한 다이어트 방식을 권하기도 한다. 하지만 다이어트에 관한 모든 프로그램은 결국 음식 섭취를 통해 에너지를 인공적으로 조절하거나 제한하는 일에 대한 것이다. 적게 먹는 사람이 더 날씬하게 살 수 있다는 말은 사실 논리적으로 들린다. 그렇다면 체중 문제에 대한 해결책이 이토록 간단한데도 어째서 시중에는 그토록 많은 책이 나와 있는 것일까? 체중 감량이라는 문제가 다양한 다이어트 방식에도 불구하고 지구상의 기후 변화 문제만큼이나 해결하기 어려운 주제이기 때문은 아닐까? (물론 체중 감량에 관한 책은 훨씬 많은 독자의 관심을 끈다. 온라인 서점에서는 이 주제와 관련해 2700권의 책을 검색할 수 있다.) 좀 다르게 말해보자. 어째서 체중 감량에 관한 책이 그토록 많이 출판되어 독자들의 손에 들어가는지 두 가지 결론을 내릴 수 있다. 첫 번째는 체중 감량에 관한 사람들의 관심이 엄청나게 높다는 것이고, 두 번째는 기존의 다이어트 관련 책이 그다지 큰 도움을 주지 못한다는 것이다. 다이어트에 관한 서적은 독자에게 그 책을 구매함으로써 자신의 몸을 변화시킬 수 있다는 환상과 열망을 불러일으킨다. 그러나 다이어트 방식을 다룬 책이 체중의 균형을 바로잡을 수 있는 영리한 전략이라는 믿음은 하나의 속설이며, 그것이 이 책에서 다루고자 하는 주제다.

다이어트와 다이어트에 관한 책에 대해 우리는 '조건반사'라는 용어를 사용할 수 있다. 저자가 자신이 고안한 다이어트 방식이야말로 새롭고 재미있으며 결과에 확신을 준다고 공언하는 순간, 독자는 이번엔 제대로 된 방법을 찾았다는 희망에 반사적으로 덥석 책을 집어 드는 것이다. 다이어트에 관한 충고의 정글 속에서 대부분의 사람은 오래전에 길을 잃은 것처럼 보인다. 사람들은 '왜 살이 찌는가?'라는 근본적인 문제를 찾기보다는 그에 대한 빠른 해답을 원한다. 처음부터 올바른 질문을 던질 생각은 없고 오직 대답만을 중시한다. 아울러 그

대답은 쉽고 빠른 것이어야 한다.

여기까지 읽은 독자라면 이 책이 다이어트에 대한 조언을 담은 게 아니라는 사실을 이미 눈치챘을 것이다. 빠르고 건강하게 오래 유지할 수 있는 체중 감량 전략을 기대한 독자라면 실망할 수도 있다. 하지만 진실을 말하자면—비록 그 진실이 불편할지라도—이 세상에 빠르고 쉬울뿐더러 위험하지 않고 건강한 체중 감량 비법이란 없다. 그런 방법이 있다고 약속하는 사람은 진실을 감추는 것이다.

그렇다면 이 책은 읽을 만한 가치가 있는 것일까? 그렇다. 적어도 자신의 시야를 넓히고 체중의 변화를 둘러싼 모든 요소, 요컨대 어째서 어떤 사람은 뚱뚱하고 어떤 사람은 날씬한지에 대해 의문을 품은 적이 있는 사람이라면 이 책은 읽을 만한 가치가 있다. 더불어 새로운 뇌과학을 바탕으로 얻은 위의 질문들에 대한 답을 이 책을 통해 찾을 수 있을 것이다.

하지만 그 대답은 깨달음뿐 아니라 불편함을 불러일으키기도 한다. 체중 감량이 자제력과 강한 의지의 문제라고 생각하는 우리의 통념을 깨뜨리기 때문이다. 또한 지금까지 수많은 의사가 체중 문제로 찾아오는 환자들을 잘못 치료하고 있으며 이로 인해 환자들은 비싸고 건강에도 해로운, 어이없는 처방을 수없이 받아들이고 있다는 사실을 분명하게 알 수 있다. 연구 결과는 다이어트와 다이어트 상품이 엄청난 환금성을 지닌 사업이지만, 의심스럽고 건강에 해롭거나 위험하다는 사실을 명백하게 밝혀준다. 체중 감량을 위한 약품을 복용하는 사람들은 자신이 알지 못하는 사이 흡연이나 지나친 음주에 버금갈 정도의 수명 단축 위험에 노출되어 있는 것이다.

또한 과체중이라는 현상을 전염병처럼 전 세계적으로 퍼뜨린 장본인이 누구인지도 밝혀볼 필요가 있다. 영양 산업과 제약 회사 그리고 보건 분야는 이러한 현상에서 어떤 역할을 하고 있는지, 또 우리는 어떠한 책임이 있는지 살펴보아야 한다. 새로운 과학적 연구 결과는 체중 증가가 기본적으로 사회적 문제라는 사실을 보여주기 때문이다. 사람들은 가난하거나 가난을 두려워하기 때문에 살이 찐다. 실직에 대한 두려움, 가정불화, 자녀의 교육 문제 등 우리가 끊임없이 싸워야 할 문제들도 그 원인 중 하나이다. 직장 동료가 괴롭히거나 사랑하는 사람과 이별할 경우 사람들은 자신이 외롭고 고립되었다고 느낀다. 경제 활동에 대한 의무와 역할에서 비롯된 갈등을 해결하지 못하는 부모들로 인해 아이들은 보살핌을 제대로 받지 못하고 과체중이라는 위험에 노출된다. 사회가 요구하는 것은 점점 더 많아지고 스트레스는 쌓여만 간다. 하지만 직장에서 해고될까봐 '아니요'라는 말도 제대로 못한다. 또는 집안에 치매나 우울증 또는 알코올 중독에 걸린 가족이 있어 큰 부담을 느낄 수도 있다. 사실 가족 중 만성 질환 환자가 있는 경우 거기서 오는 정신적·육체적 고통은 이루 말할 수 없다.

이러한 모든 조건과 요인은 언뜻 보기에는 서로 다른 것 같지만 사실 공통점이 있다. 바로 사회심리적 스트레스를 유발한다는 것이다. 이는 트라우마의 경험을 제외하고 우리에게 가장 심한 스트레스를 주는 요인이다. 이 같은 스트레스 요인은 언제나 사람을 따라다니며, 타인과의 관계에서 감정적 불화를 일으키는 요소가 되기도 한다. 배우자나 부모 또는 자녀와의 사이에서 해결하지 못한 불화는 직장에서 동료나 상사와의 불화로 이어진다. 우리는 이러한 사회심리적 스트레스를 매일 일상적으로 경험한다. 하지만 대체로 이러한 압박 요소를 어떻게 조정하고 해결해야 하는지 모른 채 살아간다. 그중 지금까지 우리가 거의 주목하지 못한 상관관계가 하나 있다. 사회심리적 스트레스 요인과 우리 뇌의 에너지 공급 관계, 요컨대 식습관과 체중의 상관관계가 바로 그것이다.

사실 스트레스가 체중에 미치는 영향은 새롭게 발견한 지식이 아니다. 인간이 스트레스와 위험·불안으로 가득 찬 환경에 처하면 외형적 변화가 생긴다. 하지만 이것이 비단 인간에게만 해당하는 게 아니라 전체 동물의 왕국—물벼룩에서 코끼리까지—에 적용되는 기본적인 생물학적 원리라는 것은 근래 새롭게 발견한 사실이다. 또한 스트레스가 체중 증가의 한 요인이 아니라 중대한 원인이라는 사실도 새롭게 밝혀졌다. 임상적으로 예외는 극히 드물다. 체중이 과다하게 증가한 사람은 대부분 병에 걸리거나 과도한 사회심리적 스트레스에 시달린다. 만약 뚱뚱한 사람을 붙잡고 그가 안고 있는 스트레스에 대해 물어보면, 대부분 그 정체를 명확하게 인지하거나 적어도 어렴풋이는 알고 있다는 반응을 보일 것이다. 사회심리학적으로 이는 무엇을 의미할까? 그 사람의 스트레스 시스템이 정상에서 심각하게 활성화한 상태이며 짧은 트라우마든 장기간 축적된 것이든 몇 달 또는 몇 년에 걸쳐 그 스트레스가 이어졌다는 뜻이다. 그러므로 체중 증가는 다름 아닌 스트레스 상태를 견디느라 형성된 결과일 뿐이다.

그렇다고 체중 증가의 원인인 스트레스가 무슨 거창한 드라마를 요구하는 것은 아니다. 사소하고 드러나지 않는 갈등의 불씨가 나중에 무시무시하고 극적인 스트레스 상황을 불러일으키는 경우가 다반사다. 사회심리적 스트레스가 비만 위험을 불러온다는 이 책의 주제는 이기적인 뇌 이론^{Selfish Brain Theory}에서도 증명되었다. 다시 말해, 그냥 저절로 살이 찌는 사람은 없으며 급격한 체중 증가는 사회적 자아가 혼란에 빠진 것을 의미한다는 얘기다. 헝클어진 뜨개실 뭉치처럼 우리 인생에서도 가까운 사람들과의 관계가 엉키는 일이 생기게 마련이다. 이런 일을 어떤 이는 그냥 무시하고 또 어떤 이는 묵묵히 받아들인다. 하지만 무턱대고 무시하는 것도, 그저 참기만 하는 것도 문제의 핵심을 해결하지는 못한다. 그럴 경우 스트레스 시스템은 계속해서 우리에게 그 문제를 상기시킬 것이다. 해결하지 않은 문제가 저절로 풀리는 경우란 없다.

인간의 스트레스 관리 시스템과 체중은 서로 연결되어 있다. 한 영역에서 변화가 생기면 부정적이든 긍정적이든 다른 영역에 영향을 미친다. 이는 중요한 기본 지식이며 바뀌거나 상대화할 수 없는 원리다. 다시 한 번 명확하게 말하건대 체중 변화를 위한 노력, 곧 다이어트나 여러 가지 체중 감량 시도 또한 스트레스 시스템에 영향을 미친다.

왜 군이 체중을 줄이려 하는지 이유를 물어보면 사람들은 대체로 미관상 또는 건강상의 이유, 아니면 그 두 가지 이유를 모두 댈 것이다. 날씬함에 대한 이러한 소망은 건강 전문가의 조언과, 다른 한편으로 미용 전문가의 영향력도 필요로 한다. 흥미로운 것은 이들의 조언에 의문을 품는 사람이 거의 없다는 점이다. 왜 그럴까?

뚱뚱한 사람이
오래 산다고?

르네상스 시대의 가장 아름다운 여성을 보고 싶다면 이탈리아 피렌체에 있는 비아델라닌나^{Via della Ninna} 5가로 곧장 가보라. 그곳에는 세계적인 미술관 중 하나인 우피치 미술관이 있다. 이 미술관 3층은 이탈리아의 르네상스 시대 그림들로 가득 차 있는데, 거기에 회화 역사상 가장 우아한 여인을 묘사한 〈비너스의 탄생〉이 전시되어 있다. 가로 172.5센티미터 세로 278.8센티미터 크기의 이 그림을 보면서 관람객은 비너스의 탄생을 목격한다. 산드로 보티첼리는 1485년에 이 작품을 그렸는데, 후대의 서양 미술사에서 여성미를 상징하는 가장 중요한 아이콘이 되었다. 비너스는 커다란 조개 위에 선 채 신성한 바람을 타고 해변으로 이동한다. 보티첼리는 여신의 우아함을 젊은 여성의 나체를 빌려 표현했다. 그림 속 비너스는 르네상스 시대뿐 아니라 오늘날까지도 이상적 여성미를 상징한다.

하지만 좀더 자세히 들여다보면 보티첼리가 표현한 그림 속 비너스가 뚱뚱하다고는 할 수 없지만, 21세기의 기준에서 봤을 때 날씬하고 미끈한 몸매는 아니라는 것을 알 수 있다. 엉덩이는 지나치게 풍만하고, 배는 볼록하고, 팔과 허벅지는 애교 섞인 표현을 쓰자면 약간 '통통하다'고 할 만하다. 보티첼리나 동시대 사람들은 이런 비판적 견해에 오만하다거나 말도 안 되는 평가라고 일축할 수 있다. 그들에게는 그림 속 여신이야말로 초월적 아름다움뿐 아니라 관능적이고 건강한 아름다움을 지닌 존재일 테니 말이다. 그보다 훨씬 날씬한 여인이었다면 르네상스 시대 사람들은 바싹 말랐다며 눈살을 찌푸렸을 것이다.

자, 그럼 이 시점에서 우리 모두 상상의 나래를 한번 펼쳐보자. 보티첼리의 비너스가 기적처럼 소생해서 2013년으로 이동한 다음, 모델 에이전시의 문을 두드린다. 담당자는 비너스의 몸매를 못마땅하게 훑어보며 이렇게 말하지 않을까? "아가씨는 상당히 매력적이지만 무대에 서려면 적어도 10킬로그램 정도는 감량해야 할 것 같군요." 여기서 비너스의 나이가 19세에 키는 175센티미터(모델이 되기 위한 최소한의 조건이다)라고 가정하자. 몸매를 고려할 때 비너스의 체중은 77킬로그램 정도라고 추정할 수 있다. 요컨대 비너스의 체질량지수BMI는 25다(체질량지수= 체중(kg)/키(m)²).

BMI는 체중과 건강의 연관 관계를 수치화한 것으로, 너무 낮거나 높으면 건강에 적신호가 온 것으로 본다. 오늘날의 분류에 따르면 19세 여성의 경우 BMI가 20~25일 때 건강한 것으로 간주한다. 이런 기준에서 볼 때, 비너스는 정확하게 '건강함'과 '병적인 상태'의 경계에 있다. BMI가 25면 비만증(BMI가 30 이상인 경우)은 아니지만 약간 '체중 과다' 상태라고 진단하는 의사도 있을 수 있다. 비너스가 아직 아주 젊기 때문에 나이가 들면서 체중이 늘어날 가능성이 높기 때문이다. 주치의라면 체중 감량을 권할 것이다. 뚱뚱한 것은 매력 없어 보일 뿐 아니라 건강에도 해롭기 때문이다. 그렇다면 이 기준은 올바른 것일까? 좀 더 깊이 파고들면 이러한 평가 방식에 의문을 품는 의사도 상당수 있다는 것을 알 수 있다.

비만의 역설: 비만인은 같은 심근경색을 일으켜도 날씬한 사람보다 생존율이 높다?

외르크 씨는 체질량지수가 23으로, 키는 181센티미터에 체중은 75킬로그램이다. 배가 살짝 튀어나오기는 했지만 여러 해 동안 체중에 변함이 없었다. 과거에 비해 팔과 다리의 근육이 많이 줄기는 했다. 그리고 피부도 얇아진 것 같다. 하지만 전체적으로 볼 때 날씬하고, 주치의도 건강한 상태라고 진단했다. 얼마 전 외르크 씨는 의학적 진단 평가를 통해 혈액 수치를 확인했다. 아무런 문제가 없었다. 간, 혈당, 염증 반응 지표 등 모든 게 청신호로 나왔다. 콜레스테롤 수치가 약간 높았지만 전혀 위험한 상태는 아니었다. 조금 상승한 혈압은 약을 복용함으로써 이내 진정되었다. 외르크 씨는 담배를 피우지 않고 술을 적당히 마시며 일주일에 세 번은 조깅을 했다. 그에게 현재의 상태를 유지하는 것은 아주 중요했다. 직장인 직업학교에서 교장의 직위에 있을 뿐만 아니라 가정에서 혈기 넘치는 두 자녀를 키우려면 아주 많은 에너지가 필요하기 때문이다. 만약 외르크 씨가 자기의 일상을 요약한다면 다음과 같지 않을까. "나는 하루 종일 정신없이 움직여야 한다. 저녁에는 너무 피곤하고 지친다. 그 문제에 대해 많이 생각하고 고민해보지만 해결책이 없다." 외르크 씨는 3주 전에 51세가 되었다. 그렇지만 지금 그는 구급차의 환자용 침대에 누워 있다. 심근경색이 왔기 때문이다. 외르크 씨에게는 첫 번째 심근경색이었지만 대학 병원 응급실의 담당 의사는 상당히 심각한 상태라고 진단했다. 그는 중환자실로 옮겨져 즉시 심장도관술 처치를 받았다. 외르크 씨는 같은 날 아침 중환자실에 입원한 스벤 씨와 같은 병실에 누워 있었다. 스벤 씨 역시 심근경색으로 실려 왔다. 외르크 씨와 같은 51세지만 스벤 씨의 BMI는 32에 달한다. 키는 176센티미터에 체중은 99킬로그램이다. 35세 때부터 의사가 과체중으로 인한 심장과 동맥의 위험을 경고했다. 스벤 씨 또한 생명의 위협을 느끼고 있다. 하지만 몇 시간 후 다행히 몸 상태가 다소 호전되어 5일 후에는 중환자실을 떠날 수 있었다. 그리고 단기간의 회복 프로그램을 거쳐 현재는 심근경색을 극복하고 안정된 상태에 접어들었다. 하지만 같은 날 병원에 실려온, 날씬한 외르크 씨에게는 스벤 씨와 같은 행운이 따르지 않았다. 그는 병원에 실려온 바로 그날 중환자실에서 숨을 거두었다.

독일의 병원에서는 위와 같은 일이 매일 일어난다. 독일에서만 해마다

28만 명 이상이 심근경색으로 병원을 찾는다. 여성이나 남성, 날씬한 사람이나 뚱뚱한 사람 모두 예외는 없다. 그럼에도 불구하고 외르크 씨와 스벤 씨 이야기는 여러 면에서 불편한 느낌을 준다. 스벤 씨가 언젠가는 심근경색으로 고통받게 될 것이라는 예상은 의사도 오래전에 진단한 사실이다. 그렇다면 외르크 씨는 어떤가? 날씬하고 탄탄한 체격의 그는 전혀 위험군에 속하지 않았음에도 스벤 씨와 같은 나이에 심근경색을 겪었을 뿐 아니라 그로 인해 목숨을 잃었다. 더욱이 이런 경우가 아주 희귀하다고 볼 수만도 없다.

불편한 질문: 체중 증가는 일반적으로 건강을 위협하는 요소라고 할 수 있는가

21세기에 들어서면서 신장 전문의들은 '비만의 역설(obesity paradox: 미국 뉴올리언스에 있는 옥스너 의료원의 칼 J. 라비상Carl J. Lavie 박사가 과도한 지방은 심장 질환의 발병 원인이기도 하지만, 동시에 증상 악화를 억제할 가능성이 있다는 연구 결과를 바탕으로 명명한 현상—옮긴이)'이라고 일컫기도 하는 이 전 세계적인 현상에 대해 활발한 논의를 시작했다. 전문의들은 기대와 다르게 인공 신장의 도움을 받아 치료를 받은 뚱뚱한 환자들이 날씬한 환자에 비해 생존율이 높다는 사실에 충격을 받았다. 곧이어 이 같은 사실은 신부전에만 해당하는 것이 아니라 뇌졸중, 뇌출혈, 심근경색, 심부전, 폐부전, 간부전, 패혈증, 제2형 당뇨병 같은 병중에도 마찬가지로 적용된다는 사실이 밝혀졌다. 오늘날까지 이 같은 현상은 수많은 연구를 통해 여러 전문의가 공통되게 추정하는 이론으로 정착했다. 즉 심근경색이든 뇌졸중이든 질병의 종류와 상관없이 급성 질환의 경우 뚱뚱한 환자는 날씬한 환자보다 사망률이 낮다는 것이다. 왜일까?

처음에는 이에 대한 설득력 있는 답변을 찾을 수 없었다. 발견하지 못한 암 같은 중병이나 흡연 등이 치명적인 역할을 하고 통계를 혼란시키지 않았을까 하는 초기의 가설은 확증되지 않았다. 급성 질환의 경우 체중이 적당한 환자들이 더 위협적인 상황에 놓일 수 있다는 의혹이 점점 확실시되었고, 기존의 기본적인 의학적 논리들이 갑자기 의문에 봉착했다.

- 뚱뚱한 사람은 심근경색에 걸릴 위험이 높다는 게 정말 사실일까? 아니면 특정 상황에서는 체중이 많이 나가는 게 오히려 질병에 대한 보호막이 될 수 있을까?
- 정기 건강 검진에서 측정한 값이 심장의 건강을 재는 올바른 기준이 될 수 있을까? 아니면 정말로 중요한 위험 요인을 우리가 간과하고 있는 것은 아닐까?
- 심장과 혈관의 석회화 위험도를 낮추기 위해 권장하는 체중 감량이 오히려 더 심각한 질병을 초래할 수 있다면 어떻게 하겠는가?

지금부터 이러한 중심 주제에 대해 좀더 자세히 다루고자 한다. 하지만 무엇보다 내가 강조하고 싶은 것은 다음과 같은 질문이다. 지금까지 의학계에서는 비만인을 어떻게 정의하고 다루어왔는가? 일반적으로 공인받는 의학계에서는 이른바 '과체중'이 다음과 같은 위험 요소를 안고 있다고 규정한다.

- 동맥경화
- 심근경색
- 뇌졸중
- 제2형 당뇨병
- 우울증
- 불임

치료 단계에서 가장 먼저 권장하는 것도 체중 감량이다. 다시 말해, 환자들이 식단을 바꾸거나 운동을 하거나 섭취하는 칼로리를 낮추는 방식으로 체중을 줄여야 한다는 것이다. 체중 감량을 통해 우리 몸은 날씬해질 뿐 아니라 건강을 회복하기까지 한다. 많은 의사나 영양학자들이 과학적 사실인 양 이런 주장을 한다. 하지만 실제 상황은 전혀 그런 주장만큼 명쾌하다고 볼 수 없다. 오히려 그 반대라고 할 수 있다. 다시 말해, 과학적 증거가 없는 단순한 가설에 불과하다는 얘기다. 이 가설을 바탕으로 수세기 동안 의사와 치료사는 체질량지수가 높은 사람들에게 체중을 즉시 줄일 것을 강요해왔다. 하지만 비만의 역설이라는 관점에서는 '병적인' 비만과 '건강한' 날씬함이라는 그림이 잘 맞아떨어지지 않는다. 또한 다른 여러 연구 결과를 통해서도 비만의 역설의 상관성이 입증되고 있으며, 이는 기존 이론에 대한 근본적인 회의를 불러온다.

숨겨진 오류에 대한 탐색: 스트레스는 체중에 어떤 영향을 미치는가

새로운 이론은 과학계에서 인정받기 어려울 뿐만 아니라 거듭해서 오류 가능성을 점검받지만, 기존에 성립한 이론은 그 정반대인 경우가 많다. 일반적으로 승인받은 이론은 얼핏 의심의 여지가 없어 보인다. 하지만 기능에 문제가 없는 것 같은 시스템에서도 계산 오류는 일어날 수 있으며, 이는 즉각 알아채지 못할지라도 결과에 결정적 영향을 미칠 수 있다. 아울러 그런 종류의 오류는 점점 더 알아채기 어렵고, 그러다 보면 그 상태에서 시간이 점점 더 흘러가게 마련이다. 건설 기술자는 이러한 계산 오류가 안고 있는 치명적 결함을 잘 알고 있기에 실수가 발생하는 것을 두려워한다. 따라서 정역학적 계산을 위해 거듭해서 확인 작업을 거친다. 예를 들어, 교각 건설 같은 복잡한 상황에서 계측에 문제가 있을 경우 기술자들은 다음의 두 가지 문제에 직면한다.

1. 아무리 사소한 계산 오류라도 이후의 계측을 여기에 의존하기 때문에 훨씬 더 심각한 결과를 낳을 수 있다. 그러므로 오류를 정정하지 않은 상태에서는 점점 자기 복제의 늪에 빠진다.
2. 애초 발생한 오류를 찾아내는 작업은 때때로 지연되기 일쑤이므로 계측에 대해 전체적으로 의문을 품고 새롭게 시작하는 경우가 많다.

자, 이제 여러분은 비만의 역설을 이해하기 어려운 이유가 우리에게 알려지지 않은 '계산 오류'나 잘못된 통념 때문이라는 것을 받아들일 수 있는가? 그렇다면 지금까지 알고 있던 체중에 대한 여러분의 지식을 새롭게 조명할 준비가 되었다고 볼 수 있다.

스트레스 연구 분야에서는 바로 이 부분을 수년간 탐구해왔다. 신기하게도 스트레스 연구 결과는 의학 분야에서 아주 천천히 인정받고 있지만, 우리의 스트레스 시스템이 건강에 아주 중요한 역할을 한다는 사실은 갈수록 분명해지고 있다. 뉴욕 록펠러 대학교의 브루스 매큐언 Bruce McEwen 교수는 수년 동안 코르티솔cortisol이라는 호르몬을 집중적으로 연구해왔다. 우리의 스트레스 시스템이 활성화하면 아드레날린 분비샘에서 이 호르몬이 더 많이 분비되는 것으로 밝혀졌다. 코르티솔은 우리 몸에서 여러 가지 소임을 한다. 그중 중요한 것 하나가 스트레스를 받고 있는 뇌를 진정시키는 일이다. 다시 말해, 코르티솔은 크게 활성화한 스트레스 시스템에 제동을 걸어 우리 몸을 진정 상태로 되돌려 놓는다. 보통은 코르티솔이 효력을 발휘한다. 하지만 스트레스 시스템이 계속 억압 상태에 놓인 사람의 경우—예를 들어, 직장에서 계속 불화를 겪거나 배우자와 갈등이 있는 경우(연구자들은 이것을 사회심리적 스트레스라고 한다)—코르티솔은 마치 오랫동안 산길을 내려가는 차량의 브레이크처럼 계속해서 분비된다. 비탈길을 내려가는 차량의 운전자는 어쩔 수 없이 브레이크를 밟으면서 동시에 브레이크가 과열로 파손될까봐 공포를 느낀다. 코르티솔 수치가 지속적으로 상승하면 (혈액 검사에서도 볼 수 있듯) 만성 스트레스라는 의학적 진단을 받는다. 이는 건강에 심각한 영향을 미친다. 지속적으로 상승한 코르티솔은 마치 계속해서 브레이크를 밟는 차량처럼 스트레스 시스템에 부정적 영향을 미쳐 우울증이나 노화 가속화 같은 현상으로 나타날 수 있다. 스트레스 연구 분야에서 이런 상관관계는 오랫동안 인정을 받아왔다. 하지만 장기적이고 지속적으로 활성화한 스트레스 시스템이 우리 건강과 인생 전반에 어떤 강력한 영향을 미치는지에 대해서는 아직 제대로 된 답변을 내놓지 못하고 있다. 요컨대 의문은 계속 남아 있다. 높은 코르티솔 수치가 장기간 지속되면 우리 몸에 어떤 치명적인 영향을 미칠까? 최근 영국과 네덜란드에서 수행한 장기長期 연구를 통해 처음으로 높은 코르티솔 수치가 우리의 수명을 단축할 위험을 내포하고 있다는 사실이 밝혀졌다. 과학자들은 오랫동안 지속적인 스트레스 상태에 놓인 사람일수록 일찍 사망한다는 가설을 믿어왔는데, 이것을 결정적 증거를 통해 확인한 것이다.

A형 또는 B형: 스트레스 상황에서도 날씬함을 유지하는 비결과 그것이 장점일 수 없는 이유

만일 높은 코르티솔 수치가 신체에 그토록 무리를 준다면 우리 몸은 여기에 어떻게 대응할까? 스트레스 전문가들은 이 질문에 대한 연구 끝에 흥미로운 답변을 찾았다. 장기적이고 지속적인 스트레스 상태에 대한 대응에는 유전적 성향에 따라 크게 두 가지 유형이 있다. 한 가지 유형은―A형이라고 하자―스트레스 시스템에 대한 적응력이 낮아서 제한적으로만 상황에 적응할 수 있다. 즉 사회심리적 스트레스에 대한 반응이 항상 높고 예민하다. 스트레스에 민감한 상황, 예측하기 어려운 생활환경에서 혈액 속의 코르티솔이 지속적으로 증가하는 것이다. 따라서 A형에 속하는 사람은 늘 '스트레스로 가득 찬' 상황 속에서 살아간다. 이들은 스트레스를 낮추거나 발산할 줄 모른다. 스트레스로 인해 지속적인 불안과 두려움을 안고 살아가는 것이다. 그 대표적인 사례는 심근경색으로 사망한, 날씬한 외르크 씨다.

이에 비해 B형은 스벤 씨의 경우처럼 스트레스 시스템에 대한 적응력이 탁월하다. 스트레스 환경에서는 이들도 A형과 같이 높은 반응을 보이며 혈액 속의 코르티솔 수치도 높게 나온다. 하지만 시간─몇 달 또는 몇 년─이 지날수록 B형은 적응력을 발휘한다. 스트레스 상황을 받아들이고 누그러진 반응을 보이는 것이다. 스트레스로 가득 찬 상황이 오랫동안 지속되는 환경이더라도 B형의 코르티솔 수치는 정상으로 돌아온다. 하지만 여기에는 대가가 필요하다. 만성 스트레스 상황에서 A형은 날씬함을 유지하지만, B형은 코르티솔 수치가 낮아지는 대신 체중이 증가한다. 왜 그럴까?

여기서 핵심적인 부분은 뇌에서 요구하는 에너지의 공급이다. 스트레스 상태에서는 뇌에서 필요로 하는 에너지가 상당히 많아진다. 스트레스란 불안정한 상황에서 우리가 신속하게 무엇인가를 결정해야 할 때 찾아오는 진화생물학적 현상으로, 이런 상황에서 보통 우리 뇌에는 단시간에 많은 에너지가 필요하다. 하지만 만성 스트레스 상황에서는 이야기가 달라진다. 장기적 관점에서 볼 때, 스트레스 상황에서 처

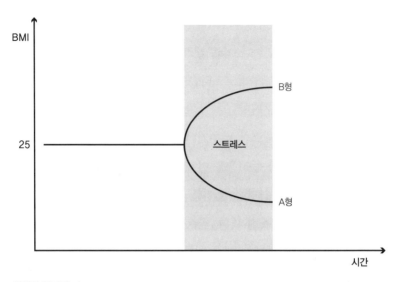

인생의 분기점

어떤 유형이든 상관없이 안전한 환경에서 BMI는 대체로 변동이 없다. 하지만 스트레스로 가득 찬 상황에서는 BMI가 유전적 성향에 따라 달라진다. A형은 체중이 줄고 B형은 체중이 증가하는 것이다. 위의 도표에서 볼 수 있듯 선이 두 갈래로 갈라지는 부분을 수학에서는 분기점이라고 하는데, 쉽게 말하면 가지가 두 개인 포크와 같다.

음에는 뇌에 많은 에너지가 필요하다. A형은 스트레스를 받으면 뇌에서 요구하는 에너지를 체내에 축적된 지방이나 근육 조직에서 끌어다 사용한다. 이는 스트레스 반응을 고도로 활성화하는 결과를 불러온다. 따라서 두 가지 기능을 충족하게 되는데, 위기를 해결하는 방식으로 스트레스에 대한 반응이 활성화하는 동시에 뇌에 필요한 에너지를 체내에서 확보하는 것이다. 이러한 에너지의 움직임으로 인해 A형의 경우 스트레스를 받으면 몸이 날씬해지거나 부쩍 마르는 현상이 생긴다.

하지만 B형의 경우는 스트레스 시스템이 스스로 적응 단계를 거치면서 반응을 덜하게 된다. 따라서 체내에서 뇌에 필요한 에너지를 공급할 필요가 없어진다. 또한 뇌의 모드가 바뀌면서 음식에 대한 욕구가 강해지고 더 많은 음식물을 섭취하게 된다. 이상하게 들릴 수 있지만, 우리의 뇌는 우리가 알아채지 못하는 사이 더 많이 먹도록 유도하는 수단과 방법을 갖추고 있는 것이다. 하지만 그러다 보니 식량이 충분한 나라에서는 이런 현상이 원하지 않는 부작용을 낳기에 이르렀다. 즉 사람들의 체중이 늘고 살이 찌기 시작한 것이다.

다시 한 번 교각 건설의 사례로 돌아가보자. 오류를 발견하면 기술자들은 계산을 엉키게 한 여러 가지 실수를 눈에 불을 켜고 찾으며 필요한 자료와 사실 그리고 가설을 샅샅이 비판적으로 재검토한다. 그렇다면 어째서 비만의 역설이 우리 눈에는 비상식적인 결론처럼 여겨지는 것일까? 왜 그런 생각을 하게 된 것일까? 혹시 체중 증가가 건강에 해로운 다이어트, 당분 중독, 의지력 결핍 또는 게으름의 결과이므로 잘못되었다는 기본적인 가설에 문제가 있는 것은 아닐까? 체중 증가가 지속적인 스트레스 상황이 장기적으로 지속되고 코르티솔 수치가 상승할 경우 우리 몸이 장기적으로 손상되는 것을 막기 위한 전략이라면 어쩔 것인가? 스트레스 시스템을 진정시키기 위해 사람들이 뚱뚱해진다는 것은 논리적으로 볼 때 이들이 날씬한 사람에 비해 스트레스 상황을 덜 예민하고 덜 강하게 받아들인다는 것을 의미한다.

뤼베크 대학교에서 진행하는 이기적인 뇌 연구 프로젝트는 이와 같은 질문을 다루고 있다. 4년 전 과학자들은 젊은 피실험자들에게 사회심리학적 실험에 참여해줄 것을 부탁했다. 시험을 앞둔 상황에 대한 시뮬레이션 실험이었다. 피실험자들은 시험 위원회 위원들 앞에서 자기소개를 한 뒤 계산 문제를 풀어야 했다. 위원회 위원들은 아주 깐깐하고 쉽게 만족하지 않는 사람들로서 시험 참여자들에게 최대한 압박을 주었다. 과학자들은 시험을 전후해 피실험자들의 코르티솔 수치를 측정했다. 그랬더니 시험을 치르기 시작한 지 10분이 지났을 뿐인데도 피실험자들의 코르티솔 수치가 급격하게 상승했다. (이와 별도로 범죄 시뮬레이션 실험에서도 스트레스 시스템이 활성화했다.) 이는 당시 실험에서 새롭게 발견한 사실이지만 그보다 더 중요한 것은 따로 있었다. 10분간의 스트레스 상황에서 이미 뇌는 엄청난 양의 에너지를 요구하는 것으로 밝혀졌다. 하지만 실험이 끝난 후 만족할 만한 식사를 한 피실험자의 경우—연구자들은 실험 후 휴식을 위해 그들을 멋진 바로 데려갔다—코르티솔 수치가 다시 정상으로 돌아왔다. 기분도 정상을 되찾았다. 하지만 아주 적은 음식을 공급받은 대조군은 2시간 뒤 곧바로 지치고 피곤해했다.

연구자들은 비만인들을 대상으로 실험을 계속했다. 그러자 놀라운 일이 발생했다. 실험 기간 동안 관찰한 이들의 코르티솔 수치가 현저하게 낮은 것이다. 정말로 비만인 집단의 스트레스 시스템은 날씬한 대조군에 비해 더 느리게 반응했다. 다시 말해 느리고 완만한 반응을 보인 것이다.

10분 동안의 스트레스 상황에서 비만인 집단은 명료한 의식이 있는 상태였음에도(요컨대 날씬한 집단에 비해 더 명료하거나 불안 또는 흥분한 상태는 아니었다) 날씬한 대조군에 비해 스트레스 시스템이 훨씬 더 느리고 완만한 반응을 보였다. 마찬가지로 비만인 집단의 경우 뇌에서 요구하는 에너지의 양도 그리 상승하지 않았다. 이 뤼베크 실험을 통해 연구자들은 체중이 많이 나가는 사람의 뇌는 스트레스에 덜 민감하게 반응한다는 과학적 증거를 확보할 수 있었다.

앞서 말했듯 스트레스가 지속되는 상황에서 체중이 늘어나는 것은 코르티솔 방류 효과로부터 스스로를 보호하기 위한 신체의 전략일 수 있는데, 이로써 신장 전문의들이 말하는 비만의 역설을 설명할 수 있을 것 같다. 코르티솔 수치가 높은 환경에서는 심장과 혈액 순환의 문제 또는 뇌졸중 같은 문제로 인해 수명이 치명적으로 줄어들 수 있다. 그러므로 우리는 여기서 체중, 코르티솔 수치, 스트레스 시스템의 활성화, 심근경색 그리고 이들 간의 상관관계가 환자의 생존 또는 죽음과 아주 밀접한 관련이 있다는 것을 확신할 수 있다. 또한 뇌와 스트레스 연구 결과에서 도출한 새로운 연관 관계를 더 이상 무시할 수 없다는 사실도 알 수 있다.

그러면 이렇게 말하는 사람도 있을 것이다. "아주 멋진걸! 더 많이 먹고 즐겨도 오래 살다니!" 하지만 여기에도 맹점은 있다. 우리는 보통 자신이 A형인지 B형인지 알지 못한다. 살아가면서 스트레스에 시달리는 상황이 되어야만 비로소 어떤 유형인지 알 수 있다. 대부분의 경우 이는 인생 후반기 또는 3분기에 이르러서야 확연히 드러난다. 그렇다면 이러한 구분은 운명적인 것이며, 우리는 평생 A형 또는 B형으로만 살아야 하는 것일까? 다르게 질문해보자. 만약 당신이 뚱뚱하고 느긋한 성격이거나 또는 마르고 스트레스를 잘 받는 성격이라면 앞으로도 계속해서 그런 상태로 머물러야 하는가? 많은 사람들, 아니 거의 대부분의 사람들은 그렇다. 사람들은 평생을 살아가면서 스트레스를 기록한다. 지나친 요구 사항이나 두려움 또는 풀지 못한 갈등 등이 그 기록에 차곡차곡 쌓인다. 이렇게 정형화한 인생에서 A형이나 B형으로 굳어진 방식은 거의 변화가 없다. 물론 간혹 이러한 패턴이 극대화하기도 한다. 하지만 그런 경우에도 코르티솔 분비를 조절하고 스트레스 상황을 떨쳐낼 가능성은 있다. 다만, 그러려면 삶에서 어떤 변화가 필요하다.

비만의 역설은 오랫동안 심근경색 환자 같은 특별한 사례에서만 나타나는 현상으로 여겨졌다. 하지만 최근 덴마크와 영국 그리고 모리셔스 제도Mauritius에서 이루어진 대규모 연구 결과에 따르면, 일반적인 조건에 속하는 젊은 사람들에게도 이 같은 공식이 적용되는 것으로 나타났다. 이러한 연구 관찰을 통해 우리는 비만의 역설이 신기한 의학적 현상일 뿐만 아니라 생물학적 기본 원리라는 결정적 증거를 확인할 수 있다.

자, 이제 다시 보티첼리의 비너스로 돌아가보자. 앞에서도 이야기했지만 현대의 의학적 진단에 따르면, 비너스는 위험한 '비만'의 경계에 있다. 하지만 스트레스 없는 상황 또는 스트레스로 가득 찬 상황에서 서로 다른 방식으로 반응하는 A형과 B형에 기초한 비만의 역설과 관련한 뇌 및 스트레스 연구에 따르면, 우리는 보티첼리와 그 시대 사람들이 옳았다는 것을 알 수 있다. 요컨대 지상의 고뇌로부터 자유로운 천국의 여신, 곧 체질량지수 25인 비너스는 길고 건강한 삶을 누렸을 것이다.

르네상스 시대까지만 해도 아름다움의 표상이던 '자연스럽게 이루어진 몸매'와 달리 오늘날 우리는 인공적으로 살을 뺀 몸매를 미의 표상으로 추앙한다. 이런 아름다움에 대한 현재의 이상은 과거의 이상과 경쟁 관계라기보다 오히려 창조자의 원칙을 거스르는 것이다. 강한 의지와 다이어트 그리고 다른 보조 수단을 통해 얻고자 하는 오늘날의 '몸매 다듬기'에 비해 풍만한 몸매라는 과거의 이상적 아름다움은 몸과 마음의 요구에 순응한 결과이다. 이것은 단순한 빈말이 아니다. 날씬해지겠다고 결심하는 것은 우리의 몸을 만들고 그에 따른 요구를 하는 뇌를 무시하는 것과 같다. 이러한 요구를 이해하고 그 연관성을 깨닫기 위해(이는 건강을 위해서도 매우 중요하다) 우리는 이런 모든 현상이 벌어지고 있는 장소, 즉 뇌를 살펴볼 필요가 있다.

굶주린 뇌

모든 사고와 감정 그리고 성격을 담고 있는 인간의 뇌는 우주에서 가장 복잡한 구조를 지닌 공간이다. 인공 지능 분야에서도 현재까지 인간의 뇌와 비슷한 기능을 가진 컴퓨터를 개발하는 데는 성공하지 못했다. 복잡한 과학적 발견이나 기술의 발전이 가능한 것은 바로 인간의 뇌 덕분이다. 하지만 끊임없이 등장하는 뇌에 대한 새로운 지식에도 불구하고 신경과학 분야에서 제기하는 대부분의 의문은 아직 그 답을 찾지 못하고 있다. 뇌가 엄청난 일을 해낼 능력을 갖추고 있다는 것에는 모두 동의하지만 머릿속에서 늘 작동하는 수많은 일들—심장 박동을 조절하는 것부터 새 차를 살지 말지 결정하는 것까지—에 대해 우리가 이해하거나 명확하게 알고 있는 것은 거의 없다. 인간 뇌의 복잡성은 거듭해서 우리 모두에게 수수께끼를 던진다. 또한 우리 모두가 알고 있고 아무도 심각하게 의심하지 않는 사실 중 하나는 뇌가 자신의 에너지 공급을 위해 하부 조직처럼 작동하기도 한다는 것이다. 대부분의 다이어트 개념은 날씬해지려면 지방 조직이 몸속에서 활동하는 것을 멈추도록 해야 한다고 여긴다. 놀라운 점은 지금까지 누구도 체중이 증가하는 데 그보다 더 깊은 이유가 있을 것이라는 의문을 제기하지 않았다는 사실이다. 다시 한 번 말하건대 우리의 신체 조직은 모두 제각기 분명한 존재 이유를 갖고 있다. 믿기 어려울지 모르지만 사실이다. 인간은 우리의 뇌가 어마어마하게 명석하고 복잡하다는 것에 대해서는 잘 알고 있지만 체중 증가 같은 심각한 과정에서 결정적 소임을 한다는 사실에 대해서는 오랫동안 무지했다.

수동적으로 또는 적극적으로: 우리의 뇌는 훌륭한 레스토랑 경영자일까

우리의 뇌가 레스토랑을 운영하는 사람이라고 가정해보자. 레스토랑 주인의 매우 중요한 일 중 하나는 재료 구입이다. 손님이 얼마나 올지, 또 무엇을 주문할지에 따라 음식 재료를 구입해 주방에 비치한다. 훌륭한 경영자라면 예약한 손님의 수를 계산하고 그동안의 경험에 비추어 추가 인원을 추정해서 도매상에 식재료를 주문할 것이다. 그렇게 하면 음식이 남아돌거나 모자라는 일이 발생할 가능성이 최소한으로 줄어든다.

하지만 게으른 경영자는 일을 다른 방식으로 처리한다. 매일 같은 양의 식재료를 주문하는 것이다. 거기서 발생하는 문제를 처리하는 것은 주방의 몫이다. 음식이 남으면 냉장고에 넣고, 모자라면 손님을 돌려보낸다. 전자의 레스토랑 경영자가 필요한 것을 적극적으로 계산해서 마련한다면, 두 번째 경영자는 그저 상황이 돌아가는 대로 대응한다. 여기서 질문을 던져보자. 뇌의 관점에서 볼 때 어떤 쪽이 더 유리할까?

사실 1990년대까지만 해도 우리는 뇌가 혈액에서 제공하는 포도당을 수동적으로 공급받기만 한다고 믿었다. 또한 뇌의 효율성은 혈당 수치에 전적으로 의존한다고 여겼다. 혈액 속의 당이 적을 경우에는 뇌의 활동이 느려지고, 뇌도 그에 맞게 작동하는 것으로 생각했다. 또한 현재까지도 체중 감량에 관한 다이어트나 치료 이론은 수동적 뇌 에너지 공급이라는 원칙에 기초한 것이라고 볼 수 있다.

이제 우리는 그것이 진실이 아니라는 걸 안다. 뇌의 시스템은 훨씬 정교하고 복잡하며 효율적이다. 적극적인 레스토랑 경영자처럼 뇌도 언제 얼마만큼의 음식이 필요한지 분석한다. 새로운 뇌과학을 통해 뇌가 다양한 필요에 의해 혈액에 적극적으로 요구 사항을 전달할 뿐 아니라 수요와 공급의 원칙에 기초해 혈액 속의 에너지 흐름을 조절한다는 사실이 밝혀졌다. 또한 뇌의 신경세포는 기본적인 에너지 공급을 위해 대체로 포도당을 사용한다는 사실도 밝혀졌다. 하지만 활성화한 신경세포는 위장이 섭취한 음식물이나 간에서 분비하는 포도당을 직접 사용하지 않는다. 이는 레스토랑에서 구입한 식재료를 손님에게 바로 가져다주지 않는 원리와 비슷하다. 신경세포는 활동하는 순간 말

그대로 특별식을 '주문'한다. 그 특별식이란 다름 아닌 '젖산'이다. 이 젖산은 포도당에서 직접 공급되어 신경세포가 '섭취'한다. 뇌의 신경 세포는 에너지가 필요한 순간 이 젖산을 주문하는데, 상황에 따라 그 주문량도 달라진다. 여기서 레스토랑과 다른 점은 인간 신체의 경우 주문하고 기다리는 시간이 없다는 것이다. 말하자면 경영학에서 배운 것처럼 주문 즉시 '제 시간에 맞춰 식탁에 오른다'. 이렇듯 공급 원칙 은 효율성이 놀라울 정도로 뛰어나다. 음식을 섭취했든 섭취하지 않았 든 우리의 뇌는 언제 어느 때고 신체에 필요한 에너지를 주문할 수 있 다. 의학계와 영양학계는 지금까지 통념에 의거해 에너지 공급에 관한 뇌의 소임을 과소평가했을 뿐만 아니라 에너지 공급을 적극적으로 조 절하는 뇌의 역량도 무시해왔다.

이기적인 뇌: 뇌가 다른 조직에 요구 사항을 전달하는 방식

뇌의 에너지 자급자족 원칙을 통해서 나는 자기중심적이라는 용어가 지닌 은유를 생각한다. 우리가 이해하기에 '이기적'이라는 표현은 대 체로 부정적 의미를 지닌다. 이기주의는 주로 자신의 이익을 위해 타 인이나 공공의 이익을 해친다는 의미에서 부정적인 느낌을 준다. 에너 지를 확보하기 위해 뇌가 다른 모든 조직으로부터 에너지를 취한다는 의미에서 우리는 이기주의라는 용어를 사용할 수 있다. 뇌는 자신의 목적을 위해 다른 조직의 에너지를 빼앗기도 한다. 극단적인 경우에는 그 조직을 파괴하는 위험을 초래하기도 한다. 이런 관점에서 뇌의 이기주의는 범죄적 요소마저 있다. 하지만 뇌의 이기주의는 또 다른 면도 지니고 있는데, 이는 아주 중요하다. 요컨대 뇌가 살아 있어야 다른 조직도 생존할 수 있으므로 뇌가 에너지 공급을 확보함으로써 생기는 이득은 다른 조직에도 긍정적 영향을 미친다는 사실이다.

부모 먼저, 또는 비행기 안에서의 이기주의

이를 쉽게 설명하기 위해 우리 모두에게 해당하는 한 가지 사례를 소개하고자 한다. 비행기가 출발하기 전, 항공기 승무원은 승객들에게 안전 수칙에 대한 안내를 시작한다. 이를테면 안전벨트를 제대로 착용할 것, 기내에 여섯 개의 비상구가 있다는 것, 구명조끼는 좌석 아래에 있다는 사실 등을 소개한다. 그리고 갑자기 기압이 낮아질 경우에 대해 이야기하며 천장에서 산소마스크를 당겨 어떻게 착용하는지 사용법을 설명한다. 그런 다음 일반적인 부모들이 이해하기 어려운 말을 한다. 아이들보다 부모가 먼저 마스크를 착용해야 한다는 얘기가 바로 그것이다. 이 같은 안내를 들으면 대부분의 부모는 고개를 갸웃하게 마련이다. 위험한 상황에 처하면 엄마나 아빠가 자신보다 아이들의 안전을 먼저 생각하는 게 당연하지 않은가? 그러므로 부모가 먼저 마스크를 쓰는 것은 보호자의 본능이라는 측면에서 볼 때 이기적인 행동으로 여겨진다. 하지만 이런 형태의 이기주의는 특정한 상황에서는 그럴 만한 이유가 있다. 아이들을 돕기 위해서는 부모가 먼저 능력을 갖추어야 한다. 그렇지 않으면 위험한 상황에서 아이들을 구하기도 전에 부모가 의식을 잃고 쓰러지는 일이 발생할 수 있기 때문이다. 따라서 부모가 먼저 마스크를 착용하는 것은 아이들의 생존을 위해 절대적으로 필요한 행동이다. 우리 뇌의 이기주의적 공급 원칙도 이와 비슷한 근거를 갖고 있다.

지금까지 의학계에서는 일반적 신진대사에서 뇌의 이러한 행동 원칙에 그다지 주목하지 않았다. 하지만 뇌의 에너지 공급에 대한 이 같은 급진적 관점은 10년 전에 내가 제기한 이론과 일맥상통한다. 2004년 뤼베크 대학교는 독일연구협회의 지원을 받아 임상 연구소인 '이기적인 뇌'를 설립했다. 여기에는 신경내분비학, 약리학, 정신과, 내과, 신경과, 생화학과, 화학, 수학, 뇌과학 분야에 종사하는 38명의 과학자와 100명의 박사 과정 연구자들이 참여했다. 이들의 연구 분야는 다음과 같다.

- 알츠하이머병 연구(알츠하이머병의 발병과 관련한 뇌의 역할 중 타우 단백질의 양 측정)
- 실험실 조건에서 비만 또는 우울증 환자의 뇌 신진대사와 관련한 고도의 기술적 방식에 대한 연구
- 스트레스 실험에서 뚱뚱하거나 마른 사람들의 뇌 기능 · 식습관 · 스트레스에 대한 반응 간의 연관성을 밝히고, 뇌가 신체 기관 중 포도당 형태로 된 에너지를 가장 많이 필요로 한다는 것을 입증하는 연구

이를 비롯해 이 책에 등장하는 여러 연구 결과를 통해서 우리는 뇌 에

너지 신진대사가 뇌뿐 아니라 우리의 삶과 건강 그리고 체중 증가와 관련해 어마어마하게 중요하다는 것을 알 수 있다.

에너지를 요구한다는 표현은 쉬운 말처럼 들린다. 하지만 과연 뇌는 어떻게 자신의 요구 사항을 관철할까

다시 한 번 레스토랑 얘기로 돌아가보자. 손님이 원하는 음식을 먹을 수 있는 방법은 무엇일까? 주문을 하고 값을 지불하는 것이다. 요컨대 레스토랑에서 식품 에너지를 공급받는 것은 돈이라는 조건이 있어야 가능하다. 레스토랑 손님처럼 뇌도 음식을 주문한다. 그렇다면 무엇으로 요구 사항을 충족할 수 있을까? 물론 돈은 아니다. 돈을 지불하는 게 아니라면 꼬집거나 강탈하는 방식일까? 뇌의 에너지 획득 방식을 묘사하는 데 썩 유쾌하다고 할 수는 없지만 그리 틀린 말도 아니다. 우리 뇌는 신체라는 레스토랑에서 자신이 원하는 포도당과 거기서 생산되는 젖산이라는 음식을 먹기 위해 강력한 압박과 요구를 한다. 이 작업을 위해 조절 기관에는 '실행 작업반'이 필요하다. 그 실행 작업반은 인간의 신체 기관에 가장 강력한 압박을 주는 힘, 즉 스트레스다. (아드레날린과 코르티솔이라는 스트레스 호르몬을 분비하는) 스트레스 시스템은 필요할 때면 뇌로부터 주문을 받아 신체에 저장된 에너지를 취한다. 이처럼 필요한 에너지를 취득하는 뇌의 기능을 '뇌-당김Brain-Pull'이라고 한다. 스트레스 시스템은 뇌의 에너지 획득에서 결정적 역할을 한다. 그래서 신체의 에너지 공급이 원활하지 않을 경우 뇌는 스트레스 호르몬을 통해 우리를 심하게 괴롭힌다. 일부러 다이어트를 하기 위해 굶든, 아니면 먹을 게 없어서 굶주리든 상관없이 음식 섭취가 부족할 경우 이는 매우 큰 스트레스 원인 중 하나다. 여기서 재미있는 사실은 체중 감량을 위한 다이어트의 경우 두세 개의 내부적 요인이 서로 다툼을 벌인다는 것이다. 우리의 이성은 구직 면접을 보려면 체중을 줄여야 하고, 그러기 위해서는 먹는 걸 줄이는 게 좋다고 충고한다. 하지만 (불안, 압박감, 배고픔 등이 섞인) 우리의 이성은 동시에 긴장된 상황에서 벗어나려면 뭐라도 좀 먹는 게 좋겠다고 충고한다. 물론 장기적으로 볼 때 이런 내부적 다툼은 화해가 불가능하다. 스트레스 상황에 대한 지속적인 경고를 무시하거나, 배고픔에 대한 느낌이 모든 것을 압도해 다이어트에 실패하거나 결론은 둘 중 하나다. 이러한 내분의 결과는 프랑스 작가 마르셀 프루스트가 묘사한 그대로다. "나란 존재의 고집 세고 영원한 하인인 의지라는 녀석은 부족함을 모르고 끊임없이 충성을 바친다. 이성과 감성은 시시각각 변하는데 의지만은 굽히지 않는다. 이성과 감성이 서로 토론하느라 분주할 때도 의지는 웨이터를 불러 거침없이 주문을 한다." 그러므로 갈등 상황에서는 우리 내부의 어떤 동기가 우위를 차지하느냐에 따라 결과가 달라진다. 하지만 그 동기 또한 다양하고 복합적인 요인에 의해 결정된다. 건강 때문에 다이어트를 해야 하는가 따위의 문제도 그 요인 중 하나다. 아울러 우리 이성 또한 잘못된 거짓 정보에 속아 넘어갈 수 있다.

몸에 대한 새로운 관점: 살이 찌는 것은 정말로 병인가

의사들조차 이기적인 뇌 연구의 과학적 발견으로 우리 몸의 에너지 공급에 대한 새로운 개념이 필요해졌다는 사실을 더 이상 부정하지 못할 것이다. 하지만 내 경험으로 볼 때 의학계에서 이 새로운 개념을 일반적으로 받아들이기까지는 지난한 과정을 거쳐야 할 것이다. 이는 많은 인내와 확신을 요하는 작업이다. 하지만 최종적으로는 우리 뇌가 마치 태양계의 태양처럼 우리 몸에 있는 기관의 신진대사에서 중심적 구실을 한다는 사실을 인정하고 받아들여야 한다. 이 새로운 '인간 에너지 신진대사 개념'은 기존의 체중 증가와 제2형 당뇨병에 대한 우리의 관점을 돌아보게 하고 비만 치료의 개념을 바꿀 것이다.

비만은 오늘날까지도 의학적 치료가 필요한 증상으로 여겨진다. 하지만 이 새로운 발견으로 인해 '살찌는 것'이 정말로 질병인지에 대한 의문이 들기 시작했다. 나 자신도 오랫동안 의사로 활동해왔지만 수년간의 뇌 연구를 통한 '질병'과 '건강', '적절한' 상태와 '부적절한' 상태, '사회심리학적'과 '병리학적' 범주의 개념에서 볼 때 과체중은 인간의 체형 범위 내에서 한 표현형 징후가 아닐까 하는 생각이 든다. 오해를 피하기 위해 덧붙이자면, 이 같은 표현은 '과체중'을 '체중의 한 형태'라고 그럴싸하게 포장해 기존 개념에 새로운 이름을 붙인 것과는 거리가 멀다. 즉 체중 증가는 질병의 신호가 아니라 스트레스를 조절하기 위한 인체 기관의 가장 성공적인 전략이라고 볼 수 있다. 그러므로 건강을 위해 뚱뚱한 사람을 날씬하게 만들겠다는 시도는 정반대 효과를 불러올 수 있다. 물론 이렇게 말하는 것은 하나의 주장이며, 이런 주장에는 그에 합당한 증거가 필요하다. 하지만 곧장 증거를 제시하는 것은 너무 성급한 느낌이 있으니 먼저 '살찌는 것'은 질병이 아니라는 주장을 하나의 가설 정도로 받아들이는 것이 좋겠다.

의문과 모순: 뚱뚱한 사람을 있는 그대로 보는 것은 왜 어려운가

내가 지난 10년간 이기적인 뇌 연구를 통해 발견한 사항을 이야기할 때면 청중들은 상반된 반응을 보인다. 많은 청중은 자신의 몸을 새롭게 이해함으로써 새로운 세계를 맞이한 것 같다고 말한다. 아울러 우리 대부분이 경험한 적 있는 스트레스와 식습관 그리고 체중 변화의 상관관계를 비로소 확실히 이해할 수 있게 되었다고 말한다. 이러한 새로운 발견이 자신의 인생에 가져온 의미를 나에게 고백하는 청중도 있다. 청중들의 이런 반응은 물론 나를 즐겁게 한다. 청중들이 "아하!" 하고 무릎을 치거나 자신의 개인사를 토로하며 공감할 때면 나 또한 보람을 느낀다. 물론 회의의 눈길을 거두지 않는 사람들도 있다. 이러한 비판의 기본 전제는 그다지 특별할 게 없다. 수십 년 동안 우리 사회는 그 같은 전제를 당연시해왔기 때문이다. 또한 이는 통념과 관련한 것이기도 하다. 최근 독일의 여론 조사에서 드러난 것처럼 사람들에게 비만의 원인에 대해 질문하면 대부분 다음과 같이 대답한다. "의지가 약하고 게으르기 때문에 살이 찌는 거죠." 자기 의견을 드러내는 데 조심스러운 사람은 물리학의 에너지 보존 법칙을 인용해 다음과 같이 완곡하게 말하기도 한다. "많이 먹으면서도 운동을 너무 안 하기 때문이죠." 대부분의 사람들은 살이 찌는 원인을 내부로 돌리고 당사자에게 책임을 전가한다. 따라서 살이 찌는 행동을 바꾸면 한순간에 문제를 해결할 수 있다고 생각하는 듯싶다. 하지만 이런 관점은 객관적인 모순을 안고 있다. 현대 과학의 관점에서 볼 때 비만의 원인은 '의지의 결핍'도 '식탐'도 아니기 때문이다. 뚱뚱한 어른이나 어린이도 자신들의 식습관에 대해 분명한 인지적 조절 능력(자제력)을 갖추고 있다. 체중 감량에 적극적인 의지를 보이는 게 전체적인 건강을 위해 도움이 된다는 주장도 하나의 속설에 불과하다. 오히려 체중 증가와 감량에 대한 우리의 이미지를 강화하는 구실만 할 뿐이다.

사실 뚱뚱한 사람은 과하지도 적지도 않게 뇌의 요구에 따라 음식을 섭취할 뿐이다. 따라서 이들의 비만한 몸은 뇌가 추구한 에너지 요구의 표상이며 정확하게 말하면, 뇌가 에너지 공급을 통해 이룬 하나의 결과라고 볼 수 있다. 그렇다면 우리의 중추신경계를 에너지로 채우는 행위가 어째서 어떤 사람은 살을 찌게 만들고 또 어떤 사람은 살을 빠지게 하는 것일까? 여기에 대해서는 나중에 설명할 예정이다.

서두에서 나는 여러분이 읽는 이 책은 다이어트와 관련이 있기는 하지만 다이어트에 대한 조언서가 아니라는 점을 분명히 밝혔다. 현재 서점에서 판매하는 1만 종 넘는 책들은 짧은 기간에 살을 빼는 방법에 대해 다룬다. 물론 짧은 기간에 체중 감량에 성공할 수는 있다. 단지 오래 지속되지 않을 뿐이다. 이러한 실패 원인은 자신에게 맞는 다이어트를 시도하지 않았거나, 정확한 개념과 시간을 선택하지 못했기 때문이 아니다. 그보다는 다이어트에 관한 선동적 개념과 체중 감량 계획이 근본적으로 잘못된 전제 아래 형성되었기 때문이다. 이는 수십 년 동안 의학계를 지배해온 이론에 반하는 것이기도 하다. 다시 말해 아무리 조화롭고 독창적인 개념에서 비롯된 의학적·영양학적 다이어트라 하더라도 실패할 수밖에 없다. 이는 앞에서도 말했듯 기본적으로 잘못된 가설을 바탕으로 이루어졌기 때문이다. 그렇다면 여기서 격앙된 질문을 던지지 않을 수 없다. 도대체 어떻게 그런 일이 가능하단 말인가? 수십 년 동안 의학계가 잘못된 길을 걸어왔다는 게 말이 되는가?

이기적인 뇌 이론은 이처럼 중요한 전제를 너무나 오랫동안 무시해온 풍토에서 등장했다

과학 연구는 때로 나침반이나 정확한 지도조차 없이 미지의 땅을 탐사하는 것과 같다. 탐험자는 때때로 두 갈래 길에 이른다. 어떤 길로 가야 할까? 필요한 정보가 없는 상태에서 탐험자는 고민 끝에 결국 자신의 직감을 믿고 한 길을 선택해야만 한다. 문제는 정확히 이 지점에서 시작된다. 또한 갈림길에서 멀어지면 멀어질수록 문제도 커진다. 한 걸음씩 나아갈 때마다 다시 돌아가 처음부터 시작하는 것은 더욱더 어려워진다. 따라서 길을 계속 가면서 의심이 생기더라도 자신의 처음 판단이 옳을 것이라는 믿음을 버리지 않는다. 이는 이기적인 뇌에 대한 연구를 시작한 동기이기도 하다. 인체의 신진대사에 관한 연구는 오래전 갈림길에서 한쪽 길을 선택한 이래 오늘날까지 큰 영향을 미친 한 가지 이론을 바탕으로 이루어져왔다. 아울러 비만이나 당뇨병 연구 같은 영역에서도 학문적으로 의문을 품지 않았다. 다시 말해, 의학계가 선택한 갈림길이 올바른지에 대해 누구도 의문을 제기하지 않았다. 1998년 이런 생각이 나를 강타했고, 이를 계기로 나는 기본 가설에 대해 다시 숙고하기 시작했다. 여기서 오해하지 말아야 할 것은 과학에서 기본 가설을 세우는 건 아주 정상적인 일이라는 점이다. 중요한 사실을 증명할 수 없을 때는 기본 가설을 바탕으로 연구를 수행하고 그 과정에서 모순되지 않는 결론을 얻어내야 한다. 추론은 대체로 그런 과정을 거친 후에 검증되는 경우가 많다. 추론을 바탕으로 한 발견은 이런 식으로 진정한 가치를 얻으며 실제적인 지식이 된다. 따라서 기반이 불안하다는 게 밝혀지면 아무리 멋진 이론이라도 내부에서 무너져 내릴 수밖에 없다.

하지만 이해하기 어려운 이유로 인체의 신진대사 모델에 대한 기본 추론, 즉 에너지 신진대사에서 뇌가 다른 기관과 같은 기능을 한다는 이론은 현재까지 한 번도 증명된 적이 없다. 증명되기는커녕 오히려 그 반대였다. 20세기 초에 발표된 다른 방향의 연구 결과는 아무런 주목도 받지 못한 채 사라졌다. 그 당시에도 뇌와 다른 기관의 에너지 신진대사 기능이 동등하다는 데 의문을 품은 목소리는 존재했다. 그것은 사실 다이어트나 기아 상황 같은 극단적인 경우, 우리 뇌에서 일어나는 현상에 대해 질문을 던지면 간단히 해결될 문제였다. 에너지 공급이 줄면 뇌 용량도 줄어드는가? 동등 이론에 따르면 그래야만 한다. 음식물 섭취가 원활하지 않으면 지방세포와 근육세포뿐 아니라 심장, 간, 신장 같은 내부 장기의 물질조차 많으면 40퍼센트까지 감소하기 때문이다. (따라서 심한 체중 감량은 장기의 손상을 가져올 수 있다.) 하지만 아무리 섭취하는 음식이 적더라도 뇌는 원래 필요한 용량을 그대로 유지한다. 이것으로 우리는 한 가지 결론을 얻을 수 있다. 뇌를 다른 장기와 똑같이 다루어서는 안 된다는 것이다. 극단적 위기 상황에서도 뇌는 신체의 다른 장기들이 살아 있는 한 스스로 에너지를 공급할 수 있다.

앞에서도 말했지만 이런 지식은 결코 새로운 것이 아니다. 병리학계의 개척자라고 할 수 있는 로베르트 뢰슬레Robert Rössle의 제자인 마리 크리거Marie Krieger는 이미 1920년대에 연구를 통해 그 결과를 발표했다. 크리거는 체중 감소로 사망한 사람들의 장기 무게를 측정함으로써 대부분의 신체 기관 무게는 감소했지만 뇌 조직은 거의 변함없거나 전혀 변함없다는 사실을 밝혀냈다. 이 최초의 발견은 인간뿐 아니라 동물에게도 똑같이 일어나는 현상이라는 것이 동물 실험을 통해 밝혀졌다. 아울러 최근에는 이른바 '과체중'인 사람의 뇌가 칼로리 조절 다이어트에도 불구하고 감소하지 않는다는 사실이 밝혀졌다. 이런 결과를 통해 신체 기관 간의 에너지 분배는 동등하지 않으며, 뇌와 다른 기관은 에너지 공급과 관련해 일종의 경쟁 관계에 있다는 사실이 증명되었다. 놀랍게도 이런 새로운 연구 결과는 초기에 전통 의학계에서 어떠한 반향도 불러일으키지 못했다.

그렇다면 뇌는 왜 줄어들지 않는 것일까? 우선 오래된 추론을 새로운 추론으로 대체할 수 있다. 이에 따르면 이른바 '뇌-당김'의 원리에 의해 뇌는 신체에 필요한 만큼의 에너지를 요구하고, 위기 상황에서도 용량이 줄어들지 않는다. 이에 따라 나는 이기적인 뇌 이론의 제1법칙을 만들었다. 즉 에너지 예산 조절이 뇌의 가장 큰 임무라는 것이다. 뇌는 자신의 한계 내에서 '이기적'으로 행동한다. 필요한 에너지를 확보함으로써 몸과 마음이 최대한 오래 활동할 수 있는 조건을 만드는 것이다.

비상 계획: 뇌는 음식 섭취 없이 어떻게 당분을 확보할까

다음 사례를 통해 위의 질문을 이해해보자. 한 사람이 굶주리고 있다. 몇 날 며칠 동안이나 음식이라곤 입에 대지도 못했다. 그렇지만 그의 뇌는 매일 많은 양의 포도당을 사용한다. 전체 혈당의 60퍼센트인 하루 평균 130그램을 소모한다. 시험 기간 같은 스트레스 상황에서는 혈당량의 90퍼센트까지 소모한다. 뇌가 혈당을 사용하는 것은 제대로 사고하고 기능하기 위해서뿐만 아니라 생존하기 위해서이기도 하다. 뇌의 혈액은 혈뇌 장벽에 의해 일반적인 혈액 순환과 분리된 채 작동한다. 혈뇌 장벽을 통해 흡수된 포도당은 뇌 활동의 종류에 따라 필요한 양이 달라진다. 요컨대 수면 중에는 필요량이 감소하고, 사회심리적 스트레스 상황에서는 증가한다. 뇌의 요구를 끊임없이 충족시키거나 식량 부족 같은 비상 상황에서는 생존을 위해 뇌-당김 체계가 빈틈없이 작동한다. 하지만 포도당 저장량이 위험 수위에 달하면 뇌뿐 아니라 나머지 신체도 죽어간다. 바로 여기에 뇌가 특별한 기능을 하는 생물학적 이유가 숨어 있다. 에너지 공급이 낮은 상태에서도 뇌는 신체에 끊임없이 포도당 공급을 요구한다.

그렇다면 식량이 없는 상태에서 뇌는 어떻게 에너지를 구할까? 바로 신체로부터 얻는다. 위와 같은 위기 상황에서 뇌가 신체에 요구하는 것은 엄격하고 고통스럽다. 뇌의 요구를 들어주기 위해 신체는 굶주리는 동안에도 자신의 조직—근육, 뼈, 지방, 간세포 등을 포함한 여러 기관의 조직—을 희생한다. (심장조차 뇌에 포도당을 공급하기 위해 자신의 세포를 희생한다.) 좀 거칠게 말하면, 위험한 순간이 닥칠 경우 굶주린 뇌는 절박한 상황이 나아질 것이라 기대하며 몸속의 세포를 하나씩 먹어치운다. 뇌와 몸은 서로 상황에 맞추어 작동한다. 가장 극단적인 경우 굶주림에 지친 몸과 뇌는 함께 무너지고, 에너지와 영양 부족이 극에 달하면 마침내 사망하기에 이른다.

다이어트처럼 뇌와 신체가 에너지 공급원을 두고 극단적으로 싸우면서 신체의 마지막 저장분까지 뇌가 요구할 경우, 우리의 건강에는 어떤 영향이 미칠까? 기존의 체중 감량 프로그램은 체중을 줄이기 위해 신체의 에너지 공급을 차단하는 데 주력하고 있다. 그렇다면 5킬로그램을 감량할 경우 우리 몸에는 어떤 위험과 부작용이 생길까?

다이어트를 위한
약품 설명서?

세계적 규모의 한 제약 회사가 엄청난 언론 광고를 통해 드디어 과체중과의 전쟁에서 승리하기 위한 획기적인 의약품을 개발했다고 공표했다. "이 새로운 약품은 여러분을 날씬하게 만들고 날씬함을 유지하게 해줍니다"는 것이 광고의 슬로건이다. 이로 인해 '체중 감량의 느낌'은 완벽한 상태에 이른다. 하지만 실제로 제품을 생산하는 부서의 분위기는 황홀경에 빠져 있는 광고의 분위기와 상반된다. 그 이유는 길게 이어지는 부작용 목록 때문이다.

- 기분 변화, 짜증, 불면
- 우울증 위험 증가
- 피부 조직의 노화 가속화
- 근육 위축, 근육 약화

- 골 손실(골절 위험과 허리 통증)

- 성기능 장애(성욕 감퇴와 월경 불순)

- 뇌의 기능 저하(기억력 감퇴, 어지럼증, 피로)

- 심한 배고픔과 음식 갈망(식탐)

- 자극적 약물에 의존하는 경향 증가(니코틴, 알코올, 마약 등)

- 약품 복용을 중단할 경우 재빠른 체중 증가(이전 체중으로 되돌아가거나 그 이상으로 증가)

실제 상황은 이보다 한층 더 나쁘다. 2001년 이후 유럽연합 국가들은 체중 감량 약품의 부작용 가능성을 명시하도록 규정했다. 부작용의 범위는 '아주 드문(1만 명 중 1명)' 경우부터 '아주 빈번한(10명 중 1명)' 경우까지다. 이에 따라 약품 설명서 작성자들은 대부분 위에서 언급한 부작용에 대해 '아주 빈번한'이라는 표시를 할 수밖에 없을 것이다. 실제로 장기 다이어트 치료 대상자들은 거의 100퍼센트 부작용에 시달린다.

의사로부터 체중 감량 약품을 처방받은(아니면 의사에게 처방을 요청한) 환자는 아마도 이제야 체중을 줄일 수 있겠다는 희망으로 마음이 부풀 것이다. 하지만 약을 먹는 동안에만 살이 빠진다는 설명과 더불어 그에 따른 위험과 부작용에 대한 설명을 듣고도 그 약품을 복용하려 할까? 특히 약품 복용을 중단하는 순간 다시 체중이 증가한다는 설명을 듣고도 말이다.

물론 위에서 언급한 부작용을 모두 다 가진 약품은 없다. 그렇게 심한 부작용과 단기적 효과를 가진 약품을 허가할 가능성은 없으니까 말이다. 사실 위에서 언급한, 부작용 심한 체중 감량 약품은 내가 만들어낸 가상의 것이다. '쯧쯧, 좀더 연구를 했으면 부작용을 줄일 수 있을 텐데⋯⋯.' 어떤 독자들은 이렇게 생각할 것이다. 실제로 체중 감량 약품을 개발하려는 시도는 많았다. 하지만 위에서 언급한 건강상의 부작용을 그다지 개선하지 못한 관계로 새로운 형태의 부작용 없는 체중 감량 약품 개발은 언제나 실패했다. (나는 이와 관련한 내용을 《이기적인 뇌Das Egoistische Gehirn》에서 다룬 적이 있다.)

약품 포장에 첨부하는 설명서에는 국제협약에 의해 위험과 부작용을 명시해야 한다. 전 세계 의약품이 거의 다 여기에 해당한다. 사실 부작용에 대해 이토록 확실하게 명시하도록 한 것은 의약품이 거의 유일하다. 하지만 다이어트나 체중 감량 프로그램에는 이와 같은 규정이 아직 없다. 체중 감량 약품에 대한 위의 사례는 그다지 현실적이지 못하지만, 사실상 다이어트의 부작용은 매우 현실적일뿐더러 심각하기까지 하다. 칼로리를 줄이거나 탄수화물을 줄이는 등의 방식으로 인체 기관에 압박을 주는 다이어트나 체중 감량 방식은 약품 복용과 마찬가지로 위험과 부작용을 동반한다. 다시 한 번 분명히 말하건대 의사들이 온건하고 건강한 방식이라 칭송함에도 불구하고 모든 칼로리 또는 탄수화물 조절 다이어트는 똑같은 부작용을 수반한다. 하지만 그것을 언급하는 사람은 없다. 다이어트 프로그램을 진행하는 업체나 치료사들은 국가 공인 기관에 임상 실험 결과를 제출하지 않아도 되기 때문이다. 따라서 누구나 자신만의 다이어트 방식을 판매하면서 효과가 있든 없든 성공적이라고 광고할 수 있다.

다이어트의 위험과 부작용을 명시하는 것이 필요할까

자, 다시 한 번 '약품 설명서'로 돌아가보자. 특히 당신이 다이어트를 계획하거나 지금 다이어트 중이라면 집중하기 바란다. 거기에는 체중을 줄이기 위해 음식 섭취를 제한할 경우 우리 몸에서 일어나는 부작용 현상이 하나하나 상세히 적혀 있다.

그 내용을 복사해 냉장고에 붙여놓고 숙지하도록 하라. 진지하게 다이어트의 득실을 따져보고 위험 요소와 사실 관계를 가늠한 다음 스스로에게 물어보라. 단기간의 체중 감량을 위해 더 빨리 늙고, 우울증에 걸리고, 성기능에 장애가 온다면 과연 그럴 만한 가치가 있을까? 아니, 그저 조금 날씬해지기 위해 그렇게나 많은 대가를 치를 필요가 있을까?

이는 사실이지만 그것을 인정하는 것은 불편할뿐더러 수십 년 동안 다이어트 전문가들이 우리에게 설교해온 환상과 꿈을 앗아가는 셈이므로 쉽게 받아들이기 어렵다. 강연을 할 때 내가 그 부분을 지적하면 청중석에서는 늘 큰 동요가 일어난다. 놀라움과 불확실함 그리고 거부감이 뒤섞인 동요다. 사람들은 때때로 잘 알려진 다이어트 방식에도 그런 부작용이 뒤따르는지 묻는다. 또는 의사가 처방해준 체중 감량 치료법에도 비슷한 부작용이 있는지 묻는다.

이즈음에서 관점을 한번 바꾸어보는 것이 좋겠다. 사람들에게 많이 알려진 다이어트 프로그램의 핵심은 무엇일까? 다이어트 프로그램이나 칼로리 감소 식품은 40년 넘게 산업 국가에서 체중 감량의 수단으로 각광을 받아왔다. 지금도 체중 감량 산업은 거대한 규모로 작동하고 있다. 체중 감량제를 판매하는 제약 회사, 저칼로리와 무가당 식품을 내세우는 식품 회사, 베스트셀러로 돈을 버는 다이어트 작가, 독점적인 체중 감량 프로그램과 코스를 제공하는 다국적 기업, 다이어트에 관한 기사나 TV 프로그램을 쏟아내는 언론과 영양학계의 조언자나 의사. 그들은 이 거대한 시스템의 조력자로서 또는 체중 감량에 관한 토론의 옹호 패널로서 다이어트 산업을 뒷받침하고 있다. 다시 말해, 다이어트야말로 수십억 유로를 벌어들일 수 있는 시장인 것이다. 또한 모든 산업이 그러하듯 다이어트 상품도 매력적으로 포장해 가능한 한 많은 소비자에게 판매해야 한다. 아울러 이 산업 분야를 유지하기 위해서는 세 가지 환상이 핵심 기능을 한다.

의지력과 상관없는 문제: 다이어트는 왜 실패하는가

첫 번째는 의지만 있으면 누구나 살을 뺄 수 있다는 환상이다. 두 번째는 자신에게 맞는 다이어트 방법이 있다는 환상이다. 이는 영리하지만 동시에 부당하기도 하다. 그렇게 함으로써 다이어트의 실패 원인을 합리화하고 상업적으로 제공하는 새로운 다이어트 방법을 찾게끔 만든다. "당신은 너무 의지가 약하거나, 아니면 아직 제대로 된 다이어트 방법을 찾지 못한 거죠. 계속 찾다 보면 다음 번 또는 그다음 번에는 제대로 찾을 수 있을 거예요." 이와 같은 문장을 접한 사람들은 대부분 죄의식을 느끼게 마련이다. 다이어트에 실패해본 적이 있는 사람이라면 이런 죄의식이 어떤 기분인지 잘 알 것이다. 사실 더 심한 경우도 많다. 다이어트를 하는 사람은 대부분 다이어트를 지도하는 의사, 조언자, 친구, 동료 또는 배우자의 응원을 받는다. 그러다 보니 실패가 공공연하게 드러날 수밖에 없다. 따라서 정당화의 압력과 함께 주위의 비난도 감수해야 한다. "도대체 왜 그리 나약한 거예요?"

그런 상황에서 자신을 변명하려 해도 지금까지는 근거가 부족했다. 게다가 처음에는 모든 게 쉽고 명백해 보이지 않았던가? 자, 그렇다면 이 책을 읽는 모든 독자를 위해 즐겁게 한마디 하겠다.

모든 다이어트는 실패할 수밖에 없다. 사람이 아니라 다이어트 자체가 문제다!

이제 세 번째 환상에 대해 이야기해보자. 그것은 바로 '전후 Before & After' 효과다. 잡지나 광고 또는 TV 프로그램에서 이런 말을 숱하게 접했을 것이다. "이 뚱뚱하고 '못난' 오리는 멋진 다이어트 전문가의 도움을 받아 날씬한 '백조'로 변신했어요!" "물론 모든 사람이 다 성공할 수는 없다. 하지만 적어도 제대로 된 다이어트를 선택해 확실한 의지를 가지고 밀어붙인다면 성공할 수 있다!" 하지만 이는 아무런 현실적 근거도 없는 환상일 뿐이다. 통계에 따르면, 독일 남성 75.4퍼센트와 여성 58.9퍼센트가 비만(체질량지수 25 이상)으로 분류되며, 지난 12년 동안 '고도 비만'으로 판정받은 어린이의 수는 2배 이상 증가했다고 한다. 하지만 다이어트와 다이어트 제품에 소요된 비용은 같은 기간 동안 3배 나 증가했다. 다이어트 산업의 전반적인 실패와 거짓된 약속의 규모를 설명하는 이 시점에서 나는 다음과 같이 지적하고 싶다. 즉 다이어트 를 위해 들인 노력으로 체중이 감소하기보다는 증가한 부분이 더 많 다. 여기에 대해서는 나중에 다시 설명하겠다.

다이어트에 실패하는 이유는 아주 간단하다. 인체의 기본적 자연 법칙에 어긋나기 때문이다. 에너지 공급 법칙 말이다. 앞의 '굶주린 뇌' 장에서 설명한 것처럼 모든 사람은 뇌의 에너지 요구를 충족하기 위해 자신에게 필요한 양만큼만 먹는다. 더 먹거나 덜 먹지 않는다. 이 는 뚱뚱한 사람이나 날씬한 사람이나 마찬가지다. 뇌의 에너지 요구량 은 개별적이며 많은 요인에 의존한다. 그중 가장 중요한 요인은 우리 의 각성 상태다. 정신이 지나치게 각성된 상태에서는 뇌가 12퍼센트 더 많은 에너지를 섭취하며, 깊은 수면 상태에서는 오히려 40퍼센트 적게 섭취한다. 하지만 에너지 공급이 지속적으로 위험한 상황에서 뇌 는 위기 경고음을 울린다. 이러한 에너지 위기는 기아나 다이어트 상 황에서 나타난다. 식량 부족으로 에너지가 결핍된 상황에서 뇌는 언제 나 같은 방식으로 반응한다. 요컨대 에너지를 절약하기 위해 어떤 기 능을 억제하거나(그 결과 성욕 감퇴나 집중력 저하 같은 현상이 일어난다) 동시 에 스트레스 시스템을 활성화한다. 다시 말해, 스트레스가 극심한 상 황이 된다. 더 정확하게 말하면, 다이어트를 하는 사람은 지속적인 스트레스 상황에 놓이며, 스트레스 호르몬인 코르티솔의 양 또한 지속적으로 증가한다. 이는 사실 진화의 과정이라고도 볼 수 있다. 식량 부족에 따른 지속적인 스트레스로 인해 신체가 저장해둔 에너지가 방출된다. 이를 해결하기 위해 뇌는 엄청난 강도의 일을 한다. 그 부작용이 오늘날 우리가 그토록 바라는 체중 감소라는 현상이다. 정말로 체중은 감소한다. 하지만 지방 저장분만 줄어드는 것이 아니라—절대 환영할 일은 아니지만—근육량도 같이 감소한다. 칼로리도 충전되지 않고 저장고도 바닥난 상태에서 에너지를 확보하기 위한 이런 방식은 절대 만족스러울 수 없다. 그러다 보니 짜증, 신경과민, 과잉 행동, 아울러 그에 따른 피로감을 동반한 다이어트 스트레스가 발생한다. 뇌가 사회심리적 모순에 처하는 것이다. 한편으로는 에너지를 비축해야 하고(피로감과 집중력 저하 등은 그 결과다), 다른 한편으로는 음식을 찾기 위한 탐색으로 분주하다. 식량이 부족한 상황이라면 생물학적인 일차적 반응을 참고하면 이해하기 쉬울 것이다. 먹을 것을 찾아 미친 듯이 헤매고 사냥을 하거나 다툰다. 하지만 다이어트에서는 상황이 다르다. 다이어트를 지속하는 동안은 먹을 수 없기 때문이다. 최근의 임상 실험 결과, 음식 조절 다이어트의 경우 1년 뒤에도 신체의 균형을 되찾을 수 없다는 사실이 밝혀졌다. 요컨대 엄청난 배고픔이 그대로 지속되는 것이다!

코르티솔과 스트레스: 우리의 몸이 노화하는 진짜 이유

배고픔에 대한 유일하고도 진정한 해법은 우리가 원하는 것은 아니지만 지극히 단순하다. 다시 먹는 것이다! 뇌가 보내는 신호는 이보다 더 명백할 수 없다. 견디기 어려운 지속적인 스트레스가 그것을 증명해준다. 식탐과 음식에 대한 끊임없는 생각이 대표적 증세로, 뇌와 신체가 서로 긴장하며 대치할 때는 어떤 방향으로 결론이 날지 뻔하다. 그런데 이 신호를 무시하고 계속해서 다이어트를 몰아붙이는 사람은 지속적인 코르티솔 과다 분비 상황에 놓인다. 이 스트레스 호르몬은 아마 우리 몸이 생산할 수 있는 가장 효과적인 호르몬일 것이다. 코르티솔은 우리 몸에 아주 중요한 호르몬이지만 부정적인 역할도 한다. 높은 효능을 지닌 '코르티손cortisone' 약제처럼 혈액 속에 평균 이상으로 머물러 있을 경우 코르티솔은 심각한 부작용을 낳을 가능성이 높다. 다시 한 번 강조하건대 칼로리와 탄수화물 섭취량 감소를 통한 다이어트는―여러 과학적 연구를 통해 입증되었듯―혈액 속의 코르티솔 양을 증가시킨다. 이로 인해 발생하는 '다이어트 부작용'은 모두 이 '코르티솔 과다 분비' 때문이다.

의학계나 영양학계에서 이러한 지식은 아직 큰 반향을 얻지 못하고 있지만, 스트레스 연구 분야에서는 이미 큰 영향력을 발휘하고 있다. 뉴욕 록펠러 대학교의 브루스 매큐언 교수는 전 세계적으로 유명할 뿐만 아니라 스트레스 연구의 선구자이기도 하다. 그에 따르면 칼로리와 탄수화물 섭취 감소를 통한 다이어트는 우리 몸에 매우 큰 스트레스를 주는 여섯 가지 상황 중 하나다. 나머지 다섯 가지 상황은 다음과 같다.

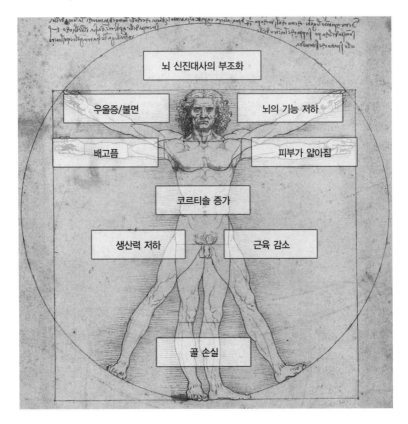

뇌 신진대사의 부조화

우울증/불면

뇌의 기능 저하

배고픔

피부가 얇아짐

코르티솔 증가

생산력 저하

근육 감소

골 손실

코르티솔 분비가 지속적으로 늘어날 경우 우리 몸에는 어떤 변화가 일어날까
코르티솔 호르몬은 활성화한 스트레스 시스템을 누그러뜨리는 기능을 한다. 그 결과 스트레스가 지속적이고 강할 경우 더 많은 코르티솔이 분비되는 것이다. 우리 몸속의 이 코르티솔 '약제'를 장기간 이용하다 보면 결국 우울증에서 골 손실에 이르기까지 엄청난 부작용이 발생한다.

- 외로움

- 가난

- 실직

- 업무 스트레스(지나친 요구, 낮은 영향력)

• 배우자와의 불화

앞서 말한 대로 다이어트도 이런 스트레스 상황에 속한다. 즉 역동 항
상성 부하(allostatic load: 장기적인 스트레스가 인체에 미치는 영향—옮긴이)가 최
고도에 이른 상황이라고 볼 수 있다. 따라서 스트레스 과학에서는 이
를 스트레스 시스템이 지속적으로 최고조 상태에 머무를 때 우리가 지
불해야 할 비용이라고 한다. 역동 항상성 부하는 정신적으로나 육체적
으로 우리를 '녹초로' 만들며 최근의 영국과 네덜란드 합동 연구에서
밝혀진 것처럼 우리의 수명을 단축하기도 한다.

만성 스트레스가 몸에 좋지 않다는 사실은 아마 모두가 잘 알고 있
을 것이다. 하지만 스트레스가 정확하게 우리 몸에 어떤 영향을 미치
는지에 대해서는 대체로 잘 알지 못한다. 수십 년 동안 우리는 흡연이
나 알코올 과다 섭취, 또는 암 유발 성분 등에 대해 수없이 많은 정보를
접해왔다. 그럼에도 만성 스트레스가 건강에 미치는 구체적 영향에 대
해서는 거의 알지 못한다. 이는 스트레스 연구 결과가 암 의학의 새로
운 발견처럼 광범위하게 공개되지 않은 탓도 크다. 물론 의학 연구 분
야의 로비가 더 활발하다는 점도 무시할 수 없다. 하지만 내가 보기에
진정한 문제는 의학계와 스트레스 연구 분야가 협동 작업을 하는 경우
가 거의 없다는 데 있다. 서로의 거리가 얼마나 멀고, 두 분야 간의 교
류가 얼마나 적은지는 아직까지 '스트레스 의학 전문의'라는 명칭조
차 없는 현실을 보면 잘 알 수 있다.

스트레스에 대한 교육과 정보 부족의 결과, 대부분의 사람들은 스

트레스를 약간 짜증나고 부담스럽기는 하지만 우리의 심신을 크게 해치는 것으로 여기지 않는다. 심지어 어떤 사람들은 스트레스 심한 일을 하는 것을 자랑스러워하기까지 한다. 하지만 스트레스 시스템이 장기간 지나친 스트레스에 노출되면 우리 몸은 엄청난 역동 항상성 부하를 안고, 이는 신체에 치명적인 손실을 불러온다. 특히 뇌가 에너지 위기 상황을 겪을 때에는 이러한 스트레스를 피할 수 없다. 또한 뇌가 에너지를 과도하게 필요로 하는 상황(흥분하거나, 지나치게 각성하거나, 공포에 질린 상황) 또는 필요한 에너지보다 공급이 적을 경우(예를 들어, 식량이 부족할 때)에도 그렇다. 따라서 장기적으로 스트레스에 노출된 인간의 신체 기관은 에너지원이 점점 더 고갈되어가는 위기 지대라는 것을 짐작할 수 있다. 자원이 모자란 뇌는 수많은 기관에 공평하게 에너지를 분배할 수 없어 곤란에 처한다. 이러한 에너지 결핍 상태가 결국 우리 몸을 급격하게 노화시키는 원인이다.

이런 상태를 드러내는 핵심적인 신호는 코르티솔 수치의 상승이며, 이로 인한 여러 가지 부작용 중 하나로 염색체 길이가 짧아지는 것을 들 수 있다. 새로운 몸 세포를 생성하는 능력을 가진 염색체는 인간의 장수를 가늠하는 핵심 요인 중 하나다. 따라서 증가한 코르티솔 수치는 우리 삶의 시곗바늘을 점점 더 빨리 돌아가게 만드는 셈이다.

지속적인 스트레스로 인한 우리 몸의 훼손 정도를 가늠하는 예리한 의학적 척도는 바로 뼈 조직의 감퇴다. 뼈 조직의 심각한 감퇴 현상을 의학적으로는 골다공증이라고 한다. 이러한 뼈 조직 감퇴 현상은 전형적인 우울증 환자에게 나타나지만 칼로리 감량 다이어트를 하는 사람들에게서도 볼 수 있다. 이 또한 코르티솔의 증가로 인한 것이다.

다시 한 번 코르티솔 과다 분비라는 상태로 돌아가보자. 이 시점에서 '다이어트'라는 개념을 좀더 명확하게 할 필요가 있다. 스트레스 연구의 관점에서 보면, 다이어트는 체중 감량 프로그램에 따라 식이 조절을 하는 시기만을 의미하지 않는다. 뇌의 이마엽 부분, 즉 앞이마엽 피질에서 발생하는 의사 결정에 의해 칼로리 공급을 지속적으로 통제하고 의식적으로 음식 섭취를 거부하는 사람도 다이어트를 하는 것으로 볼 수 있다. 이러한 다이어트는 몇 년씩 이어지기도 하고 수십 년 동안 지속되기도 한다. 이런 사람들에게는 이번 장에서 이야기한 지속적인 코르티솔 수치 증가 현상이나 스트레스 시스템의 만성적 긴장 상태, 역동 항상성 부하로 인한 기대 수명의 단축 같은 현상이 뒤따를 수 있다. 영국과 미국의 스트레스 연구가들은 이를 '섭식 억제restrained eating' 라고 한다. 섭식 억제는 날씬함을 강요하는 오늘날의 세계에 광범위하게 퍼진 현상이다. 날씬한 몸매를 지켜야 한다고 말하는 사람은 스스로 섭식 억제를 한다고 볼 수 있다. 날씬해져야 하고 그 날씬함을 유지해야 하는 것은 개인적 허영의 표현일 뿐 아니라 성공한 사람들의 핵심적 표상이기도 하다. 심지어 성공하기 위해 자신의 체중을 조절해야만 하는 직업도 있다.

나는
섭식 억제자인가

170센티미터, 60킬로그램, BMI 21. 이는 할리우드의 멋진 명망가를 표현하는 방식 중 하나인데, 바로 1975년 영국 리딩Reading에서 태어난 여배우 케이트 엘리자베스 윈슬렛Kate Elisabeth Winslet의 키와 몸무게 그리고 체질량지수 수치다. 이 영국 출신 여인은 지금까지 오스카상 여우주연상 후보에 다섯 번이나 올랐으며 그중 한 번은 수상에 성공했다. 영화 〈타이타닉〉으로 월드 스타가 되었으며 전 세계적인 성격 배우로 널리 인정받고 있다.

36세에 체질량지수 21은 할리우드 스타 여배우의 핵심적 '수단'이라고 할 수 있는 날씬함을 보장해준다. 대부분의 동료들과 마찬가지로 케이트 윈슬렛도 이런 상태를 유지하는 데 아주 지난한 노력이 필요하다. 쇼 비즈니스계에서는 상당히 이례적으로 윈슬렛은 이러한 노력에 대해 툭 터놓고 이야기하는 대범함을 보여주었다. 여러 인터뷰에서 윈슬렛은 자신이 10대 때는 그리 날씬하지 않았으며, 과체중과 둥그스름한 몸매 때문에 놀림을 많이 받았다고 고백했다. 그러던 중 여배우가 되기 위해 몸매를 관리하기 시작했으며 마침내 체중 감량에 성공했다. 하지만 배우 생활을 하는 중에도 먹고 싶은 만큼 먹어 확연하게 살이 찐 시기가 있었으며, 다음 배역을 위해 다시 살을 뺐다고 한다. 케이트 윈슬렛은 20년이 넘는 세월 동안 영화 산업에 종사했는데, 만약 칼로리 감량 요법을 쓰지 않았다면 통통한 체질에 해당할 것이다. 어쨌든 이는 윈슬렛이 20년 이상 '섭식 억제자'로 살아왔다는 뜻이며, 자신의 식습관을 통제하고 식사량을 제한해왔다는 뜻이다. 섭식 억제자는 전통적인 다이어트에만 집착하지 않는다. (절대적으로 다이어트에 의존하고 언제나 새로운 체중 감량 프로그램을 시도하기는 하지만 말이다.) 그보다는 적게 먹고 체중을 줄이기 위한 각종 규칙과 명령, 금지와 의식 조항을 만드는 경우가 많다. 전형적인 패턴은 다음과 같다.

- 식사 거르기
- 저녁 8시 이후부터는 아무것도 먹지 않기
- 샐러드만 먹기(드레싱 없이)
- 설탕보다 감미료 사용하기
- 칼로리 계산하기
- 일반적인 탄수화물 식품 먹지 않기

케이트 윈슬렛의 '건강한 체중'은 60킬로그램이 아니라 75킬로그램이라고 볼 수 있다. (이는 아주 현실적인 계산이다.) 정신적·감정적 항상성을 유지할 수 있게끔 해주는 이 건강한 체중을 나는 '대뇌의 신진대사가 조화'를 잘 이룬 '중립 체중'이라고 일컫는다. 이는, 첫째 뇌의 에너지 밀도가 적절하며, 둘째 뇌의 에너지 요구량이 지나치게 많지 않고 스트레스가 없는 안정된 상태이며, 셋째 뇌의 소비에 대한 경제적 절감 요구가 없는 상태, 곧 뇌가 완전히 효율적으로 작동하는 것을 말한다. 이러한 중립 체중 상태에서 벗어나려고 할 때 뇌 신진대사의 부조화가 발생한다. 여기서는 중립 체중이 58킬로그램이든 75킬로그램이든, 아니면 150킬로그램이든 그 수치는 중요하지 않다. 하지만 중립 체중에서 윈슬렛이 날씬한 몸매를 갖기 위해서는 15킬로그램을 감량해야 한다는 계산이 나온다. 다시 말해 매일 13퍼센트의 칼로리를 줄여야 한다. 그렇다면 이 같은 제한의 대가는 무엇일까? 케이트 윈슬렛의 몸에는 어떤 변화가 일어나고 이러한 장기적 정신 무장이 윈슬렛의 정신에는 어떤 영향을 미칠까? 또한 뇌의 신진대사에는 어떤 현상이 일어날까?

미네소타의 굶주림에 관한 실험: 극단적 다이어트를 할 때 몸에 일어나는 현상

이에 대한 학술적 근거가 있는 답변으로는 1944년 미네소타 대학교에서 미군 참여 아래 이루어진 악명 높고 지독한 연구를 들 수 있다. 이 연구는 이후 과학계에 '미네소타의 굶주림에 관한 실험'으로 길이 남았다.

제2차 세계대전의 종말이 가까워오고 연합군의 승리가 눈앞에 보이자 미국 정부는 전쟁 이후의 상황에 대해 생각하기 시작했다. 유럽과 동아시아에 찾아온 평화를 대신해 미국은 승전국으로서 전쟁의 폐허로 인해 굶주림에 처한 나라의 국민들을 보살펴야 하는 책임에 직면했다. 그러자면 육체적 생존을 위한 최소한의 열량은 얼마인지, 또 칼로리 공급이 갑자기 줄어들 때 인체에는 어떤 현상이 발생하는지 등에 대한 신뢰할 만한 자료가 필요했다.

연구 방식은 간단했다. 한 무리의 젊은이들을 1년에 걸쳐 관찰하는 것이 전부였다. 처음 3개월 동안은 식량 공급에 변화를 주지 않았다. 이 기간 동안 피실험자의 혈당 수치를 재고 심리학 테스트를 통해 실험에 참가한 모든 사람의 육체적·정신적 상태를 확인했다. 과학자들은 이러한 참고 수치를 이후의 굶주린 기간 동안의 수치와 비교·분석할 예정이었다. 처음 3개월이 지나고 피실험자에 대한 칼로리 공급을 반으로 줄였다. 한 사람당 하루 평균 1600칼로리 정도를 줄인 것이다. 그럼에도 불구하고 피실험자들은 육체적 노동을 계속해야 했다. 당시 실험에 자발적으로 참여한 피실험자 36명은 전방에서 싸우기를 거부한 300명 남짓한 양심적 병역 기피자 중에서 선발했다.

6개월에 걸친 굶주림 기간 동안 도출한 실험 결과에 과학자들은 놀라움을 감추지 못했다. 실험에 참여한 모든 피실험자는 현저한 정신적 결함을 보였다. 심각한 집중력 감퇴, 언어 장애, 어지럼증, 균형 감각 상실부터 완전한 성욕 상실에 이르기까지 증세는 다양했다. 또한 극단적 피로와 추위를 호소하고 여름인데도 여분의 담요를 요구했다.

과학을 위한 굶주림
1944년 미네소타 대학교는 정부의 의뢰를 받아 식량 부족이 인체에 미치는 영향에 대한 포괄적인 과학 실험을 수행했다. 양심적 병역 기피자들이 이 실험에 자발적으로 참여했다. 6개월에 걸쳐 식량 공급을 절반으로 줄인 이 실험에서 피실험자의 뇌 신진대사에 심각한 영향이 발생했다. 이른바 '미네소타의 굶주림에 관한 실험'은 칼로리 감량 다이어트의 효과에도 대입할 수 있다.

사회적 접촉을 기피하기도 했다. 많은 피실험자가 공포와 우울증을 호소하고 자살 충동에 시달리기도 했다. 굶주린 병사들은 끊임없이 음식에 대해서만 생각했다고 증언했다. 사고 발생률이 점점 증가했다. 피실험자 중 한 명은 손가락 세 개가 절단되기도 했는데, 그 일이 사고로 일어난 것인지 아니면 스스로 신체를 훼손한 것인지 잘 기억하지 못했다.

오늘날 의사들은 이런 현상을 신경당결핍 증세로 본다. 이는 신경계에서 저혈당증이 일어나 발생한 현상이다. 일종의 혈당(포도당) 공급 병목 현상이 뇌의 능률을 떨어뜨리고 제약하는 것이다. 간단하게 말하면, 혈당을 소비한 후 뇌의 기능이 하나씩 마비되는 것이다. 이때 반드시 중요한 순서대로 기능이 마비되는 것은 아니다. 때때로 성욕이 첫 번째 희생양이고, 다음은 집중력과 의식이 희생당한다. 피로와 강한 수면 욕구는 대표적인 신경당결핍 증세라고 할 수 있는데, 수면하는 동안 우리 뇌는 각성 기간에 비해 40퍼센트 정도의 에너지를 절약할 수 있기 때문이다. 그런데 미네소타 실험에서는 뇌의 능률성만 떨어지는 것이 아니라 신체 기관의 장애도 뒤따랐다. 심장 근육 감퇴와 골격근 감소, 근육 무력증과 극단적으로 빠르게 지치는 증세, 탈모증과 피부 얇아짐, 불면증 등이 그것이다. 하지만 여기서도 대뇌의 크기는 줄어들지 않았다. 우리가 관찰한 대로 스트레스와 관련해 역동 항상성 부하 현상은 여러 기관에 필요한 에너지를 뇌가 제대로 공급하지 못할 때 발생한다.

마지막 실험 기간 동안 과학자들은 피실험자에게 주는 식량을 서서히 원래의 공급량으로 회복했다. 1945년 12월 말—크리스마스 직전—에 실험은 끝났고, 피실험자들은 해산해서 집으로 돌아갔다. 실험 자료에 대한 과학적 분석 작업은 그 후 몇 년이 걸렸다. 그리고 1950년 드디어 최종 보고서가 책의 형태로 세상에 나왔다. 이 굶주림 실험을 통해 얻은 새로운 발견과 관련해 안셀 키즈Ancel Keys를 비롯한 과학자들이 1500여 쪽에 달하는 보고서를 작성한 것이다.

굶주림을 통한 체중 감량: 다이어트를 위해 몇 칼로리를 거부해야 할까

과학자들은 미네소타 실험에 참여한 피실험자들에게 칼로리 공급을

6개월 동안 50퍼센트로 줄였는데, 위에서 묘사한 대로 이는 뇌와 정신에 극단적인 부작용을 불러왔다.

요컨대 미네소타 실험은 극단적인 체중 감량 프로그램과 다를 바없었다. 여기서 발견한 사실은 다이어트와 어떤 관련이 있을까? 이 실험의 결과와 여성 잡지에서 소개하는 체중 감량 프로그램의 부작용을 어떻게 비교할 수 있을까?

오늘날의 칼로리 감량 다이어트 프로그램은 이미 나와 있는 '다이어트 칼로리' 자료와 이른바 해리스-베네딕트 공식Harris-Benedict formula의 도움을 받아 필요한 칼로리를 쉽게 계산할 수 있다. 30세 여성(90킬로그램에 171센티미터, 사무직 노동자, 운동은 하지 않음, 하루 2540칼로리 섭취)에 대한 자료도 이런 식으로 도출할 수 있다.

- 37퍼센트 감량을 위한 핏포펀Fit-for-Fun 다이어트
- 53퍼센트 감량을 위한 브리지트Brigitte 다이어트
- 69퍼센트 감량을 위한 BCM 공식 다이어트

섭식 억제자들은 자신이 섭취하는 칼로리 양을 평균 15퍼센트 정도 줄이는데, 그들 대부분은 위의 미네소타 실험처럼 6개월 동안이 아니라 때때로 몇 년 동안 이런 방식을 계속한다. 굶주림 실험의 결과를 칼로리 감량을 통한 오늘날의 체중 감량 프로그램과 비교해보면 그에 따른 증세는 거의 비슷하다. 짜증, 기분 변화, 집중력 저하, 성욕 감퇴, 피로감 지속, 우울, 불쾌감 등등이 그것이다. 실제로 새로운 임상 연구에

따르면 섭식 억제자들은 정상인에 비해 혈액 속의 코르티솔 분비량이 높으며 여러 가지 인지 능력 테스트에서도 저조한 결과를 보였다. 아울러 우울증, 골 감퇴증, 생리 불순 등이 많이 발생하고 최종적으로는 조로 증세도 나타났다. (조로 증세가 나타난 것은 염색체 길이가 짧아졌기 때문이다.)

섭식 억제자들의 이러한 부작용은 사람마다 강도가 다르며 그 느낌도 개별적으로 차이가 있다. 하지만 일반적으로는 주관적 느낌을 아주 중요한 판단 근거로 삼는다. 식품 섭취를 장기적으로 조절해온 사람은 처음에는 불편함을 느끼지만 시간이 지날수록 상황에 익숙해진다. 따라서 다이어트의 인과관계를 파악하기가 점점 힘들어진다. 한 가지 예로 성욕 결핍이나 싫증도 신체의 칼로리 부족과 관련이 있지만 그 상관관계를 명확히 판단하기는 어렵다.

섭식 억제자는 매일매일 스트레스와 배고픔에 시달린다

에너지 공급 차단은 대뇌의 신진대사에 부조화를 불러일으킨다. 이런 상태에서 뇌는 강력하고 부분적으로 상충하는 힘에 노출된다. 이는 한 편으로는 에너지 절약을 위한 전략이기도 하다. 하지만 그 결과 피로와 불안 그리고 위에서 언급한 신경당결핍 증세 등의 영향이 발생할 수 있다. 아울러 각 기관으로부터 에너지 공급을 원활하게 받으려 애쓰느라 스트레스에 지속적으로 시달린다. 따라서 섭식 억제자의 혈액 속에는 코르티솔 양이 늘어나고, 이것이 역동 항상성 부하로 작용해 계속해서 신체 기관을 마모시키는 결과를 낳는다. 다이어트를 하거나 섭취 칼로리 양을 줄이는 사람들은 등이 휠 것 같은 피로감, 기분 변화, 짜증, 억제할 수 없는 굶주림의 고통을 느낀다. 강한 의지를 발휘해 다이어트를 밀고 나가더라도 결국 피로감에 굴복할 수밖에 없다. 즉 스트레스를 받는 상황에서 피곤하고 배고프기까지 한 것이다.

만약 배우자가 그런 상태에 있는 사람이라고 가정해보자. 대부분의 시간을 음식에 대한 생각과 식욕을 억제하려고 노력하며 보낸다. 사랑을 나누고 싶은 욕망조차 병마와 싸우는 환자처럼 빈약하다. 걸핏하면 짜증을 내고 공격적으로 변하며, 그러다 풀이 죽고 우울한 기분에 빠져든다. 이런 일이 결혼 생활이나 가족에게 어떤 부담을 줄지는 쉽게 상상할 수 있다. 더욱이 지나치게 적은 식사를 하는 사람은 뇌와 신체가 영양 공급을 제대로 받지 못해서 나타나는 스트레스 상황을 누그러뜨리거나 거기에서 탈출하기 위해 알코올과 니코틴 같은 다른 물질에 의존하는 경우도 많다.

오늘날 과학계에서 '미네소타의 굶주림에 관한 실험'은 상당히 많은 논란을 일으키고 있다. 피실험자가 자발적으로 참여했다 하더라도 사람을 그렇게 장기적으로 굶긴다는 게 과연 윤리적으로 온당한지에 대한 의문이 있기 때문이다. 반면, 정확히 똑같은 내용을 선전하는 수많은 종류의 다이어트 프로그램을 보라. 우리가 이 둘의 연관성을 쉽게 깨닫지 못하는 것은 다이어트 언어의 고상한 표현 때문이 아닐까 싶다. 대개 체중 감량이니, 체중 감소니, 날씬해지기 또는 건강 되찾기 같은 달콤한 사탕발림으로 다이어트를 포장하고 있으니 말이다. 하지만 진실을 말하자면, 모든 다이어트는 굶주림에 관한 것이다. 체중 감소는 그 결과일 뿐이다. 따라서 기아 상황과 똑같이 다이어트를 하는 우리의 뇌와 몸은 부족한 자원을 가지고 싸우는 셈이다. 그리고 우리가 날씬해지는 것은 뇌가 언제나 승리하기 때문이다. 뇌는 에너지를 쟁취하기 위해 싸우고, 요구하고, 협박한다. 그 결과 몸은 굶주리고, 빼앗기고, 비쩍 말라간다.

다시 한 번 탈선과 방종, 이혼, 탈진과 재활 센터 입원 등의 소식으로 가판대의 잡지를 장식하는 케이트 윈슬렛을 비롯한 수많은 할리우드 스타들의 삶으로 돌아가보자. 여느 할리우드 스타들에 비해 케이트 윈슬렛은 그다지 주목을 받지 못하는 편에 속한다. 그렇지만 서른여섯의 나이에 케이트는 벌써 두 번의 이혼을 경험했다. 성공에 대한 압박과 공인으로서 노출된 삶이 결혼 생활 실패에 큰 몫을 했으리라 짐작된다. 또한 우리가 미네소타 실험을 통해 보았듯 굶주림의 경험이 케이트의 생활과 행동에 강력하고도 지속적인 영향을 주지 않았을까 하는 분명한 의심도 든다.

　당신이 아침을 커피 한 잔으로 때우거나 가장 좋아하는 음식은 샐러드라고 대답하는 사람이라면, 자신이 섭식 억제자에 속하는지 아닌지 다음 질문을 통해 확인할 수 있다. 이어지는 21가지 질문은 폴커 푸델Volker Pudel과 요아힘 베스텐회퍼Joachim Westenhöfer가 작성한 '식습관에 대한 설문 조항'의 일부이다. 질문에 대한 대답이 당신의 식습관에 관해 많은 것을 설명해줄 것이다.

식습관의 의식적 통제에 대한 설문 조사

	예	아니요
1. 목표 칼로리에 도달하면 한계를 정하고 대부분 음식 섭취를 중단하는 데 성공한다.	☐	☐
2. 체중이 늘어나는 것을 막기 위해 적은 양만 먹으려 한다.	☐	☐
3. 다이어트 문제로 시달리기엔 내 인생이 너무 짧다.	☐	☐
4. 일반적으로 내가 먹는 음식의 칼로리에 대해 잘 알고 있다.	☐	☐
5. 다이어트를 하는 중 '죄'를 저지르면 균형을 맞추기 위해 적게 먹는다.	☐	☐
6. 먹는 즐거움을 칼로리 계산이나 체중 조절로 망치고 싶지 않다.	☐	☐
7. 배부르지 않아도 먹는 것을 멈추는 경우가 많다.	☐	☐
8. 살이 찔까봐 먹는 것을 의식적으로 억제한다.	☐	☐
9. 먹고 싶은 만큼 아무 때고 먹는다.	☐	☐
10. 체중 조절을 위해 칼로리를 계산한다.	☐	☐
11. 살을 찌게 하는 특정한 음식은 피한다.	☐	☐
12. 몸매에 관심이 많다.	☐	☐

	항상 그렇다	자주 그렇다	드물게 그렇다	절대 아니다
13. 너무 많이 먹은 다음에는 양심의 가책을 느끼고 스스로 조절하는가?	☐	☐	☐	☐
14. 좋아하는 음식을 쌓아두지 않기 위해 노력하는 편인가?	☐	☐	☐	☐
15. 저칼로리 식품을 자주 구입하는 편인가?	☐	☐	☐	☐
16. 음식 섭취를 제한하기 위해 일부러 천천히 먹는 편인가?	☐	☐	☐	☐
17. 원하는 양보다 적게 먹는 경우가 많은가?	☐	☐	☐	☐

	아주 그렇다	자주 그렇다	이따금 그렇다	절대 아니다
18. 체중이 3킬로그램 늘어나면 생활 패턴을 바 꾸겠는가?	☐	☐	☐	☐
19. 먹는 것에 관심을 많이 쏟는가?	☐	☐	☐	☐

20. 식습관과 부합하는 항목에 체크하시오(답은 하나).

먹고 싶은 것을 먹고 싶을 때마다 먹는다. 1 ☐

보통 먹고 싶은 것을 먹고 싶을 때마다 먹는다. 2 ☐

때때로 먹고 싶은 것을 먹고 싶을 때마다 먹는다. 3 ☐

절제와 탐식을 반반씩 오간다. 4 ☐

보통은 절제하고 드물게 탐식한다. 5 ☐

대부분 절제하고 거의 탐식하지 않는다. 6 ☐

21. 체중 감량 다이어트를 몇 번이나 시도했는가?

1~3번 1 ☐   4~8번 2 ☐   9~15번 3 ☐

16번 이상 4 ☐   규칙적으로 5 ☐

거의 늘 다이어트 중 6 ☐   절대 하지 않음 7 ☐

문항에 대한 평가

모든 항목에 각각 1점씩을 매긴다.

문항	답변
1	예
2	예
3	아니요
4	예
5	예
6	아니요
7	예
8	예
9	아니요
10	예
11	예
12	예
13	항상 그렇다+자주 그렇다
14	항상 그렇다+자주 그렇다
15	항상 그렇다+자주 그렇다
16	항상 그렇다+자주 그렇다
17	항상 그렇다+자주 그렇다
18	아주 그렇다+자주 그렇다
19	아주 그렇다+자주 그렇다
20	4+5+6
21	3+4+5+6

총점은 0점(의식적 통제를 하지 않음)에서 21점(극단적으로 의식적 통제를 함) 사이다.

평가

총점	의식적 통제
0~3	거의 하지 않음
4~6	약간 통제
7~9	중간
10~13	통제를 많이 함
14~21	통제를 아주 많이 함

누구도
섬은 아니다

음식을 자제하느라 애쓰는 사람은 체중을 유지하겠다는 결심으로 스트레스 시스템의 만성적인 긴장을 견디고 있는 셈이다. 스트레스는 우리가 지금까지 알고 있던 것보다 훨씬 강하고 밀접하게 우리의 식습관 그리고 체중과 관련이 있다. 이 책에서 거듭 제기하는 질문 중 하나는 도대체 어떤 종류의 스트레스가 우리의 스트레스 시스템을 지속적으로 작동시키고 살을 찌우거나 마르게 하는 것일까 하는 점이다. 스트레스의 정의는 복합적이다. 사회심리적 스트레스 요인은 개인적이기도 하거니와 사회 발전의 커다란 요소이기도 하다. 우리가 살아가는 세상은 모두에게 커다란 영향을 미친다. 이는 매우 단순한 진실이지만 구체적인 이유를 파고들면 그 답이 점점 더 복잡해진다. 사람들은 왜 체중이 느는 걸까? 객관적 근거를 지닌 체중 증가의 원인으로는 직장에서의 지나친 요구 사항, 지루한 업무, 자신의 직업을 통해 개인적 능력을 발휘할 기회의 상실, 자신의 결정에 대한 영향력 부재, 자기 삶에 대한 한계의 자각 등을 들 수 있다. 물론 재정적 곤란이나 순탄치 않은 결혼 생활 또는 배우자와의 불화 같은 문제도 빠뜨릴 수 없다. 실직이나 실직에 대한 공포도 우리의 정신건강을 크게 위협하는 사회심리적 요인이다. 하지만 실직에 대한 공포를 우리 각자가 해결해야 할 개인적 문제라고 볼 수 있을까?

세계보건기구의 통계나 산업 국가의 국민 체중 발달 사항에 대한 자료 등을 살펴보면, 지난 수십 년 동안 과체중 인구가 상당히 많이 증가한 것을 알 수 있다. 그 이유는 무엇일까?

미국에는 왜 뚱뚱한 사람이 많을까. 사회적 불공정과 체중의 상관관계는 무엇인가

그 구체적 원인을 파악하기 위해 영국의 학자 케이트 피켓Kate Pickett과 리처드 윌킨슨Richard Wilkinson은 '사회가 개인의 사회심리적 스트레스에 미치는 영향'이라는 질문에 대한 연구를 계속했다. 이들의 연구 시발점은 각 국가에 속한 개인의 건강에 그 나라의 경제적 · 사회적 구조와 평등이 미치는 영향은 어느 정도인가 하는 것이었다. 피켓과 윌킨슨에 따르면, 한 사회의 물질적 불평등은 다음과 같이 단순하게 묘사할 수 있다고 한다. 불평등은 경제와 사회 구조가 경쟁의 원칙에 의거해 작동함으로써 발생한다. 요컨대 사회는 "가진 것이 많을수록 다른 사람에게서 많이 빼앗는다!"는 원칙에 따라 움직이는 사람들에 의해 작동한다. 이러한 원칙은 더 나아가 차별을 심화하고 특정 집단은 아예 물질적 자원에 접근하는 것조차 박탈당하는 결과를 낳기도 한다. 따라서 "가진 것이 없을수록 얻을 기회도 적다"는 공식이 성립할 수도 있다. 불공정한 사회와 그 결과에 대처하기 위해 정부는 균형 잡힌 사회를 만들기 위한 여러 가지 정치적 조치를 취하기도 한다. 《평등이 답이다: 왜 평등한 사회는 늘 바람직한가?The Spirit Level: Why More Equal Societies Almost Always Do Better》라는 책에서 위의 저명한 두 역학자疫學者는 수십 년 동안 23개 산업 국가의 통계를 비교·분석한 자료를 제시했다. 이 통계 연구에서 그들은 상호 신뢰, 기대 수명, 사회적 공포, 마약 사용, 폭력적 범죄, 건강 문제, 학력, 비만 같은 사회 발전과 관련한 여러 문제를 분석 대상으로 삼았다. 아울러 두 저자는 각 나라 국민의 소득을 비교해 결론을 도출했다. 이는 각 나라의 자본 상태를 파악하기 위함이 아니라 소득이 높은 사람들과 그렇지 못한 사람들의 삶을 비교하기 위함이었다. 여기서 학자들은 소득의 분배에 대한 통계 자료를 이용했다. 이를 통해 스웨덴과 핀란드 그리고 일본은 국민의 소득이 가장 공평한 나라라는 사실을 밝혀냈다. 하지만 이와 대조적으로 미국은 소득 불균형이 가장 심한 나라로 밝혀졌다. 요컨대 경제사회학적 연구를 통해 소수 특권층의 소득은 극단적으로 증가하는 반면 나머지 국민의 경제적·재정적 능력은 점점 더 감소한다는 사실을 밝혀낸 것이다. 이는 대다수 미국 국민이 점점 줄어드는 자원의 분배 문제(직장, 월급, 대출 등의 문제)를 놓고 끊임없이 서로 다투어야 한다는 것을 의미한다. 흥미롭게도 미국과 유사한 경제 구조를 가진 오스트레일리아, 뉴질랜드, 영국 그리고 포르투갈 같은 나라들이 미국에 이어 분배 불평등이 심한 나라로 밝혀졌다. 독일은 중간에 속했다. 피켓과 윌킨슨의 평가 자료를 보면 놀랍게도 계층 간의 소득 격차가 사회 전반에 엄청난 영향을 미친다는 것을 알 수 있다.

이 두 학자의 통계학적 연구를 통해 미국과 영국처럼 소득 격차가 심한 사회에서 사는 사람들은 다음과 같은 성향을 보인다는 결론을 얻을 수 있다.

- 서로를 별로 신뢰하지 않는다
- 일찍 사망한다
- 두려움과 신경증이 많다
- 육체적 질병에 더 잘 걸린다
- 마약을 더 많이 접한다
- 퇴학률이 높다
- 폭력 범죄에 더 많이 노출된다
- 비만율이 높다

물론 위의 여덟 가지 항목은 통계적 평균 자료일 뿐이며, 각 나라에 사는 모든 개인에게 해당하는 것은 아니다. 하지만 그 나라의 소득 사다리 아래쪽에 있는 사람일수록 위에서 언급한 삶의 조건 중 하나 또는 여러 항목에 속할 가능성이 높다. 반대로 소득을 고르게 분배하는 나라일수록 마약 중독, 폭력 범죄, 비만, 그 밖의 건강이나 사회적 위험에 노출될 가능성이 적다고 볼 수 있다.

비참함에서 벗어나기: 가난이 사람을 살찌게 한다는 사실을 일깨워준 미국의 특별한 실험

우리는 이것이 우리 시대의 핵심적 사회 문제를 요약한 것이며, 미국과 비슷한 길을 걷고 있는 모든 사회에 대한 경고라고 해석할 수 있다. 피켓과 윌킨슨은 이 모든 문제는 단 하나의 원인에서 기인한다고 믿었다. 그것은 바로 사회 내의 경제적 불평등이다. 요컨대 이로 인해 기회 불균등과 의료 서비스에 대한 접근성 결핍, 낮은 소득에 대한 불안 등이 발생하는 것이다. 이 모든 것이 사회심리적 스트레스의 강력한 요인이다. 아울러 이 모든 것이 사람들의 스트레스 시스템에 직접적으로 영향을 미치고, 코르티솔 수치를 지속적으로 높인다. 그리고 모두가 알다시피 만성 스트레스로 체중이 늘어나는 결과로 이어진다.

피켓과 윌킨슨의 연구는 기본적으로 자신들의 가설을 확인하기 위해 통계 자료를 비교·분석한 것이다. 따라서 그 가설을 확실하게 받아들이기 위해서는 더 많은 증거가 필요하다. 하지만 이들의 발견을 입증하는 사회심리학적 연구가 없는 것은 아니다. 그중 여기서 언급할 만한 가치가 있는 것으로는, 사회적으로 많은 문제를 안고 있으며 정기적인 소득이 없고 자녀와 함께 사는 대도시 여성은 특히 비만 위험이 높다는 연구 결과를 들 수 있다. 미국의 5개 대도시, 즉 볼티모어 · 보스턴 · 시카고 · 로스앤젤레스 · 뉴욕에 거주하는 여성들을 대상으로 특이한 대규모 실험이 이루어졌다. 요컨대 좀더 낫고 새로운 삶을 위해 여성들과 그 자녀들을 가난한 지역에서 사회적 환경이 비교적 좋은 지역으로 이주할 수 있도록 한 것이다. 이 실험을 위해 4498명의 여성이 제비뽑기에 참여했다. 여기에서 뽑힌 여성들은 더 나은 환경으로 이주할 수 있는 자격을 얻었다. 그리고 15년 후 결과가 드러났다. 요컨대 이주에 성공한 여성들의 신체 건강이 이전에 비해 훨씬 나아진 것이다. 또 가난한 지역에 그대로 머물러 산 여성들에 비해 비만도도 훨씬 낮았다.

이 연구를 통해 학자들은 가난하고 위험한 환경에서 벗어나면 비만 위험이 확실히 낮아진다는 것을 알 수 있었다. 이처럼 가난은 사람을 살찌게 만든다. 가난하다는 것은 사회심리적 스트레스가 많다는 것을 의미하기 때문이다. 가난한 지역에서 낮은 소득으로 연명한다는 것은 경제적 결핍과 열악한 주거 여건, 거리의 범죄 위험에 노출된 채 체념과 절망에 시달린다는 얘기다. 따라서 이런 환경에서 건강을 지킨다는 것은 거의 불가능하다. 아울러 그런 상황에서 체중 문제로 고통받는 사람에게 다이어트를 권하는 것은 잘해봤자 표면적인 증상 치료에 그칠 뿐 원인의 치료와는 거리가 멀 수밖에 없다.

이 문제가 얼마나 시급한지 파악하기 위해 굳이 미국까지 갈 필요도 없다. 피켓과 윌킨슨의 책에 따르면, 독일은 '불평등의 규모' 면에서 중간 정도에 속한다. 하지만 독일의 사회 발전 방향은 부정적이다. 최근 연방 정부에서 펴낸 빈곤 보고서에 따르면, 2008년 기준으로 하위 50퍼센트의 가정이 소유한 재산은 독일 순자산의 1퍼센트가 채 못 되는 것으로 밝혀졌다. 10년 전에는 적어도 4퍼센트 정도는 되었는데 말이다. 반면 지난 20년 동안 상위 10퍼센트의 부자들은 자산을 2배로 증식했다. 그들이 인정하든 않든 가난한 이들의 재산이 부자들 쪽으로 이동한 것만은 사실이다.

17세기에 영국 작가 존 던(John Donne: 영국의 시인, 성직자. 〈누구를 위하여 종을 울리나〉라는 시로 유명하다—옮긴이)은 다음과 같은 글귀가 담긴 시를 남겼다. "누구도 그 자체로서 온전한 섬은 아니다." 우리가 개별적 존재로서 어디에도 묶이지 않고 자유로운 결정권을 가지고 살아간다는 생각은 환상일 뿐이다. 일에서도, 가정에서도, 친구 사이에서도 우리는 이 사실을 늘 확인하며 살아간다. 열악한 작업 환경이나 불화로 가득 찬 가정 환경이 우리의 개인사와 전혀 관계없다고 생각하는 사람은 아무도 없을 것이다. 우리 모두는 그런 상황이 얼마나 받아들이기 어려운지 잘 알고 있으며, 또한 그런 갈등으로 인해 당사자들이 때때로 수년씩 고통받기도 한다는 것을 안다.

하지만 체중 문제에 관한 한 우리는 살찐 사람을 마치 섬처럼 대한다. 살찐 것을 본인 혼자만의 탓인 양 여기는 것이다. 배우자, 가족, 친구, 의사, 사회 전반은 식습관이나 다이어트를 지속하지 못하는 자제력 결핍 등을 지적하며 직간접적으로 살찐 사람을 비난하고 날씬해지기를 강요한다. 하지만 이는 부당할 뿐만 아니라 옳지 못한 태도이기도 하다. 누구도 섬은 아니다. 아니, 이 경우에는 좀 다르게 말할 수 있겠다. "저절로 살이 찌는 사람은 아무도 없다."

월킨슨과 피켓의 책은 아직도 전 세계적으로 상당히 많은 논란을 일으키고 있다. 두 학자가 통계 자료를 통해 얻어낸 새로운 발견이 현대 산업 사회의 기본적 틀을 흔들기 때문이다. 이들의 연구 방식은 각 나라의 통계청이 만들어놓은 기존의 자료를 바탕으로 이루어졌다. 두 학자가 이 자료를 통해 얻은 결론, 곧 분배의 불균형과 비만 사이의 밀접한 관련성은 비만 과학에서 가히 혁명적이라 할 만한 새로운 발견이다. 한 나라의 과반수 인구가 1퍼센트의 자원을 놓고 경쟁하며 살아야 한다면 그야말로 엄청난 스트레스가 아닐 수 없다. 사회적 스트레스가 높을수록 개인이 짊어져야 할 스트레스도 커진다. 이는 또한 체중의 증가로 이어진다. 만약 이러한 과학적 가설이 옳다면—그럴 가능성이 아주 높다고 여긴다—우리는 비만을 전염병처럼 여기는 기존의 인식과 싸워야 한다. 이는 건강의 문제가 아니라 사회적 문제이기 때문이다. 비만은 월킨슨과 피켓이 지적한 대로 심각한 사회 문제 중 하나이다(82쪽 목록 참조). 판사, 교사, 의사, 심리학자 등도 사회적 불평등에 의해 생겨난 여러 문제와 싸우느라 일상적으로 스트레스를 받는다. 따라서 이 같은 사회적 스트레스 요인을 제거하고 분산시키는 것은 국민의 건강과 복지를 위한 정부의 주요 임무 중 하나다.

우리의 가설은 사회적 스트레스가 체중에 큰 영향을 미친다는 것이다. 사회 내의 인간관계에 따라 체중의 증가 여부가 결정된다는 점에서 윌킨슨과 피켓이 관찰한 내용은 우리 생활과 직접적으로 연관되어 있다. "저절로 살이 찌는 사람은 아무도 없다"는 말은 직장 생활에서 우리가 느끼는 사회심리적 부담과 스트레스 문제에도 해당한다.

일이 나를
살찌게 만든다?

일을 할 때 우리 뇌에서는 어떤 현상이 발생할까? 이는 일상적인 우리의 일과 관련한 감정 그리고 그것을 다루는 방식과 많은 상관이 있다. 당신은 자주 좌절감을 느끼는가? 해결하지 못한 갈등이 자꾸 커져만 가는가? 경쟁은 어떤가? 당신은 필요한 만큼의 인정을 받고 있는가? 지나친 압박감을 느끼는가?

우리는 사회심리적 스트레스 요인이 뇌에 미치는 영향에 대해 이미 살펴보았다. 뇌의 힘은 필요한 에너지를 신체의 저장고에서 취하는 데 있다. 하지만 불행히도 뇌의 (에너지) 당김 기능은 스트레스에 취약하다. 다시 말해, 스트레스 시스템이 많은 사람들의 뇌-당김을 약화시킨다. 스트레스 시스템에 장기적으로 제동이 걸리면 코르티솔 분비가 상승하는 극적인 부작용도 예방할 수 있다. 하지만 이런 제동 상황에도 그에 합당한 대가가 따른다. 이는 매우 중요한 부분으로, 나중에 설명할 예정이다. 어쨌든 일에 대한 스트레스가 높아진 상태에서 뇌에 많은 에너지가 필요해지면 몸의 조직(간, 근육세포, 지방세포 등)에서 에너지를 확보하는 뇌의 능력도 제약을 받는다. 그렇게 되면 거의 모든 사람이 다음과 같은 두 가지 결과를 경험한다. 요컨대 몸의 각성 상태가 더 심해지거나, 아니면 칼로리를 더 빨리 즉각적으로 흡수하려 하거나 둘 중 하나다. 그러다 스트레스 상태의 부담이 장기적으로 지속되면 뇌-당김에 대한 반응이 약해지고, 이는 거의 체중이 증가하는 현상으로 이어진다.

우리가 직장에서 받는 스트레스의 부담을 생각해보면 체중 증가 현상이 단지 한 사람에게만 국한된 문제가 아니라는 것을 좀더 확실히 알 수 있다. 동료와 상사, 다른 고용자들 사이의 관계와 사회심리적 갈등이 뇌-당김에 미치는 영향을 과소평가해서는 안 된다. 이는 거꾸로 말하면 직장에서의 원활한 뇌-당김을 위해 행동 방식과 상호 소통 방식을 바꿔야 한다는 의미이기도 하다. 이는 매우 핵심적인 부분으로서 마지막 장에서 좀더 자세히 다루도록 하겠다.

발레리(38세)는 직장에서 관리직에 있다. 광고 회사에서 보험 회사나 출판사 또는 선박 회사의 홍보와 관련한 일을 한다. 발레리의 업무는 다양한 고객층을 상대로 마케팅 전략을 수립하는 것이다.

　발레리의 하루 일과는 커피와 함께 시작된다. 사무실에 들어서자마자 먼저 커피 한 잔을 마신다. 상사에게 업무 내용을 보고해야 하는 중요한 아침 회의라도 있는 날이면 커피가 석 잔까지 늘어난다. 발레리는 이런 회의가 갈수록 부담스럽다. 제안을 받아들이는 상부의 기준이 명확하게 와 닿지 않기 때문이다. 6개월 전에는 받아들인 안건을 지금은 약간만 수정했을 뿐인데도 완전히 묵살한다. 이런 일이 발레리를 불안하게 만든다. 특히 상사가 거절한 안건에 대해 자신의 부하들에게 설명해야 할 때는 더욱 괴롭다. 자신이 최종적으로 좋다고 결정한 사안이 퇴짜를 맞은 것 아닌가! 명확하게 받아들일 수 없는 거부를 당함으로써 발레리는 팀 내에서 자신의 권위가 떨어진다고 느낀다.

또한 구조 조정 이후 다른 프로젝트를 맡게 되어 늘 과다한 업무에 시달린다. 자신의 부서에 할당된 일도 이전보다 확실히 늘어났다. 발레리는 자신의 부서에 할당된 추가 업무의 부담을 덜어주기 위해 스스로 더 많은 일을 떠맡는다.

저녁에 퇴근하고 집에 돌아오면 긴장이 목까지 차올라 쉽게 휴식을 취할 수도 없다. 그러다 보니 자주 와인을 마신다. 물론 마음을 가라앉히기 위해 한두 잔 마시는 것이다. 수면 장애도 심해졌다. 자기 전에는 늘 수면제를 반 알 삼켜야 한다. 물론 습관적으로 수면제를 먹어서는 안 된다고 스스로 다짐하기는 한다. 그런데 얼마 전 몸무게가 여느 때보다 2킬로그램이나 늘어났다. 그래서 다이어트를 시작한 지 벌써 3주가 지났다.

발레리가 처한 상황은 뇌-당김 연구가에게 안성맞춤의 실험 연구실이라고 할 수 있다. 직장 생활에서 뇌-당김을 가동하는 여러 요인이 즉

각적이고 맹렬하게 작동하고 있기 때문이다. 스트레스 연구가는 언제 그리고 어떻게 직장 일이 사람을 살찌우는지에 대한 일종의 공식을 발견했다. 그 공식은 다음과 같다.

직장에서의 과도한 업무＋자기 결정권 결여＝체중 증가 위험

직장에서의 과도한 업무는 사람들 대부분이 경험하는 스트레스 요인이다. 단기간에 끊임없이 늘어나는 일을 최대한 빨리 처리해야 하기 때문이다. 어떤 회사는 이런 과도한 업무량을 일종의 심리적 전략으로 사용하기도 한다. 이를테면 많은 업무를 요구하면 할수록 생산량을 늘리기 위해 직원들이 노력할 것이라고 여긴다. 직원들을 압박하는 수단으로 인력을 감축하기도 한다. 이는 적은 인원이 더 많은 일을 함으로써 경비를 절감하는 효과를 얻기도 한다. 발레리가 처한 상황도 이와 같다. 새로 인원을 충원하는 대신 다른 부서의 일을 통째로 떠넘긴 것이다. 단기 계약직 또한 고용인을 불안하게 만드는 조건이다. 이 모든 조건이 우리에게 심적 부담을 안긴다. 상여금 체계, 교대 근무, 작업 도중의 지속적인 방해 요소(스마트폰, 호출기) 등도 일에 집중하는 것을 점점 힘들게 만든다. 날씬해지고자 하는 사람에게는 이 모든 요소가 독으로 작용한다. 따라서 우리는 이를 '뇌-당김 유해 요소'라고도 한다. 즉 이런 유해 요소가 뇌-당김 작용을 바꾸어 체중이 늘어나는 결과를 가져오는 것이다.

권력 상부의 정보 또는 투명성: 회사의 소통 방식이 직장인의 뇌-당김에 미치는 영향

일이나 업무 스타일에 대해 자신이 가진 영향력이 낮을 때 이를 스트레스 연구가들은 '스트레스 유발 요인'이라고 한다. 과도한 업무량에서 초래된 부정적 결과는 업무 통제력 상실과 더불어 눈덩이처럼 불어난다. 여기에는 기본적으로 세 가지 요인이 작용한다.

첫 번째는 결정의 투명성이다. 업무 지시는 얼마나 명확한가? 회사의 의사 결정은 어떤 기준에 의거해 이루어지는가? 권력 상부의 지식이나 업무 관련 정보를 다른 고용인들과도 공유하는가? 책임에 대한 부분은 얼마나 투명한가? 또 보상 체계는 얼마나 공정한가? 만약이 같은 질문들에 대해 여러 가지 부정적 답변이 나온다면 그 회사에 다니는 고용인들은 불안에 시달릴 수밖에 없다. 업무에 관한 연구를 통해 위의 항목들에 대한 부정적 답변이 많으면 생산성이 나쁜 것으로 밝혀졌다. 이는 또한 회사에 다니는 각 개인의 스트레스 시스템에 많은 부정적 영향을 미치며 결과적으로 체중에도 변화를 가져온다. 자신의 상사가 어떤 방식으로 업무 효율성에 대한 평가를 내리는지 그 기준을 알 수 없어 괴로워하는 발레리도 여기에 속한다.

결정에 대한 권한: 상부(진정한 결정권자)와 부하 직원 사이에서 발레리는 전형적인 관리자의 딜레마에 처해 있다. 한편으로는 자기 부서의 아이디어와 콘셉트에 대한 평가를 내리면서, 다른 한편으로는 상부의 지시에 따라야 한다. 즉 둘 사이에서 이러지도 저러지도 못하는 위치에 있

다. 요컨대 발레리는 상부의 결정과 부하 직원들의 짜증 사이에서 완충 지대 역할을 한다. 이런 상황을 새롭게 받아들이고 효과적으로 변화하는 데 성공하지 못하면 발레리의 스트레스 시스템은 지속적으로 부담이 늘어나 힘들어질 것이다. (이는 체중 증가로 이어질 가능성이 높다.)

자신의 능력에 도전을 받는 상황: 스트레스 연구를 통해 우리는 단조롭고 규제가 심한 반복적인 작업(예를 들어, 조립 라인의 작업)은 특히 강력한 스트레스 유발 요인이라는 것을 알고 있다. 과중한 업무(기계적 조립 라인에서 업무 속도를 결정하는 것 등)와 업무에 대한 낮은 영향력은 특히 개인의 능력을 떨어뜨리는 요인이다. 이를테면 조립 라인에서 일하는 사람은 어떤 일탈도 허용되지 않고 지시하는 대로만 움직여야 하는 기계와 같다. 물론 조립 라인에서의 작업은 극단적인 예에 속한다. 이런 난제는 관리자로서도 고통스러운 경험이다. 특히 자질이 뛰어나고, 자유롭고, 창조적 성향을 가진 직장인에게는 정해진 규율에 따라 움직여야 하는 회사 생활이 힘들 수 있다. 업무에 대한 낮은 영향력은 상사로 하여금 부하 직원들에게조차 열등감을 느끼게 하거나, 경쟁에 대한 두려움 속에 자신을 가두게 할 수도 있다.

지금까지 직장에서 가장 빈번하게 직면하는 사회심리적 문제에 대해 살펴보았다. 그렇다면 이러한 정신적 위기에 봉착했을 때 우리의 뇌는 어떻게 작용할까? 우리는 앞에서 이로 인한 두 가지 뇌-당김 기능 약화 신호, 곧 '집중력 저하'와 '식탐'에 대해 알아보았다. 그러나 이런 증세는 딱히 정의를 내리기 어려운 점이 있다. 집중력 저하에도 여러 가지 이유가 있기 때문이다. 또 왜 배고픔을 느끼는지에 대해서도 간단히 판단하기 어렵다. 요컨대 우리의 몸속 에너지 저장고가 바닥났기 때문일 수도 있고 (뇌-당김이 강하게 반응할 경우) 가득 찬 스트레스 때문에 뇌가 음식을 요구하는 것일 수도 있다.

그렇다면 식탐에 대해 살펴보자. 먹기와 일하기, 건강한 사람은 깨어 있는 동안 이 두 가지가 명확히 분리된 상태를 몇 시간마다 반복한다. 일을 할 때는 주로 배가 고프지 않으며 음식을 먹을 필요를 그다지 느끼지 못한다. 또한 음식을 섭취하는 것이 일을 방해하기도 한다. 그렇게 몇 시간 동안 일을 하다 보면 배가 고프고 뭔가를 먹어야겠다는 생각이 든다. 그러면 잠시 휴식을 취하고 음식 섭취로 몸을 다시 충전한다. 배가 부르면 음식 섭취를 멈춘다. 이 두 가지 상태는 분명히 분리되어 있다. 이를테면 먹거나 일하거나 둘 중 하나다.

수면 상태와 깨어 있는 일반적 상태 그리고 과도한 각성 상태: 의식 상태의 3단계

이제 각성 현상에 대해 다루어보자. 의식에는 세 가지 단계가 있다.

- 수면 상태
- 깨어 있는 일반적 상태: 이는 일상적인 일을 할 수 있는 정상적인 의식 상태로, 우리의 경험을 바탕으로 볼 때 그 요건과 범위를 쉽게 이해할 수 있다

- 과도한 각성 상태: 대부분 스트레스 상황에서 발생하며 스트레스지수 가 높아진다

기능이 원활한 스트레스 상태는 사실 일에 큰 도움이 되기도 한다. '집 중적인 각성 상태' 또는 '과도한 각성 상태'에 놓이면 일에 집중할 수 있 을 뿐만 아니라 뇌의 여러 다른 부위가 종합적으로 작동한다. 그러면 모 든 감각이 날카로워지고 새로운 해결 방법을 탐색할 수 있다. 계산 능력 도 나아져 전체적으로 빠르고 나은 결정을 하는 데 도움을 준다. 한편 스트레스가 높은 이런 상황에서는 더 많은 에너지가 필요하다. 다시 말 해, 이러한 상태에 도달하려면 뇌가 충분한 에너지를 확보해야만 한다.

하지만 이 기적의 무기는 짧은 시간 동안만 작동한다는 단점이 있 다. 이 같은 스트레스 모드가 영원히 지속되고 뇌-당김을 지속적으로 작동해야 한다면 어떻게 될까? 여러 가지 까다로운 문제가 줄을 잇는 기나긴 업무 시간 동안 스트레스에 줄곧 노출되다 보면 서서히 부작용 이 드러난다. 가만히 집중해서 계산하는 것이 어려워지고 신중히 생각 해서 결정을 내리기도 힘들어진다. 우리의 집중력은 주로 2단계의 깨어 있는 일반적 상태에서 발휘된다. 하지만 3단계에서는 방향을 잃어버리 기 일쑤다. 스트레스 모드에서는 머릿속이 너무나 복잡하기 때문이다.

지나치게 오랫동안 스트레스 모드에 놓이면 마음의 평화를 찾기 어렵고 이는 때때로 극단적인 피로와 겹친다. 흔히 하루 일과가 끝날 때쯤 이런 피로가 절정에 달한다. 머리가 잘 돌아가지 않고 어지럼증이 나 힘이 빠지는 증세를 느끼기도 한다. 따라서 집중력을 유지하려면 스

트레스 요인을 없애거나 (거의 불가능한 일이지만) 스트레스에 잘 대응하는 방법을 익혀야 한다. 이 주제에 대해서는 나중에 다시 설명하겠다.

여기서 중요한 질문을 던져보자. 나는 지속적인 스트레스 상황에서 살아가는 부류에 속하는가? 신호는 분명하게 나타난다. 장기적인 스트레스에 시달리는 사람에게는 두 단계의 의식 상태만 존재한다. 지나친 각성 상태와 수면 상태가 그것이다. 이들에게는 정상적인 2단계 의식 상태가 존재하지 않는다. 그 대신 지속적인 스트레스 모드가 자리를 잡는다. 이 때문에 일과 음식 섭취 사이의 구분이 없어져버린다. 또한 이런 스트레스 모드가 지속되면 문제는 더욱 심각해진다. 즉 수면 상태가 짧아지고 심신의 평정을 잃는다. 수면 장애는 대부분 이런 요인에서 비롯된다.

이런 과정에서 많은 사람(B형)이 지속적인 스트레스와 부담에서 비롯된 뇌-당김에 익숙해지기도 한다. 막힌 엔진처럼 스트레스 상황에서는 속도를 쉽게 낼 수 없고, 하고자 하는 일에 대한 성취도도 떨어진다. 이는 또한 뇌에 직접적인 영향을 준다. 에너지 저장량이 최적의 활동을 하기에 부족한 상황이 되는 것이다. 뇌 활동이 빠른 속도로 진행되는, 기능이 활발한 스트레스 모드와 반대로 이런 상태에서는 성취도가 낮을 수밖에 없다. 또한 일반적 의식 상태도 사라진다. 곤란한 문제를 성공적으로 해결하는 데 적합한 상태에서 벗어나는 것이다. 이는 그다지 유쾌한 경험이 아니며, 사람들은 대체로 이런 상태에서 짜증이나 피곤함을 느낀다. 즉 의식이 명징하지 않고 뭔가를 성취할 수 있는 조건도 부족하다. 이런 상태에서는 모든 사람이 커다란 스트레스를 겪는다. 이럴 경우에는 원래의 정상적인 3단계 의식 상태(수면 상태와 깨어 있는 일반적 상태 그리고 과도한 각성 상태)가 극단적인 2단계로 줄어든다. 즉 수면 상태, 그리고 각성과 스트레스가 흐릿하게 혼합된 상태 말이다. 먹는 것과 일하는 것이 분명하게 분리되지 않고 한 덩어리로 엉클어진다. 그러다 어느 순간 자신의 일상이 수면과 일종의 끊임없는 '작업 중 식사'로만 점철된다는 것을 발견한다. 이를테면 하루 종일 이런저런 군것질로 시간을 보내는 것이다. 그다음 단계는 무엇일까? 스트레스 상황이 계속되면 수면에 대한 욕구는 더욱 강해진다. 그러다 보면 이를 극복하기 위해 각성제를 사용하기 시작한다.

더블 에스프레소 한 잔 더: 자연스러운 생체 리듬에 따른 각성으로는 부족할 때

의사들은 이렇게 지적하곤 한다. "현대의 직장인은 정상적인 생체 리듬에 따른 각성 상태로 생활하기 힘든 세상을 살아가고 있다." 커피는 오늘날 사무직을 위한 전통적인 각성제가 되었다. 더 나아가 의사들은 이렇게 경고한다. "회사원들은 약효가 더욱 강력한 각성제를 폭넓게 복용하고 있다." 커피보다 효력이 강한 이런 약제들은 각성 상태를 높여주지만 뇌-당김 기능에는 부정적 영향을 미칠 수밖에 없다. 또한 스트레스 시스템에 과도한 부담을 주어 뇌-당김에 대한 반응이 유연성을 잃고 경직되며, 그 결과 뇌의 에너지 공급에 문제가 발생한다.

앞에서도 이야기했지만 스트레스 시스템 아래서 뇌의 자연스러운 에너지 공급은 제한적인 시간에만 가능하다. '집중력 있는 각성 모드'와 '특별한 상황에서의 스트레스 모드'는 우리의 정신력이 갖고 있는 자연적 적응 능력의 결과다. 하지만 커피나 그보다 강한 약제를 사용하면 뇌의 유연성과 적응력이 마비되고, 반응이나 결정에 대한 능력 또한 떨어진다.

그렇다면 어떻게 해야 할까?

먼저 뇌-당김 조절 기능 점검을 통해 자신의 상태를 파악해보자. 다음의 목록을 참조하라.

뇌-당김을 변화시키는 요인

• 여러 시간 쉬지 않고 일한다(이를테면 휴식 없이 하루 종일 일한다). 계속해서 스트레스를 견디다 보면 뇌-당김 기능은 과도한 부담으로 상황에 적응하는 반응 능력이 떨어진다.

• 음식을 급하게 허겁지겁 먹는다. 뇌-당김 기능이 약해진 사람은 일과 식사 간의 경계를 구별하는 능력을 잃어버린다. 일상생활에서 먹을 때와 그렇지 않을 때에 대한 분명한 경계가 없어진 사람은 더더욱 뇌-당김의 정상적 가동을 가로막는다.

• 계속해서 커피를 마신다. 커피를 마시는 것은 피곤할 때 어느 정도 도움이 된다. 하지만 카페인은 오히려 대뇌 기능을 떨어뜨리므로 뇌의 구조를 강화한다는 의미에서 짧은 휴식을 취하는 것이 더 좋다. 커피는 우리가 깨어 있도록 하는 데는 도움이 될지 모르지만, 건강에 적신

호가 커진 시기를 극복하는 데는 그다지 도움이 되지 않는다. 카페인 (그 밖의 다른 각성제)은 자연스러운 스트레스 모드를 이겨내기에는 그 효과가 너무나 부진하고 정확하지 않다.

자연스러운 스트레스 해결 방식과 각성제 사용 방식에 대해서는 두 가지 개념을 들어 비교할 수 있다. '진정한 행동'과 '행동주의'의 차이가 바로 그것이다. 요컨대 '진정한 행동'은 말 그대로 실제 경험과 능력 그리고 융통성에 바탕을 둔 것이며, 행동주의는 뭔가를 해야 한다는 불안하고 불확실한 충동에서 비롯된다.

• 휴식을 위해 각성제를 복용한다. 예를 들어 술, 진정제, 항우울증제 등을 복용하는 것을 말한다. 뇌에 진정 또는 각성 효과를 주는 대부분의 물질은 뇌-당김을 방해하고 뇌의 유연성을 떨어뜨린다.

• 알코올을 섭취한다. 알코올은 사람을 피곤하게 만든다. 수면제와 마찬가지로 알코올도 뇌의 구조를 바꾸어놓는다. 수면의 질이 떨어지고, 이것이 다시 뇌-당김에 장기적으로 부정적 영향을 미친다.

• 아플 때도 출근한다. 스트레스 연구가들은 아플 때도 출근하는 것을 '보여주기'라고 한다. 노동 연구의 측면에서 보면, 이는 비생산적일 뿐만 아니라 나라의 경제를 해치고 뇌-당김 기능을 사회심리학적으로 훼손하는 결과를 낳는다.

• 휴일을 제대로 사용하지 않는다. 휴식은 뇌-당김 연구에서 삶에 커다란 쉼표를 주는 요소다. 스트레스 시스템과 뇌-당김 기능을 위해서는 휴식과 충전 시간이 필수적이다.

질문: 직장 생활에서 살을 찌게 하는 위험 요소는 무엇인가

('자주' '가끔' '절대 아님'으로 대답하기 바람)

	자주	가끔	절대 아님
1. 하루에 몇 시간 동안 자는가? 6시간 이하인가?	☐	☐	☐
2. 직장에 단것을 비치해놓고 있는가?	☐	☐	☐
3. 일하는 동안 먹는 일이 있는가?	☐	☐	☐
4. 점심을 거르고 일하는가?	☐	☐	☐
5. 동료들과 정오에 음식을 먹는가?	☐	☐	☐
6. 일하는 동안, 예를 들어 오후에 단것에 대한 강렬한 유혹을 느끼는가?	☐	☐	☐
7. 회의 전후나 토론 도중 커피를 잘 마시는가?	☐	☐	☐
8. 일상적인 업무가 복잡하다고 느끼는가?	☐	☐	☐
9. 하루 업무가 끝날 때쯤 자주 시계를 보는가?	☐	☐	☐
10. 상사가 당신의 제안이나 견해에 늘 부당한 평가를 한다고 느끼는가?	☐	☐	☐
11. 아플 때도 일하러 가는가?	☐	☐	☐
12. 당신은 필수불가결한 사람인가?	☐	☐	☐
13. 동료들로부터 인정을 받는다고 느끼는가?	☐	☐	☐
14. 직장 환경이 좋다고 느끼는가?	☐	☐	☐
15. 퇴근 후에 자주 술을 마시는가?	☐	☐	☐
16. 일을 하는 동안 집중력이 떨어지거나 의식이 명료하지 않다고 느끼는가?	☐	☐	☐

평가: "업무가 나를 살찌게 하는가"

모든 항목에 각각 1점씩을 매긴다.

문항	답변
1	자주+가끔
2	자주+가끔
3	자주+가끔
4	자주+가끔
5	절대 아님
6	자주+가끔
7	자주+가끔
8	절대 아님
9	자주+가끔
10	절대 아님+가끔
11	자주+가끔
12	자주
13	절대 아님+가끔
14	절대 아님+가끔
15	자주+가끔
16	자주+가끔

총점은 0점(살찔 염려가 전혀 없음)에서 16점(살찔 위험이 아주 높음) 사이다.

합계	업무가 살을 찌게 할 위험
0~3	거의 없음
4~8	중간
9~16	아주 높음

날씬한 사람이 똥배가 나오는 것은 무슨 의미인가

직장에서의 요구와 노동 환경이 우리 시대의 매우 커다란 사회심리적 스트레스 요인 중 하나라는 사실은 분명하다. B형에 속하는 사람은 직장에서 스트레스가 지속될 경우 단시간에 체중이 늘어날 가능성이 높다. 반면 A형에 속하는 사람은 외부적으로는 당장 아무것도 눈치채지 못할 수 있다. A형의 몸은 분명한 자각 증세를 보이지 않으며 스트레스를 잘 극복하고 있는 것처럼 보인다. 하지만 이는 속임수에 불과하다.

"나는 아무리 많이 먹어도 살이 안 쪄요⋯⋯." 어릴 때나 어른이 되어서나 늘 날씬한 상태를 유지하는 사람은 살이 찐다는 게 어떤 것인지 잘 알지 못한다. 늘 날씬하게 살아온 사람에게는 칼로리를 재거나, 한숨을 쉬며 저울에 올라서거나, 거울 속의 자기 모습을 피하는 일이 머나먼 다른 세상의 일처럼 여겨진다. 하지만 그렇다고 평생 날씬하게 살아가리라는 보장은 없다. 보통 35~45세가 되면 이전까지 전혀 체중 걱정을 하지 않던 사람도 배가 나오기 시작한다. 이런 변화를 그대로 받아들이는 사람은 거의 없다. 운동과 트레이닝 그리고 식단 조절과 다이어트를 통해 사람들은 자신의 운명을 바꾸려 한다.

하지만 날씬한 사람의 배가 나오기 시작하는 이 시점에서 몸의 변화를 유심히 관찰할 필요가 있다. 엉덩이나 다리 또는 허벅지에 살이 붙는 것과는 다른 방식으로 살이 찌는 것이기 때문이다. 배에 살이 찌기 시작하는 것은 더 많이 먹거나 운동을 하지 않아서가 아니라 스트레스 호르몬인 코르티솔의 지속적인 영향으로 신체의 신진대사 작용이 변화한 까닭이다. 이러한 신체 적응 과정은 아주 천천히 몇 년에 걸쳐 진행되며 수년이 지나서야 허리가 굵어진 게 확실히 눈에 보인다. 스트레스로 가득 찬 환경에서 혈액 속의 코르티솔 수치가 늘 증가하거나 높은 상태를 유지하는 A형의 사람에게 이는 아주 중요한 전환기라고 볼 수 있다. 정기 검진에서는 이러한 변화를 거의 주목하지 않고 무시하는 경우가 많다. 배가 살짝 나온 A형 환자의 체질량지수는 대체로 안전하게 25 이하로 유지된다. 비만을 가늠하는 체질량지수는 온몸의 지방량을 기준으로 측정하기 때문이다. 만약 그 수치가 25를 넘어서면 의사는 문제를 제기할 가능성이 높다. 하지만 배가 좀 나왔다고 해서 심각하게 받아들이는 경우는 거의 없다. 스트레스 상황에 대처하는 유형을 분류하기 시작한 것은 비교적 최근의 일이다. 요컨대 아직까지는 스트레스 연구 의학에서만 이것을 다룰 뿐 가정의학 분야에서는 거의 다루지 않는다. 물론 최근의 과학적 발견 덕분에 일반적인 개념에도 곧 변화가 올 것이다. 하지만 그러기까지는 아마 여러 해가 걸릴 것이다. 그렇지만 30세의 날씬한 남성이 몇 년 후에도 그대로일지, 아니면 배가 볼록 나올지 예상하는 것은 가능하다. 그 사람의 혈액 속 코르티솔 수치가 지속적으로 상승하고 있는지 정기적으로 확인함으로써 미래의 모습을 예상할 수 있다는 얘기다. 만약 코르티솔 수치가 계속 상승 중이라면 그 사람은 '스트레스의 압박'을 받고 있는 것이다. 게다가 그 사람이 A형이라면 배가 계속해서 나올 것이다. 이런 상관관계를 이해하기 위해 잠깐 생리학 분야로 나들이를 가보자. 간단하고 쉽게 이 상황을 설명해보겠다.

배냐, 몸이냐: 우리에겐 왜 다른 두 종류의 지방세포가 필요한가

간단히 말해, 인간의 신체 조직에는 두 가지 종류의 지방이 있다. 체지방과 복부 지방이 그것이다. 체지방을 '말초 지방' 또는 '피하지방'이라고도 한다. 이 지방은 몸속이나 피부 아래 어디에서나(얼굴, 목, 팔다리, 엉덩이 등) 형성된다. 피하지방은 복부 바깥쪽에도 형성되는데 외과의사가 수술대에서 환자의 배를 가를 때 가장 처음 맞이하는 피부층이다. 체중이 무거운 사람의 경우 피하지방 조직이 눈에 띄게 많다.

　다른 한편, 내장 지방 또는 '복부 지방'이라고 하는 지방이 있다. 이 지방은 피부 아래뿐만 아니라 복강abdominal cavity 안에서 형성된다. 요컨대 장과 복부 사이에 위치한다. 우리 몸에서 복부 지방은 대양을 떠

다니는 얼음덩어리에 비유할 수 있다. 외관상으로는 이 지방의 아주 작은 부분만 드러날 뿐이다. 요컨대 더 큰 지방은 '수면 아래', 즉 복강 속에 잠겨 있다. 겉에서 볼 때 아주 작아 보이는 이 똥배 속에 훨씬 큰 지방 덩어리가 숨어 있는 것이다.

이 두 가지 종류의 지방은 태생도 다를 뿐 아니라 기능도 다르다. 체지방은 98퍼센트 이상이 근육과 심장의 에너지를 보존하는 데 사용된다. 하지만 복부 지방은 오직 뇌의 에너지를 위한 저장고로 사용된다. 이러한 차이는 맥관화der Gefäßversorgung begründet라는 단순한 해부학적 사실을 기반으로 한 것이다. '피하지방 조직'에서 비롯된 높은 에너지의 지방산은 이른바 '대순환'을 한다. 즉 몸속의 지방이 직접 심장으로 이어지는 정맥을 통해 전달되는 것이다. 심장 근육은 심장 관상동맥을 통해 이 에너지를 즉시 사용하거나 관상동맥 시스템을 통해 에너지를 퍼올려 골격근으로 전달할 수 있다.

복부 지방은 이와는 다르다. 배가 고프거나 사회심리적 스트레스 상태에서는 스트레스 호르몬인 코르티솔과 아드레날린의 영향하에 높은 에너지를 가진 지방산이 대량으로 복부에서 정맥을 통해 간으로 이동한다. 여기서 지방산은 뇌가 필요로 하는 케톤이나 포도당으로 변환된다.

그러므로 사실상 복부 지방은 체지방과 아무런 상관이 없다고 할 수 있다. 이 지방이 어떻게 저장되고 활용되는지는 최근의 연구를 통해 밝혀졌다. 뇌는 만성 스트레스(코르티솔 수치의 증가는 이를 분명하게 암시하는 징조다) 상태에서 교감신경을 통해 복부 지방에 일종의 전달자를 보낸다. 높아진 코르티솔 수치는 또한 동시에 복부 지방세포에서 특정한 단백질 전달 물질(신경 펩티드 Y: Neuropeptid Y, 줄여서 NPY)이 점점 더 증가하도록 한다. 나머지는 간단하다. 요컨대 전달 물질 NPY가 지방세포에 영향을 많이 미칠수록 복부 조직에 지방세포가 더 많이 생겨나고, 이것이 뇌로 전달된다. 스트레스를 받은 상태에서 뇌가 복부 지방조직을 키우는 것은 에너지 공급원을 확보하기 위한 핵심 전략이라고 볼 수 없다. 오히려 저장한 에너지를 근육에 '도둑질'당하는 것을 막기 위한 신진대사의 심리학적 속임수라고 할 수 있다. 복부 지방의 에너지 저장고는 조금 전 말한 대로 기본적으로 지방산이며 필요할 때면 간에서 케톤으로 변화한다. 이 케톤은 신체가 필요로 하는 포도당의 대체물로서 뇌가 사용하는 물질이다.

심한 부담에 싸인 스트레스 시스템은 뇌의 에너지 공급 병목 현상과 밀접한 관련이 있다는 사실에 다시 한 번 주목해보자. 스트레스를 받은 뇌는 그렇지 않은 뇌에 비해 더 많은 에너지를 필요로 하기 때문이다. 이는 표면적으로 드러나는 스트레스 상황과 그다지 큰 관련이 없다. 중요한 것은 개인의 스트레스에 대한 반응 방식이며 계속해서 스트레스지수가 상승하느냐, 아니면 어느 정도 선에서 그것을 중화하느냐의 문제다. 스트레스에 대한 우리 사회의 일반적 이미지는 주로 복잡한 책임과 그 책임에 따른 과도한 압박감 등인데, 이것이 실제로 스트레스에 직접적인 영향을 미치는지는 의학적으로 검증되지 않았다. 우리는 오랜 스트레스 연구를 통해 엄청난 직업적 책임을 지고 있으면서도 코르티솔 수치에 전혀 이상이 없는 사람과 단순하고 단조로운 일을 하면서도 스트레스지수가 높고 지나친 압박감에 시달리는 사람을 많이 보았다. 따라서 최종적으로는 자신의 삶에서 요구되는 부분을 우리의 스트레스 시스템이 얼마나 잘 수용하는지 여부가 매우 중요하다고 할 수 있다.

과체중에 대한 속설: 저울이 심장의 혈액 순환 문제를 나타내는 기준이 될 수 없는 이유

지방질이 축적되는 방식에는 여러 가지가 있다. 그렇다면 '과체중'이란 무엇일까? 실제로 존재하는 것인가? 어떤 기준으로 날씬함과 살찜을 구분하는가? 이런 단순한 질문조차도 실은 상당히 골치 아픈 것이다. 수년 전만 하더라도 의학계에서는 이상 체중이나 정상 체중 그리고 과체중을 구분했다. 하지만 이러한 공식은 언젠가부터 뚜렷한 학술적 근거 없이 체질량지수로 교체되었다. 그렇다 하더라도 현재까지 정상 체중, 체중 미달 그리고 과체중의 여러 단계에 대한 구분이 널리 사용되고 있다. 또한 체질량지수는 오늘날까지 건강 여부 또는 정상과 비만을 구분하는 기준으로 사용된다. 바로 여기서 논거의 치명적 오류가 발생한다. 무엇보다 단 한 가지 체중 기준을 모든 사람에게 적용하는 것이 문제다. 요컨대 그에 따라 체질량지수 25 이상인 사람을 비만인으로 구분한다. 하지만 스트레스 유형을 A와 B로 구분하는 방식을 적용하면 갑자기 이야기는 달라지고 놀라운 결과가 나타난다.

B형에 속하는 사람의 체질량지수는 스트레스를 지속적으로 받을

때 계속해서 증가하는 경향을 보인다. 이처럼 점점 살이 찌는 방향으로 변하는 것은 뇌의 에너지 공급을 확보하고 스트레스 시스템을 진정시켜 코르티솔 수치를 낮추려는 신체의 전략이다. 이로써 높은 코르티솔 수치로 인한 역동 항상성 부하를 줄이고, 노화의 가속화를 차단하는 것이다. 그러므로 체중 증가나 비만은 사실상 스트레스를 성공적으로 낮춘 대가로 찾아오는 일종의 부작용이다.

이에 비해 A형에 속하는 사람은 스트레스로 가득 찬 상황에서도 오랫동안 날씬함을 유지하지만 어느 시점이 되면 이른바 '코르티솔 똥배'가 나타나기 시작한다. 이러한 지방 축적 방식 역시 지속적 스트레스에 대항하는 우리 몸의 적응 전략이다. 더 정확하게 말해서, 배가 나오는 것은 지속적으로 상승한 스트레스 호르몬이 에너지를 뇌에 '아웃소싱'한 결과라고 볼 수 있다. 코르티솔 똥배는 이를테면 지속적으로 활성화한 스트레스 시스템의 신호인 것이다. 샌프란시스코 소재 캘리포니아 대학교의 정신의학과 교수 엘리사 에펠Elissa Epel은 '스트레스 똥배'를 한 사람이 지난 몇 년 또는 몇십 년 동안 얼마나 큰 역동 항상성 부하 속에서 살아왔는지 나타내는 일종의 의학적 지표로 사용할 수 있다고 지적했다. 복부 둘레는 임상적으로 측정하기도 쉽다. 이렇게 간단한 지표를 통해 활성화한 스트레스 시스템이 동맥을 파괴하고(동맥경화), 심혈관계에 부담을 주고, 심장 질환이나 뇌졸중을 일으킬 가능성을 측정할 수 있다는 얘기다.

여성의 경우 허리둘레지수[허리둘레지수=허리둘레(m)/키(m)]가 0.48이

넘으면 문제가 있는 것으로 본다(남성은 0.53 이상). 이런 방식을 통해 과체중과 허리둘레의 관련성을 무시한, 요컨대 체질량지수를 이용한 이른바 '과체중' 측정은 의미가 없다는 게 더욱 분명해지고 있다. 실제로 '과체중'이라는 것은 없기 때문이다. 이는 위험한 상황에서 체지방 조직이 뇌의 에너지 요구에 적응하는 방식일 뿐이다. 또한 비만과 아무런 관련 없는 건강상의 위험도 있다. 따라서 비만을 심혈관계에 대한 위험도를 알리는 수단으로 보는 관점을 바꿔야 한다.

이 부분에서 독자들은 자신이 어떤 유형에 속하는지, 또는 자신의 복부가 코르티솔로 인한 것인지 아닌지 궁금할 것이다. 복강 속의 복부 지방량에 대한 확실한 진단은 컴퓨터 단층 촬영을 통해서만 가능하다. 여기에 나온 사진으로 내장층 사이사이에 얼마나 많은 지방이 끼어 있는지 확인할 수 있다. 복부는 동그랗고, 팔과 다리는 가늘고, 엉덩이가 작은 전형적인 A형이라면 복부 비만도가 높을 가능성이 매우 크다.

만약 사람을 분비되는 코르티솔의 양이라는 관점에서 본다면, 다음과 같은 두 유형으로 나눌 수 있을 것이다(111쪽 그림 참조).

A형. 조용하고 안전한 조건에서 A형의 사람들은 날씬함을 유지하며 코르티솔 수치도 증가하지 않는다. 이런 조건에서 사는 한 A형 사람들의 신진대사는 균형을 잘 이루며 스트레스 시스템도 휴식 모드에 놓인다. 뇌와 신체 모두 에너지 절감 모드에 돌입해야 할 필요가 없다. 장기적 스트레스에 놓인 사람에 비해 노화 현상도 천천히 진행된다. 심

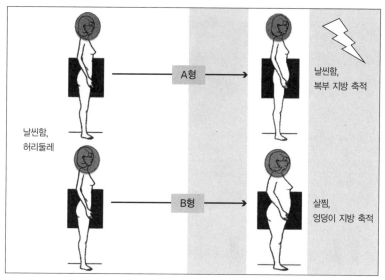

날씬함, 허리둘레	A형 → 날씬함, 복부 지방 축적
	B형 → 살찜, 엉덩이 지방 축적

안전한 환경	스트레스로 가득 찬 불안한 환경

스트레스로 인해 살이 찌거나 빠지는 이유는 무엇일까

높은 스트레스에 둘러싸여 산다는 것—가정이나 직장에서—은 스트레스 시스템이 활발하게 가동한다는 의미다. 사람들은 유전자에 따라 만성 스트레스에 서로 다르게 반응한다. A형의 사람은 만성 스트레스 상황에서도 살이 찌지 않거나 오히려 빠지기도 한다. 그러다 나중에 허리나 배에 살이 찐다. 이들의 스트레스 시스템은 아주 활성화해 있다. 하지만 B형의 경우는 스트레스에 적응하는 법을 익힌다. 즉 이들의 스트레스 시스템은 누그러지고 덜 활발하다. 그 부작용으로 살이 찌는 것이다. 그러다 보니 몸매는 뚱뚱해지고 엉덩이는 커진다.

혈관계 질환의 위험도 별로 크지 않다. 또한 체중 증가의 위험도 심각하지 않다.

하지만 스트레스 강도가 높은 상황에서는 A형의 신체에 변화가 시작된다. 코르티솔 수치가 지속적으로 높아지고, 이로 인해 코르티솔 똥배가 나온다. 하지만 다른 부위의 체지방은 그대로이거나 줄어들기까지 한다. 그러다 근육량과 골 질량이 줄어드는 현상이 나타난다. 기

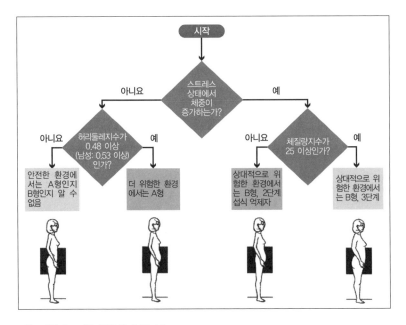

나는 어떤 스트레스 유형에 속하는가

이 그림을 통해 자신이 어떤 스트레스 유형에 속하는지 알 수 있다. 다이어트나 칼로리 감량 식습관 또는 이른바 '섭식 제한' 방식이 각각의 유형에 어떤 영향을 미치는지 알려 준다. 여기서 B형에 속하는 사람이 자신의 식습관을 통제할 경우 스트레스를 받더라도 날씬함을 유지할 수 있다. 하지만 이들의 스트레스 시스템은 진정되지 않고 활성화한 상태로 머무른다. 그 결과 칼로리 감량 식사를 하는 B형의 사람은 스트레스로 꽉 찬 상황에서 A형과 마찬가지로 건강에 위협을 받을 수 있다.

억력이 나빠지고 기분도 하강 곡선을 그린다. 여성, 남성 모두 생식 능력이 떨어진다. 역동 항상성 부하도 높아진다. 심혈관계 질병에 대한 위험도 높아지며, 이에 따라 기대 수명이 짧아질 수 있다.

B형. 안전한 환경에서는 B형도 A형과 마찬가지로 날씬하다. 스트레스가 없는 상황에서는 A형과 구별하기 어려울 정도다.

하지만 스트레스가 과도한 상황에서는 B형에도 변화가 시작된다. 그러나 그 변화는 A형과 다르다. 지속적인 스트레스 환경에 놓이면 이들의 반응은 굼뜨다. 이를테면 스트레스의 '습관화' 또는 '익숙해짐'이라고 일컬을 수 있다. 코르티솔 수치는 살짝 증가하거나(아무리 세상이 적대적이라 해도) 정상적으로 유지된다. 스트레스에 지치거나 잠식당하지 않는다. 게다가 복부에도 살이 그다지 많이 찌지 않는다. 하지만 스트레스 시스템의 기능이 약해지고 뇌에 필요한 에너지를 충분히 공급받지 못하기 때문에 더 많은 음식 섭취를 통해 이를 해소하려 한다. 그 결과 몸 전체에 살이 찐다. 그러나 코르티솔 수치가 낮으므로 B형의 심혈관계 질환 위험도는 늘 스트레스에 찌들어 사는 A형에 비해 훨씬 낮다.

그렇다면 뚱뚱한 사람이 날씬한 사람보다 건강에 적신호가 빨리 켜진다는, 현재까지 널리 퍼져 있는 의학적 가설은 무엇인가? 사실 이 가설은 처음부터 잘못된 것이다. 수십 년 동안 의학계에서 '스트레스를 받는 뚱뚱한 사람'의 건강 위험을 '스트레스 없는 날씬한 사람'과 비교한 것 자체가 오류이기 때문이다. 물론 스트레스를 많이 받는 뚱뚱한 사람은 실제로 건강상의 문제가 많다. 하지만 왜? 뚱뚱해서, 아니면 스트레스를 많이 받아서? 만약 뚱뚱하고 스트레스를 많이 받는 사람과 날씬하고 스트레스를 많이 받는 사람을 비교한다면 실질적인 문제가 무엇인지 드러날 것이다. 요컨대 스트레스를 많이 받는 날씬한 사람은 지속적으로 증가하는 코르티솔로 인해 비만인에 비해 건강상의 위험이 더 클 것이다(예를 들면 골관절염으로 인한 관절의 문제). 이것의

영향을 좀더 구체적으로 알기 위해서는 유형의 분포를 참고할 필요가
있다.

사실 날씬하면서 스트레스를 받지 않는 사람은 소수다. (아마 20퍼
센트 이내일 것이다.)

그보다 훨씬 많은 사람이 스트레스로 가득 찬 상황에서 몸매가 다
른 형태로 변화하는 가운데 살고 있다. 그 결과가 복부 비만인 A형과
엉덩이 비만인 B형이다. 자신이 어떤 스트레스 유형에 속하는지 알고
싶다면 앞의 도식을 참고할 수 있다.

산업화한 선진 국가에서는 비만인이 얼마나 증가했는지에 대한 신뢰
할 만한 통계 자료가 나와 있다. 오스트레일리아, 중국, 영국, 프랑스,
네덜란드, 뉴질랜드, 스웨덴, 스위스, 미국같이 비만인 비율이 높은 나
라에서는 어린이와 성인의 비만도가 '포화 상태'에 이르렀으며 이들
의 비만율이 거의 50퍼센트에 이르렀다는 발표가 나와 있을 정도다.
이는 이들 나라에 사는 대부분의 B형 사람들이 이미 뚱뚱한 몸으로 변
화했다는 것을 뜻하며, 오래전부터 지속적인 스트레스를 받아왔다는
것을 말해준다.

그에 비해 스트레스 상태에 있는 A형의 비율이 얼마나 되는지는 쉽
게 알 수 없다. 그러나 여기에 속하는 사람들도 B형만큼이나 많을 것으
로 추정된다. 물론 위의 공식에서 벗어나는 예도 있을 수 있다. 예를 들
어, A형에 속하더라도 항우울증 약품을 복용하는 경우라면 그 부작용으
로 살이 찔 수 있다. 또 의식적으로 칼로리 감량 식사를 함으로써 체중

이 늘어나는 것을 막는 데 성공한 B형도 있다. 다이어트나 굶기 등 여러 가지 체중 감량 방식으로 체중을 줄이거나 날씬하게 만드는 사람의 뇌는 지속적으로 불안정한 신진대사에 노출되며(이는 코르티솔 수치의 증가와 뇌의 활동 저하로 이어진다) 중장기적인 건강상의 위협에 처한다. 특히 B형 중 굶어서 살을 빼려고 여러 차례 시도했으나 성공하지 못한 사람은 훗날 신체 비만과 복부 비만 두 가지 모두에 노출될 수 있다.

또한 이보다 즉각적인 부작용도 있다. 체중을 낮추려는 내부의 싸움으로 스트레스 수치가 올라가고 기분이 울적해지며 짜증과 울화가 자주 발생한다. 내가 여러 강연에서 체중이 증가하는 이유는 자기 절제의 부족 탓이 아니라 뇌의 자연스러운 에너지 요구에 의한 결과라고 말하면 청중은 대체로 크게 안도하지만(특히 체중이 많이 나가는 청중의 경우) 미약하나마 부정적인 반응을 보이기도 한다. 특히 날씬한 청중이 감정적으로 격렬한 반응을 보일 때가 많다. "뚱뚱한 사람들도 체중을 줄여 날씬해지면 되지 않는가?" 끊임없이 먹어서 살이 찌는 상황을 이들은 이해하고 싶지도, 이해할 수도 없다.

　여기서 나는 격렬하게 부정적인 반응을 보이는 청중의 내면 깊숙이 자리 잡은 심리적·생물학적 근거를 캐내려는 게 아니다. 하지만 이런 반응은 뚱뚱한 사람들을 대하는 우리 사회의 몰이해와 불관용, 존중의 부재를 드러내는 것이라고 볼 수 있다.

그러지 말고
살이나 좀 빼봐!

쇼핑몰에서 낯선 사람이 나를 보며 자신의 일행에게 "야, 저 흑인 여자 봤어?"라고 속삭이는 걸 내가 모르겠어요? 아니면 처음 보는 아이가 당신에게 이렇게 말한다고 생각해보세요. "아줌마, 진짜 까맣네요!" 내가 괴로움을 당한 것은(그럼요, 그게 고통이 아니면 뭐겠어요!) 그뿐만이 아니랍니다. 한번은 백화점에 갔다가 그곳에서 일하는 친구를 만나기로 했어요. 그 친구가 일하는 코너는 3층이라 엘리베이터를 타기로 했죠. 1층에서 내가 탄 다음 나이 지긋한 부부가 합승하더군요. 문이 닫히려 할 때 여자가 자기 남편에게 큰 소리로 이렇게 말하는 거예요. "루디, 여기 이 검둥이 암소랑 한 엘리베이터에 타도 괜찮겠어요?" 나는 어지간해서는 흥분하지 않는 성격이지만 그 말에 울화가 치밀고 할 말을 잃었죠.

누가 이 기막히고 화나는 상황을 이해 못하겠는가? 가해자가 아무리

자기 행동의 의미를 몰랐다 하더라도 이는 명백한 인종차별이다. 누구도 부정할 수 없는 사실이다. 여러분도 알겠지만 대개 차별은 아무 생각 없는 편견에서 비롯되는 경우가 많다.

이번 장 서두에서 인용한 경험은 48세의 여성이 한 반차별 시민 단체에 보낸 편지에서 인용한 것이다. 그런데 이 책에서는 편지 내용에 작지만 중요한 변화를 살짝 주기로 했다. 즉 원래 편지로 돌아가서 '흑인'이라는 단어 대신 '뚱뚱한'이라는 단어를 넣어보자.

> 쇼핑몰에서 낯선 사람이 나를 보며 자신의 일행에게 "야, 저 뚱뚱한 여자 봤어?"라고 속삭이는 걸 내가 모르겠어요? 아니면 처음 보는 아이가 당신에게 이렇게 말한다고 생각해보세요. "아줌마, 진짜 뚱뚱하네요!" 내가 괴로움을 당한 것은(그럼요, 그게 고통이 아니면 뭐겠어요!) 그뿐만이 아니랍니다. 한번은 백화점에 갔다가 그곳에서 일하는 친구를 만나기로 했어요. 그 친구가 일하는 코너는 3층이라 엘리베이터를 타기로 했죠. 1층에서 내가 탄 다음 나이 지긋한 부부가 합승하더군요. 문이 닫히려 할 때 여자가 자기 남편에게 큰 소리로 이렇게 말하는 거예요. "루디, 여기 이 뚱뚱한 암소랑 한 엘리베이터에 타도 괜찮겠어요?" 나는 어지간해서는 흥분하지 않는 성격이지만 그 말에 울화가 치밀고 할 말을 잃었죠.

이걸 극단적인 경우라고 볼 수 있을까? 우리 모두 단지 몸매와 체중 때문에 한 사람을 은근히 또는 공개적으로 매도하는 사회의 일원 아닌가? 그렇다면 이 차별은 어디서부터 시작된 것일까? 어떤 사람을 '뚱뚱한 암소'라고 부르는 것은 분명 모욕적이다. 그렇다면 과체중이라는 이유로 타인에게 다이어트를 권하는 것은 괜찮을까? 너무 많이 먹기만 하고 자기 절제를 통해 체중을 줄이려 하지 않는다고 그 사람을 비판하는 것은 어떤가? 또 체중을 줄이기 위한 노력은 하지 않고 '그대로 가만히 있으려는' 사람을 이상하다고 생각하는 것은 어떤가? 집을 나서자마자 수많은 사람이 자신을 쳐다보는 것을 두려워하는 이들의 심정을 헤아려보았는가? 타인의 그런 반응을 자주 접하지만 그들의 귓속말을 편하게 지나치지 못하는 이들의 심정은 헤아려보았는가? 독일에서는 뚱뚱한 사람으로 살면서 얼마나 자유롭고 편하게 사람들 앞에 나설 수 있을까? 내가 경쟁자보다 뚱뚱하다고 할 때 직장을 구할 수 있는 확률은 얼마나 될까? 독일에도 뚱뚱하다는 이유로 은밀히 채용을 꺼리는 업종이 있지 않을까? 슈퍼 모델이나 전투기 조종사 말고 비만인의 채용을 공식적으로 거부하는 업종은 무엇일까?

정상 또는 차별? 비만인은 어떻게 억압받는 계층이 되었나

차별에 대해 간과하기 쉬운 부분 중 하나는 우리의 의식을 확실히 정립했을 때만 때때로 과거의 사고방식을 내려놓고 그것을 차별이라 인식한다는 점이다. 그리 오래지 않은 과거에 우리는 피부색이 어두운 사람들을 검둥이라 부르고, 여성은 남성보다 지적 능력이 떨어진다는 편견을 당연하게 받아들였다. 물론 오늘날에는 그렇게 생각하지 않는다고 말할 것이다. 하지만 40년 전에는 어떠했는가?

1972년에 존 레논은 〈여자란 이 세상에서 검둥이와 같아^{Woman is the} Nigger of the World〉라는 도발적인 제목의 노래를 발표했다. 그 노래는 '해방'이나 '여성 운동' 같은 개념이 거의 알려지지 않은 1970년대 초기의 사회적 상황을 비판하는 내용을 담고 있다. 노래의 핵심은 자신이 속한 계급이나 인종 문화에 상관없이 남성이 여성을 억압하고 착취한다는 것이다. "내 말을 믿지 못하겠거든 지금 당신과 같이 있는 사람을 보라"고 레논은 노래했다. 다시 말해, 모든 남자는 함께 사는 여성을 억압할 가능성이 있다는 것이다. 제목의 "검둥이" 같은 표현이 확실히 상징하듯 여성에게 필요한 것은 단순한 정치적 권리만이 아니었다. 레논과 노래 제목을 지은 그의 동반자 오노 요코에게 중요한 것은 여성이 억압받는 사회적 상황이었다. 단순하고 분노에 가득 찬 그의 노래에서 알 수 있듯이 우리 사회에는 사람들이 외면하고 침묵을 지키는 동안 성차별뿐 아니라 인종차별 의식도 뿌리를 깊이 내리고 있다. 이 노래는 발표 후 그리 커다란 반향을 불러일으키지 못했다. 어떤 라디오 방송국에서는 노래 제목 때문에 미국 흑인들의 항의를 받을 것을 두려워한 나머지 방송 금지곡으로 지정하기까지 했다. 당시 미국에서는 마틴 루서 킹을 비롯한 활동가들의 운동에 힘입어 인종차별 문제가 큰 사회적 이슈로 떠올랐는데, 그에 비해 여성에 대한 억압 문제는 그다지 크게 부각되지 못했다. 여전히 전통적 관점이 우세한 탓이다. 레논은 그러한 사회의 전통적 관점에 의문을 던졌다. 그리고 그 편견을 노래로 불렀다. 여성은 평등하지 않으며 차별받고 있다고 말이다. "여자란 이 세상에서 검둥이와 같아."

사실 이런 식의 패턴은 늘 되풀이된다. 오늘날 일반적으로 받아들인 관점이 내일이면 용납되지 않는 경우가 많다. 이는 국민의 의식에 관한 문제이기 때문이다. 다른 피부색이나 종교 또는 성적 취향을 가진 사람들을 동등한 인간으로 받아들일 준비가 되어 있는가? 이에 대한 사고방식의 전환은 시간이 오래 걸리지만 불가능한 것은 아니다. 자, 그렇다면 질문을 던져보자. 우리 사회에서 이런 사고방식의 전환을 뚱뚱한 사람에게도 적용해야 하지 않을까? 사회 전반에 걸쳐 뚱뚱한 사람은 차별의 희생양이 되고 있지 않은가?

희생자가 스스로를 비난한다?: 완벽한 차별

독일 사회에서는 75.4퍼센트의 남성과 58.9퍼센트의 여성을 '비만'으로 판정한다. 요컨대 수치상으로는 비만인이 사회적 문제라고 말할 수도 있다. 다른 산업 국가들도 상황은 비슷하다. 비만인들은 사회에서 다수를 차지하지만 권력 집단과는 거리가 멀다. 뚱뚱한 사람들은 선거에서도 큰 힘을 발휘하지 못한다. 적어도 자신들의 이익을 위해 정치적으로 뭉치지 않는다. 오히려 정치적으로 소극적이고 참여도가 낮다. 뚱뚱한 사람들은 자신의 취향을 내세우지 않는다. 게다가 비만인들이 정치적 로비를 하는 것도 아니다. 뚱뚱한 사람들은 스스로를 연대할 필요가 있는 사회적 집단이나 공동체라고 생각하지 않기 때문이다. 잘해봤자 고통받는 동료 정도일 뿐 오히려 뚱뚱하다는 사회적 낙인에서 벗어나려고 기를 쓴다. 그렇지 않고서야 다이어트 시장과 저칼로리 식품 시장 그리고 체중 감량 프로그램이 이토록 활성화할 이유가 없다. 하지만 불행하게도 이 모든 것은 거의 효과가 없다. 무수한 '전후' 스토리나 성공적인 외모 변화라는 신화 그리고 기적 같은 살 빼기 사례 등은 비만인의 수가 여전히 많다는 사실 앞에서 맥을 못 춘다. 자기 절제를 통해 체중 감량에 성공하면 모든 게 가능할 거라는 식의 환상이 지닌 위험성은 그것이 뚱뚱한 사람들뿐 아니라 그와 상관없는 날씬한 사람들의 사고방식까지도 왜곡한다는 점이다. 그러다 보니 사람들은 날씬함이라는 바람직한 규범을 무시하고, 더 나은 외모를 등한시하고, 미래를 불투명하게 만들고, 건강까지 해치는 수백만 명의 뚱뚱한 남자와 여자에게 은밀히 또는 대놓고 비난의 화살을 날린다. 우리는 뚱뚱한 사람들은 체중 감량을 원하지만 자기 절제 부족이라는 한계를 넘어서지 못한다고 오랫동안 의심해왔다. 다이어트를 시작하지만 그걸 지속할 힘이 없는 것이다. 그래서 숱한 의학적 노력과 비만 퇴치, 다이어트 프로그램에도 불구하고 그들이 여전히 뚱뚱한 상태에 머무른다는 것이다.

이러한 태도의 배경에는 정말 어처구니없는 두 가지 가설이 있다.

첫 번째는 살이 찌는 것은 통제 가능한 현상이라는 것이다. 두 번째는 따라서 뚱뚱한 사람도 조절만 잘하면 자기 운명을 바꿀 수 있다는 것이다. 대부분의 사람은 날씬해지기를 거부하는 이들보다 자신이 더 많은 것을 알고 있다고 생각한다.

하지만 이런 생각은 부당한 차별에 불과하며, 현실에 적용하는 게 불가능하거나 값비싼 대가를 치러야 함에도 상대방에게 순응하라는 무리한 요구를 하는 것과 같다. 실제로 상황은 이보다 훨씬 나쁘다. 순응이라는 압력에 굴복한 사람들은 외부적으로나 내면적으로 억압자에게 끌려 다니며, 그들의 주장을 받아들이고, 그들의 요구에 따르려고 노력할 수밖에 없다. 이런 식으로 말이다. "나는 뚱뚱합니다. 단 음식에 대한 유혹을 이기지 못하고 죄를 지은 것을 고백합니다. 건강하고 성공적인 삶을 위해서는 살을 빼고 날씬해져야 하는데 그러지 못했습니다. 따라서 저는 나약하고 죄 많은 사람이며 세상 모든 사람에게 비난을 받아도 할 말이 없습니다……."

사실상 비교나 비평을 한다는 것은 그리 쉬운 일이 아니다. 그것은 이 경우에도 마찬가지다. 인종차별과 비만인에 대한 차별을 어느 정도까지 비교할 수 있을까? 물론 역사적으로 많은 고통을 받은 유색인종에 대한 차별과 비만인에 대한 차별을 단순하게 비교할 수는 없다. 부디 오해하지 말기 바란다. 이번 장에서 내가 하고자 하는 얘기는 차별의 역사적 상대주의에 대한 것이 아니다. 단지 우리의 행동 패턴에 대해 이야기하는 것일 뿐이다. 요컨대 차별은 어떻게 시작되며 그것과 싸우려면 어떻게 해야 하는지에 대한 이해를 돕기 위함이다. 그러려면 무엇보다 우리 모두가 이러한 차별에 일정 부분 책임이 있으며, 그 차별의 굴레에 갇혀 있다는 사실을 인정하는 것이 중요하다.

더 나은 사람으로 성공하려면 체중을 줄여야 한다는 주장을 어떻게 받아들여야 할까? 만약 그 주장을 이번 장 서두에 나오는 내용에 대입해

본다면 어떨까? "유색인종이 더 나은 사람으로 성공하기 위해서는 백인이 되는 게 가장 간단하다……."

물론 이것은 말도 되지 않는 얘기다. 어처구니없고 혐오스러울 뿐만 아니라 무식하고 너무나 차별적인 말 아닌가? 하지만 60년 전 미국에서는 아무도 이런 얘기를 잘못이라고 생각하지 않았다. 오히려 수많은 미국 흑인들은 백인이 되는 것만이 성공과 사회적 인정을 보장받고 차별에서 탈출할 수 있는 유일한 길로 인식했다. 그로 인해 당시에는 탈색 산업이 크게 번창했다. 수백만 명의 미국인이 화학적 수단을 사용해 피부색을 희게 만들려고 애썼다. 하지만 사람들은 몰랐다. 자신들이 사용하는 화이트닝 크림 속에 피부 색소를 공격해 암을 유발하는 수은이나 하이드로퀴논hydroquinone 같은 강한 독성 물질이 포함되어 있다는 사실을 말이다. 이 크림은 암 발생률을 크게 높일 뿐만 아니라 피부를 상하게 하고 내장을 파손하며 치명적인 장기 부전을 일으킬 수 있다. 그동안 유럽이나 미국에서는 이 물질을 함유한 크림의 판매를 금지했지만 지금도 여러 아프리카 나라에서는 여전히 판매하고 있다. 1960년대 초까지만 하더라도 미국에서는 탈색이나 화이트닝 산업이 호황을 이루었다. 이런 상품이 잡지의 광고 지면을 도배하다시피 할 정도였다. 이른바 기사 형식을 빌린 광고에서 월터 화이트Walter White는 다음과 같이 탈색제의 장점을 광고했다. "새롭게 개발한 획기적인 이 화학물질은 검은 피부를 흰 피부로 변모시키는 데 약효가 매우 완벽해 흑인을 백인으로 착각할 정도다."

1949년의 광고 기사는 오늘날의 체중 감량제 광고와 섬뜩하리만

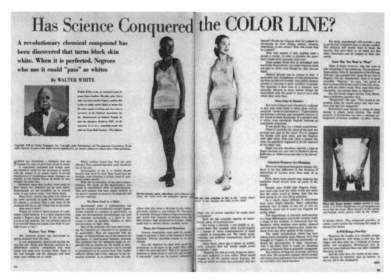

'전후'

1949년 미국 잡지에 실린 탈색제 광고(위)에는 다음과 같이 적혀 있다. "이 상품 덕분에 미국의 유색인들은 이제 피부색을 거의 '백인'처럼 획기적으로 희게 만들 수 있다." 그리고 '전후' 사진을 곁들여 그 결과를 광고한다. 이런 방법은 오늘날 다이어트 상품을 광고할 때도 그 효과를 입증하기 위해 똑같이 사용된다. 현재 미국에서는 건강에 위협을 주고 인종차별을 조장한다는 이유로 탈색제 판매를 금지하고 있다.

치 닮은 점이 많다. 과학적 효과에 대한 설명이나 필수적으로 곁들이는 '전후' 사진을 보라.

앞에서도 언급했지만 과거 미국에서는 탈색제 광고가 드물지 않았다. 하지만 위의 광고 기사는 특히 폭발적인 반응을 일으켰다. 이 기사를 작성한 월터 화이트는 당시 미국의 유색인 중에서도 매우 큰 영향력을 가진 인사 중 하나였다. 작가인 그는 또한 인종차별에 반대하는 활동가이기도 했다. 그런데 월터 화이트의 관점에서는 그 목표를 이룰 수 있는 방법이 하나밖에 없었던 것 같다. 즉 인정받기 위해 다른 피부색에 적응하는 것을 선택한 것이다. 혹시 그 목표에 도달하기 위해서라면 피부색을 화학적으로 조작하는 것도 정당하게 여긴 것 아닐까. 화이트는 1955년에 사망함으로써 더 이상 미국 유색인종들의 사회적 봉기를 주도하지 못했다. 그가 죽은 후에는 마틴 루서 킹이 새롭게 그 운동을 주도했다. 하지만 마틴 루서 킹은 더 이상 유색인종들이 미국 사회에 적응하기 위해 자신의 정체성을 포기해야 한다고 믿지 않았다. 그는 미국이 흑인들을 있는 그대로 받아들여야 한다고 당당히 요구했다. 1963년 킹 목사는 자신의 생각을 세상에 다음과 같이 공표했다. "나에게는 꿈이 있습니다. 언젠가는 나의 네 아이가 그들의 피부색이 아니라 인격으로 평가받는, 그런 나라에서 살게 될 것이라는 꿈이 있습니다."

마틴 루서 킹과 뚱뚱한 사람들에 대한 차별을 함께 아우르는 것은 지나친 비약처럼 보일 수 있다. 하지만 이 질문의 요점은 다이어트도 인종차별처럼 일종의 억압 도구일지 모른다는 것이다. 반복의 위험을 무릅쓰고 다시 한 번 이런 주장과 그에 대한 반박을 정리해보자.

'정상 체중'이란 없다, '과체중'이 존재하지 않는 것처럼

'정상 체중'이란 무엇일까? 의학적 관점에서 볼 때 정상 체중은 나이나 체구와 관련이 있는 '건강한 체중'을 말한다. 따라서 '과체중'인 사람은 건강한 상태가 아니며, 그러한 상태를 개선해야 한다는 것이 의학계에서 상식으로 통용되는 개념이다. 그렇다면 이러한 개념에 집착하는 의사가 '과체중' 환자를 진료할 때 뭐라고 할까? 당연히 식습관의 변화, 즉 다이어트를 통해 체중을 줄이라고 권한다.

그렇지만 정상 체중이란 개념은 모순을 안고 있다. 이는 그 사람이 속한 생활환경에 상관없이 모든 사람의 신진대사가 '정상적으로' 작동할 수 있다는 것을 전제로 삼는다. 이 전제를 바탕으로 의사들은 체중 과다인 환자에게 다시 '정상적'인 상태로 돌아갈 수 있도록 체중 감량 프로그램을 처방해주는 것이다. 그렇다면 사실상 우리가 이른바 '과체중'이라고 일컫는 것은 뇌의 신진대사가 이룩한 빛나는 적응의 결과일 뿐이며 불안하고 위험한 상황에서 생존 가능성을 높여주는 현상이라면 어쩌겠는가? 그리고 보편적으로 통용할 수 있는 표준 체중이란 게 없다면 어쩌겠는가? 지금까지는 대다수 의사들이 과식을 자기 절제의 결핍과 동일시했다. 섭취하는 칼로리를 줄이고 절제력을 발휘하면 체중으로 인한 문제와 거기서 파생하는 위험을 영원히 해결할 수 있다고 말이다. 정말 그럴까? 수백만 명의 뚱뚱한 사람들이 정말로 자신의 건강을 내팽개치고 있는 것일까?

이 질문과 관련해 뤼베크 연구소의 과학자 38명은 '이기적인 뇌' 연구를 거듭했다. 그 결과 비만인의 뇌 신진대사에 변화가 생겨난다는, 지금까지 현대 의학에서 무시해온 새로운 사실을 발견할 수 있었다. 즉 신체 각 부분에서 에너지를 빼앗는 뇌의 능력에 변화가 생기는 것을 확인했다. 안전한 상황에서 뇌의 이러한 능력은 인체의 균형 잡힌 신진대사를 가능케 하는 기반이며, 뇌는 필요할 때에만 지방 조직이나 근육 조직에 딱 원하는 양만큼의 에너지를 요구한다. 그리고 비워진 에너지 저장고는 나중에 음식 섭취를 통해 다시 충전된다. 하지만 불안하고 위험한 상황에 처하면 뇌는 자기 보호를 위해 이러한 원칙을 무시하기도 한다. 이는 인체 조직의 적응 능력이라고 일컬을 만하다. 하지만 이런 조건 아래서는 뇌 신진대사의 균형을 유지하기 위해 변화된 형태의 에너지 공급이 필요하다. 다시 말해, 불확실하고 불안한 상황에서 에너지 공급을 확충하려면 이전보다 식품 섭취를 더 많이 하는 수밖에 없다. 물론 공급 과다를 통한 이런 보호 전략은 음식이 풍부한 조건에서만 적용할 수 있다. 이러한 전략을 통해 뇌는 음식 섭취로 혈액에 공급된 포도당을 직접 확보할 수 있으며, 혈액 속의 잉여 포도당은 지방으로 축적된다. 즉 스트레스를 많이 받는 상황에서는 뚱뚱한 사람들의 뇌 신진대사가 왕성해진다. 이것이 스트레스를 많이 받는 사람들이 살찌는 이유이며, 이런 설명은 주된 원인이 무엇이든 상관없이 대부분의 체중 증가에 모두 적용된다.

하지만 이런 방식의 혈당 공급이 다이어트로 인해 제한 또는 방해를 받는다면 어떻게 될까? 뇌에서 에너지 공급 위기로 인한 문제가 발생할 수 있고, 여기서 기인한 건강상의 여러 결과는 과체중보다 훨씬 더 심각할 수 있다. (194쪽 도표에서 그 목록을 확인할 수 있다.)

'과체중'이 정말로 병이라면 왜 그 무수한 치료법은 모두 실패하는 것일까

수십 년 동안 식품 연구가와 심리학자, 내분비학자 등은 대체 무엇이 문제인지 거듭 질문해왔다. 전 세계적으로 체중 증가 문제를 연구하고 교육하고 치료하는 데 수십억 달러의 돈을 쏟아 붓고 있건만 왜 뚱뚱한 사람은 늘어나기만 하는 것일까? 사실을 말하자면, 의학적으로나 보건학적으로 이러한 노력은 이미 오래전에 실패했다. 그럼에도 이들은 그것을 인정하지 않는다. '비만과의 전쟁'이 아무런 의미도 없는 게 확실한데도 낡은 지식과 방법으로 싸움을 지속하고 있는 것이다. 인정할 수 없는 패배 앞에서 우리에게는 비난을 뒤집어쓸 악역이 필요하다. 이 문제에 대한 책임을 누군가는 져야 한다는 뜻이다.

다음과 같은 일상적인 풍경을 떠올려보라. 건장한 체구의 중년 남자가 병원을 찾아간다. 의사는 이 환자를 오래전부터 알고 있다. 의사는 체중 감량을 위해 다이어트와 운동을 여러 번 처방했다. 처음에는 어느 정도 성공을 거두기도 했다. 하지만 곧 환자의 노력은 무너졌다. 지금은 이전보다 더 뚱뚱해졌다. 의학적으로 볼 때 그는 건강에 치명적일 수 있는 고도 비만 환자에 완벽하게 부합한다. 의사는 다시 한 번 다이어트와 당뇨의 위험에 대해 경고할 것이다. 하지만 내부의 확신은 이미 깨진 상태다. 환자는 이미 여러 번 의사를 실망시켰다. '도대체 왜 계속 노력을 못하는 거지? 이건 정말 시간 낭비일 뿐이잖아.' 의사는 소리 내어 말은 못하지만 속으로는 이렇게 생각할 것이다. 아니면 협조적이지 않은 환자를 보며 기분이 상할 수도 있다. 치료에 실패한다는 것은 의사로서 명예에 어마어마한 손상을 주는 것이니 말이다. 그런데 이 같은 환자가 한둘이 아니다. 다른 비만 환자들의 상황도 마찬가지다. 그 모든 의학적 노력에도 대부분의 사람들은 더욱더 살이 찔 뿐이다. 그러는 동안 의사는 자기 환자들이 의지가 약할뿐더러 신뢰할 수도 없다는 사실에 점점 더 실망한다.

미국에서는 체중에 대한 차별이 인종차별만큼이나 광범위하다

2009년 미국 예일 대학교의 심리학자 레베카 M. 풀Rebecca M. Puhl은 국제 비만 학술지에 비만인들의 차별에 관한 획기적인 논문을 발표했다. 이 논문은 독자적 연구 결과 발표가 아니라 비만이라는 주제에 대한 여러 가지 연구 결과를 요약한 것이다. 풀은 자신을 비롯한 여러 과학자가 수행한 200여 건의 연구 작업을 분석해 미국 사회의 비만인들에 대한 차별 현상을 보여주었다. 논문 도입부에서 저자는 사안의 심각성에 대해 언급했다. "뚱뚱한 사람들은 심각한 낙인이 찍혀 있으며, 단지 체중 때문에 여러 가지 형태의 차별을 겪고 있다. 지난 10년 동안 체중으로 인한 차별의 규모는 미국에서 66퍼센트나 증가했다……." 차별은 가정과 배우자, 어린이집, 학교, 대학, 직장, 병원, 진료실, 버스, 슈퍼마켓, 영화관 등등에서 광범위하게 이루어진다. 뚱뚱한 사람들에 대한 선입견은 우리의 전형적인 사고방식에서 비롯된다. 즉 뚱뚱한 사람은 게으르고 무관심하며 자기 절제가 부족하고 무능할 뿐 아니라 비협조적이고 느리다는 것이다. 풀에 따르면 우리 사회는 이러한 차별에 적극적으로 반대하지 않으며 오히려 부당하고 비겁한 차별을 방조한다고 한다. 그 결과 많은 사람이 고통을 받는다. 뚱뚱한 사람들은 취업을 하는 데도 체계적으로 불이익을 받으며 보수(평균적으로 볼 때 비만인은 날씬한 사람들에 비해 적은 보수를 받고 일한다)와 미래의 직업에 대해서도 불리한 처지에 놓인다. 또한 해고도 쉽게 당하는 경향이 있다. 우리는 여기서 일종의 악순환이 탄생하는 것을 볼 수 있다. 해고당한 뚱뚱한 사람들은 다시금 일자리를 찾기가 훨씬 어려운 상황에 놓인다. 그러다 보니 장기적으로 실업자 신세로 전락하는 경우가 많다. 실제로 비만인의 실업률은 비정상적으로 높다. 풀의 연구 자료는 미국인을 대상으로 한 것이지만 그 결과는 여러 다른 나라에도 적용 가능하다. 일반적으로 볼 때 비만인에 대한 차별이 심한 나라에서, 이들은 여러 가지 괴로움을 겪으며 특히 경제적·재정적 어려움에 처하기 쉽다. 어떤 정치인은 '비만인에 대한 과세'나 비만인에게 보험료를 더 부과하자는 계획 또는 고열량 식품에 대한 특별세 등을 주장하기도 하는데, 이는 '차별과 경제적 불이익'이라는 주제에 부합하는 또 하나의 경악할 만한 사례이기도 하다. 체중에 대한 차별은 결과적으로 그 사회의 소득 불평등을 심화시킨다('누구도 섬은 아니다' 장 참조). 이 문제는 아주 중요하다. 그래서 풀은 미국의 체중에 대한 차별은 그 심각성이라는 측면에서 인종차별과 맞먹는다고 말한다.

어쩌면 더 심각할 수도 있다. 특히 과체중인 사람들을 잘 이해하고 도와줘야 할 의료 서비스 분야에서 편견이 더욱 심하다는 사실을 생각해보자. 풀은 의사, 간호사, 심리학자, 의대생 들이 특히나 비만인에 대한 편견에 강하게 사로잡혀 있으며, 환자들 중에서도 비만인이 가장 심한 비난에 시달린다는 사실을 지적했다. 연구에 따르면 2449명의 비만 여성 중 절반 이상이 의사에게서 체중에 관한 모욕적인 비난을 받았다고 대답했다. 가장 많이 듣는 질책은 뚱뚱한 것은 칭찬받을 만한 일이 아니라는 것이었다. 의사들에게 칭찬받을 만한 일이란 치료에 적극적으로 협력하는 것이다. 이를테면 약을 잘 먹거나 다이어트를 해서 살을 빼는 것이다. 바로 이 부분이 레베카 풀의 차별에 관한 보고서와 '이기적인 뇌' 연구가 일치하는 지점이다. 과체중인 사람은 다이어트 프로그램으로 치료를 받아야 한다는 모순적 개념을 고집하는 한 환자들은 치료에 실패할 수밖에 없다. 이는 그들의 의지력이 약하거나 게으르거나 무능해서가 아니다. 여기에 대해서는 확실한 임상 자료가 있다. 실패 원인은 그들의 뇌가 더 많은 음식을 요구하기 때문이다. 다시 말해, 칼로리 섭취 증대에 대한 욕망은 그들의 생물학적 욕구에 속한다. 이로 인해 스트레스로 가득 찬 환경에서도 뇌의 신진대사가 안정을 유지할 수 있는 것이다. 의사가 환자들을 제대로 진단하려면 먼저 이것부터 인정해야 한다. 즉 이런 환자들은 심각한 사회심리적 스트레스 요인으로 가득 찬 환경에서 살고 있다. 이러한 환경은 상어로 가득 찬 물속과 같다. (이 상어 물속을 떠나는 것이 왜 중요한지는 나중에 다시 자세히 설명하겠다.) 이러한 이해를 바탕으로 삼지 않고서는 비만 환자들을 제대로 치료할 수 없다. 우리는 비만인들에게 다음과 같은 빚을 지고 있다.

뚱뚱한 사람들에게도 동등한 권리를!: 사회에 대한 요구

레베카 풀의 논문은 여러 가지 면에서 획기적인 의미를 지닌다. 요컨대 의학계와 보건계 그리고 대중에게 "살찐 사람들은 유색인종만큼이나 탄압을 받는다"는 메시지를 던진다. 그리고 풀의 견해에 따르면, 의사야말로 가장 심각한 차별자들이다. 그렇다면 의사들은 이런 주장에 항의를 해야 마땅하다. 하지만 실제로는 그렇지 않다. 엄격하게 말하면, 풀이 2009년에 발표한 논문은 2001년에 발표한 논문을 좀더 구체화한 것일 뿐이다. 2001년 당시에도 그의 논문은 미국뿐 아니라 다른 나라에서도 대중의 관심을 거의 받지 못했다. 사실 풀이 제기한 문제는 수년 동안 사람들에게 아무런 주목도 받지 못했다는 게 맞는 말일 것이다. 무지는 차별의 한 가지 특징이기도 하다. 부당함을 밝히는 일은 불편하고 어려운 일이다. 하지만 차별이란 지속적인 독약과 같다.

치명적이지는 않지만 은밀하게 우리를 파괴한다. 차별은 당하는 사람의 자존심에 상처를 입히고 우울증을 유발하며 사회 전체에 심각한 영향을 미칠 수 있다.

미국에서 비만인에 대한 억압은 인종차별만큼이나 광범위하다. 그렇다면 독일은 어떨까? 마르부르크 연구팀은 독일인 1000명을 대상으로 한 설문 조사에서 23퍼센트 정도만이 공개적으로든 은밀하게든 비만인에 대한 편견을 드러내지 않았다고 밝혔다. 다시 말해, 설문에 참여한 사람의 77퍼센트는 의식적으로든 무의식적으로든 비만인에 대한 편견과 혐오감을 드러냈다는 뜻이다. 라이프치히 연구팀은 독일 전역에서 3000명을 대상으로 설문 조사를 실시한 결과, 특히 비만 아동들이 차별의 희생자가 되기 쉽다는 사실을 발견했다. 설문 조사가 체계적이지 않았는데도 말이다. 2005년부터 '비만 차별 철폐를 위한 협회'에서는 이 문제와 싸우고 있다. 이 협회의 주요 목적은 비만의 개념에 대해 토론하고 그에 대한 가치관을 재정립하는 것이다. 우리 사회는 아직도 비만에 대해 부정적이며 이를 식습관 장애나 질병으로 간주한다. '과체중'이라는 용어 또한 잘못된 편견을 담고 있다. '정상 체중'이라는 개념을 전제로 삼기 때문이다. 아울러 그 사람이 언제 어디서 누구와 살든 상관없이 동일한 체중의 잣대로 판단하겠다는 뜻이기 때문이다. 따라서 이 협회에서 일하는 체질량지수가 높은 회원들은 자신을 '과체중자'라고 일컫지 않고 '살찐 사람'이라고 한다. 이 협회가 내놓은 정치적·사회적 요구 사항과 이와 관련한 철학은 특히 홍

미룹다.

- 모든 사람은 자신의 체중에 상관없이 의사와 의료진의 정중하고 최선을 다하는 치료를 받을 권리가 있다.
- 체중과 관련한 차별은 피부색, 성, 종교, 육체적 장애, 또는 성적 취향에 대한 차별과 똑같이 다루어야 한다.
- 언론에서는 살찐 사람을 때때로 적절하지 않게 묘사한다. 요컨대 사람들의 공포를 부추기고 날씬함에 대한 집착을 퍼뜨린다. 이는 반드시 바뀌어야 한다.
- 다양한 체중이 공존하는 것은 긍정적인 현상이다. 우리의 꿈은 한 개인의 인생과 건강, 행복 그리고 행운이 그 사람의 체중과 상관없이 펼쳐지는 것이다.
- 행복하고 매력적이며 능력 있는 사람은 옷 치수와 아무런 상관이 없다.
- 우리는 모두 자기 자신과 체중에 대한 차별로 인해 고통받는 다른 사람을 옹호할 책임이 있다.
- 체중에 대한 광신주의와 과대망상은 우리 모두가 거부할 경우 사라질 수 있다.

뚱뚱한 사람들에 대한 우리 사회의 노골적인 또는 숨겨진 차별을 일일이 다 거론하는 것은 불가능하다. 하지만 이 문제의 깊이와 넓이에 대한 이해를 돕기 위해 다음의 사례를 언급하고자 한다.

- 대중교통이나 대기실 등의 좌석은 XXL까지 앉을 수 있도록 배려해야 한다. 심지어 과체중인 승객에게 좌석 2개를 구입하라고 요구하는 항공사도 있다.

- 독일에서는 체질량지수 35 이하인 사람만 정부의 고위 공무원이 될 수 있도록 규정한다. 체질량지수가 높은 사람은 질병에 걸릴 위험이 높다는 이유에서이다. 그렇다면 흡연자는 어떻게 고위 공무원이 될 수 있는가?

- 여성 의류의 경우, 46 이상 사이즈는 대부분의 의류 회사나 쇼핑몰에서 찾아볼 수 없다. 수많은 여성에게 큰 치수의 옷이 필요함에도 오직 특별한 몇몇 가게에서만 특대형 옷을 팔고 있다. 멋진 옷가게나 쇼핑몰에서는 살찐 여성을 위한 옷을 거의 찾아볼 수 없다.

- 살찐 사람들은 고용주에게 자주 불이익을 받는다. 보수도 낮고 해고당하기도 쉽다.

- 살찐 사람들을 골칫덩어리로 취급하는 언론의 광범위한 행태: 전문가들에 따르면 독일 보건 의료 시스템에서 비만으로 인해 발생하는 비용은 적어도 연간 170억 유로 이상이다.

- 의학 연구조차 체중과 관련한 편견에서 자유롭지 못하다. 체중 연구와 관련해 그 방식과 주체 등에 대한 생각을 정리할 수 있도록 윤리위원회를 구성하는 것이 시급하다.

체중 차별이라는 복잡한 주제를 어떻게 요약할 것인가

살찐 사람들은 그 모습 그대로 존중받을 권리가 있다. 다이어트와 체중 감량 프로그램은 잘못된 의학적 개념을 고착시킬 뿐만 아니라 억압의 도구가 될 수도 있다. 살이 찌는 것은 스트레스 시스템을 극복하기 위해 신체 기관이 반응한 결과이며, 장기적인 스트레스 방어에서 비롯된 질병으로부터 사람을 보호하기 위한 것이다. 아울러 과체중으로 인한 건강상의 위험은 분명 과대 포장된 부분이 있다. 이는 어떤 사람들에게는 지나치게 새로운 사고방식일지 몰라도 매우 중요하다. 스트레스로 가득 찬 환경에서는 분명히 몸과 마음이 위험에 처하지만, 그런 상황에서도 살아남으려면 살이 찌는 게 생존에 도움이 된다. 살이 찐다는 것은 스트레스로 가득 찬 인생에서 살아남기 위한 인체의 표현 방식이며, 이는 체중 감소로 해결될 문제가 아니다. 다시 한 번 분명히 말하거니와 장기적인 스트레스 환경에 놓인 사람에게는 살이 찌는 게 오히려 인체를 보호하는 적절하고 건강한 적응 전략이다. 그러므로 지금이라도 살찐 사람들을 존중하고, 그들이 마땅히 받아야 할 대접을 하고, 의학적으로 새롭게 그 가치를 조명해야 한다. 그렇다고 해서 비만이 긍정적이기만 한 신호는 물론 아니다. 사회적으로는 경고의 신호일 수도 있다. 즉 장기적인 심리적 스트레스 상태에 노출된 사람이 그만큼 많다는 의미이며, 어떤 나라에서는 그런 사람이 위험할 정도로 증가하고 있다. 특히 젊은이들이 점점 더 비만해진다는 것은 그만큼 이들의 사회심리적 스트레스가 늘어나고 있다는 신호이므로 크게 우려할 만한 일이다. 살이 찌는 것을 사회심리적 스트레스 속에서 인간이 성공적으로 적응하는 신호로 받아들이는 것은 매우 중요하다. 하지만 스트레스에 심각하게 노출된 살찐 사람들이 그만큼 많다는 사실도 간과해서는 안 된다. 스트레스 상태에 놓인 인간의 신체 조직이 스스로를 보호할 줄 안다는 것은 그나마 다행이 아닐 수 없다. 하지만 스트레스에 대한 방어 작용이 오랫동안 지속되면 심각한 위험이 발생할 수도 있다.

'과체중 전염병'에라도 걸린 것처럼 점점 더 많은 사람이 비만해지는 이 전 세계적인 현상 앞에서 문제의 핵심을 무시하고는 어떤 해결책도 소용이 없다. 우리가 경험하고 있는 이 현상은 '과체중 전염병'이 아니라 전 세계적인 '스트레스 전염병'이다. 스트레스의 확산은 이미 언급했듯 사회심리적 요인에 의한 것이다. 체중 증가는 이런 스트레스에 대한 적응 반응일 뿐이다. 따라서 그 원인을 파악하고 거기에 대처할 방법에 대해 토론하는 것이 불안한 환경에서 살아남기 위한 뇌의 자연적 해결 전략을 거스르는 것보다 현명할 것이다. 심각한 스트레스 압박을 낮추는 데 성공한다면 우리도 다이어트 프로그램이나 저칼로리 식품, 레모네이드조차 못 마시는 식습관에서 자유로워질 수 있다. 그렇게 되면 혈액 속의 스트레스 수치와 체중을 적절하게 유지하는 사람들의 수도 저절로 늘어날 것이다. 또한 스트레스의 안정화가 우리의 체중에 실제로 영향을 미친다는 것이 밝혀지면 심리적으로 스트레스에 대한 자기 관리에 더 힘쓸 수 있다. 이 부분에 대해서는 나중에 다시 자세히 다루도록 하겠다. 하지만 불행하게도 현실은 다르다. 학술적·의학적·사회적으로 날씬함을 건강과 동일시하고 여전히 열광적으로 옹호하고 찬미한다. 게다가 체중 감소를 위한 관습적 전략이 더 이상 통용되지 않자 이제 외과 의사들이 나서기 시작했다. 이들은 즉각적이고도 극단적인 해결책을 제시한다. 이전의 모든 다이어트 시도가 실패한 장기적 체중 감소라는 목표에 성공할 것을 약속하면서.

비만대사 수술: 외과 수술은 어떻게 살찐 사람을 날씬하게 변모시키는가

많은 이들에게 살찐 사람으로서 살아간다는 것은 수없는 실패를 견디는 일이다. 실패한 다이어트와 식습관 변화, 피트니스 프로그램 등을 통한 여러 가지 헛된 체중 감량 시도가 모욕적인 경험으로 겹겹이 쌓여 있다. 과체중 위험에 대한 의사의 경고, 자기 건강에 대한 공포감, 거듭되는 실패가 의지력 결핍 탓이라고 느낄 때의 자괴감, 타인의 시선과 침묵의 의미 그리고 옷 치수에 대한 논평, 잉여분의 살, 새롭게 시도해보지만 결국 죄의식과 불쾌감만 남긴 채 끝나버리는 다이어트에 대한 기억……. 그러다 보면 다른 사람들의 말이 옳고 자신이 제대로 된 변화를 실천하기에는, 즉 체중을 줄이기에는 너무 나약하다는 생각이 점점 굳어진다. 차별에 시달리는 사람들은 그 결과 사고방식이 피폐해진다. 희망이 없는 게 확실한 상황에 처한 사람은 심한 무력감과 절망감에 빠져 기적을 바란다. 문제를 해결해주고 자신을 구원할 구세

주를 자기 바깥에서 기대하는 것이다. 그러므로 이런 상황에 처한 사람은 지푸라기라도 잡는 심정으로 다가오는 모든 도움에 매달린다. 특히 도움의 손길을 내미는 사람의 지위가 의심할 여지 없이 확고하다면 두말할 필요도 없다.

유혹의 몸짓? 환자들이 서로를 돕는 시간

"당신의 도움은 우리의 작업에 큰 힘이 될 뿐 아니라 다른 환자들에게도 엄청나게 도움이 될 거예요." 외과 의사는 환자에게 이렇게 말하고 강조라도 하듯 환자의 방을 나가기 전에 악수를 청했다. 줄리아에게 이런 경험은 완전히 새로운 것이었다. 어떤 의사도 그런 식으로 말한 적이 없었다. 중소 도시의 시청 등록사무실에서 일하는 42세의 줄리아는 맹장 수술 때문에 가까운 도시의 대학 병원에 입원했다. 그 병원의 담당의인 닥터 C는 아주 친절한 의사로, 수술 후의 몸 상태를 브리핑하면서 그동안 줄리아가 시도해온 체중 감량 노력에 대해서도 공감을 표시하며 친절하게 들어주었다. 줄리아는 용기를 얻어 고통으로 가득 찬 자신의 과거를 털어놓았다. 그리고 처음으로 의사가 자신을 비난하지 않고 이야기를 들어준다고 느꼈다. 닥터 C는 이야기를 다 듣고 나서 줄리아 같은 사람들을 위한 새로운 비만 퇴치 방법을 제시했다. 줄리아에게 소통 능력을 발휘해 비만인들을 대상으로 한 자조自助 집단을 만들어보지 않겠느냐고 제안한 것이다. 의사는 병원에서 필요한 공간을 제공할 것이며, 원한다면 병원 의료진이 그 모임에 참석해 치료 가능성에 대한 의문에 성심성의껏 답변해주겠다고 했다. 집단에 참여하는 사람은 의사들에게 새로운 비만 퇴치 방법에 대한 정보를 충분한 시간에 걸쳐 전달받을 수 있고, 이에 대해 돈을 낼 필요도 없다고 했다. 줄리아와 다른 환자들에게 그 제안은 지푸라기가 아니라 망망대해에서 만난 구조선과 같았다.

이렇게 해서 자조 집단이 출범했다. 첫 번째 모임부터 환자들은 기대에 들떠 있었다. 약속대로 의사들도 모임에 나와 참석자들이 그동안 살 빼는 과정에서 겪은 어려움에 대해 이야기를 나누는 동안 참을성 있게 듣고 질문에 이런저런 답변을 해주었다. 다섯 번째 모임 때 닥터 C는 실내에 비치해두었으나 아무도 눈길을 주지 않던 한 의학 정보지에 대해 이야기했다. 많은 환자는 이미 주치의나 내과의 등을 통해 그 정보지에 대해 알고 있었다. 얼마 후 닥터 C와 여러 참석자들은 다시 일반적인 체중 감량 방식에 대해 이야기를 나누었다. 그리고 서너 번의 모임을 더 가진 다음, 자조 집단이 그동안 활동한 결과를 놓고 논의를 시작했다. 한 간호사가 참석자들의 모든 비만 치료 시도가 실패했다는 내용을 요약한 보고서를 나누어주었다. (간호사는 모임이 끝난 뒤 참석자들이 서명한 보고서를 회수했다.) 참석자들은 다시 한 번 체중 감량에 대한 내과적 치료법에 대해 이야기를 나누었다. 시간이 흐를수록 모임의 규모가 커졌다. 모임에 참석하는 사람 중에는 위 절제 수술을 받았거나 수술을 계획 중인 환자도 꽤 있었다. 이미 수술을 받은 환자들은 큰 소리로 체중 감량의 놀라운 효과를 자랑했다. 그리고 나서 다른 환자들에게 이렇게 물었다. "당신은 언제 수술하세요?" 체중 감량 수술과 관련해 좀더 많은 조언을 바라는 환자들의 요청에 따라 닥터 C는 대안적인 비만 수술에 대해 자세한 설명을 시작했다. 물론 여기엔 비만 수술의 가능성과 위험성도 포함되었다.

"비만 수술(또는 비만대사 수술)은 병적인 과체중을 퇴치하기 위한 방법이다. 수술로 위장 기관을 바꾸는 것으로, 그 목적은 일반적인 방식으로 체중 감량에 성공하지 못한 병적인 과체중 환자들에게 도움을 주기 위함이다. 의학적으로는 병적인 과체중과 그로 인한 합병증을 물리치기 위한 가장 강력한 수단이다. 환자는 비만대사 수술 후 특별히 균형 잡힌 식단으로 식습관을 바꾸어야 한다. 체중 감량을 통해 전체적인 건강이 확연히 좋아지며, 합병증도 현저히 줄일 수 있다."

　　이는 '비만 수술Adipositaschirurgie'에 대한 2013년 1월 위키피디아Wikipedia의 정의인데, 수술에 대한 공식적 견해를 잘 대변한다. 간단히 말하면, 수술한 환자는 이후 먹고 싶은 만큼 먹어도 되지만 위장과 다른 소화 기관은 제한된 양의 에너지만 신체로 전달한다. 섭취한 나머지 음식물은 소화되지 않은 채 밖으로 배출된다. 제한적 식품 섭취라는 목적을 이루기 위해 여러 가지 방법이 동원된다. 그중에서도 위장을 수술로 잘라내거나 장의 길이를 줄이는 방법이 가장 빈번하게 사용된다. 그리고 거의 대부분 바라던 결과를 얻는다. 수술을 받은 사람은 단기간에 거의 30퍼센트의 체중 감량 효과를 본다.

30퍼센트의 체중 감량과 혈당 저하: 위 절제 수술이 당뇨병까지 치료한다?

여러 해 동안 비만대사 수술은 체중과의 전쟁에서 사소한 부분을 차지했다. 요컨대 심각한 과체중, 이른바 초고도 비만 환자(BMI 50 이상)들에게만 해당하는 치료법으로 간주되었다. 그래서 건강 의료보험 제도에 따라 개인이 검사 및 수술 경비를 부담해야 했다. 이를테면 수술 여부를 개별적인 선택에 맡겨온 것이다. 하지만 이런 치료 방식을 옹호하는 사람들은 이 같은 제도에 반대한다. 그들은 이를 위해 당뇨병 치료라는 아주 적절한 논거를 들고 나왔다. 최근 비만대사 수술 옹호자들은 이 수술법이야말로 제2형 당뇨병 '치료'를 위한 신뢰할 만한 방법이라고 주장한다. 사실 언뜻 보면 맞는 말 같기도 하다. 이 수술을 받은 과다 비만증(아울러 당뇨병 증세도 보이는) 환자들은 수술 후 체중이 줄었을 뿐 아니라 혈당 수치도 정상으로 돌아왔다고 이야기한다. 즉 수술 후 당뇨병이 '그냥' 사라져버린 것이다. 의사들이 수술 효과에 대해 엄청난 자축을 하기에 충분했다.

하지만 자세히 들여다보면 이는 놀라울 것도, 새로울 것도 없는 사실이다. 의학계에서는 이미 그 효과를 수십 년 전부터 알고 있었다. 제2형 당뇨병을 앓는 사람이 다이어트나 비만대사 수술을 통해 극단적으로 칼로리를 제한하면 혈당 수치가 정상화한다. 매우 급진적인 변화가 일어나는 것이다. 또한 제2형 당뇨병 환자가 음식물이 부족한 지역에서 살면 혈당 수치를 낮출 수 있다. 물론 그 대신 극심한 배고픔에 시달려야겠지만 말이다. 따라서 이에 대한 의학계의 자화자찬은 그 근거가 매우 빈약하다는 것을 알 수 있다. 그렇다면 뇌과학 분야에서는 외과 수술로 인한 혈당 저하를 어떻게 볼까? 수술 후 당뇨병이 사라진 다는 것은 확실한 사실이다. 하지만 이는 수술 후 환자가 이전처럼 많이 먹을 수 없기 때문에 일어나는 현상이다. 따라서 수술 환자는 더 이상 당뇨병을 앓지는 않겠지만 그 대신 남은 생애를 배고픔 속에서 살아야 한다. 처음에는 환상적인 치료법처럼 보였지만 사실은 치명적인 부작용이 있는 것이다. 이처럼 비만대사 수술은 뚱뚱한 사람들의 혈당은 낮추지만 뇌의 신진대사 불안정을 초래한다.

그렇다면 이 수술법의 단점과 위험성에는 어떤 것들이 있을까? 의학에서는 어떤 치료법에 대해 환자가 얻을 수 있는 이익과 위험 요소를 세심하게 고려해야 한다. 만약 이익이 손실보다 많다고 판단되면 그 치료법을 적절한 것으로 여긴다. 의사들은 수술을 받은 환자의 체중이 줄어들 뿐 아니라 그 상태를 유지한다고 말한다. 또 혈당 수치도 정상으로 돌아오고 제2형 당뇨병도 사라진다고 한다. 이런 결과는 보통 사람들뿐만 아니라 전문가 사이에서도 커다란 반향을 일으키기에 충분하다. 비만이나 제2형 당뇨병은 우리 시대에 건강을 위협하는 가장 큰 요소이기 때문이다. 그것들을 제거하는 데 나쁠 게 뭐 있겠는가?

사실상 의학적 치료법이 얼마나 효과적인지 입증할 한 가지 기준이 있다면 그것은 바로 사망률이다. 사람들이 상대적인 생활환경에서 위의 치료법을 선택했을 때 과연 그렇지 않았을 때보다 오래 살까, 그렇지 않을까? 이는 비만대사 수술을 집도하는 의사들이 스스로 던져야 할 질문이다. 하지만 그들은 이런 질문을 하지 않는다. 오늘날까지 수술 절차의 성공과 위험 가능성을 가늠할 만한 충분한 임상 연구도 이루어지지 않았다. 의사들이 주로 인용하는 비만 수술의 성공에 방점을 둔 여러 연구 자료가 있기는 하지만, 학술적으로 필수적인 기준에 대해서는 제대로 된 답변을 하지 못한다. 다시 말하면, 연구 대상자를 치료 집단에서 임의로 선발한 게 아니라는 얘기다. 여기서 여러 가지 의문이 생긴다. 현재의 비만대사 수술에서는 수술하지 않은 비만 환자에 비해 수술한 비만 환자의 사망률이 실제로 낮을 가능성이 많다. 수술 신청 환자 중 모든 환자가 수술을 받을 수 있는 것은 아니며, 여러 가지 건강 문제(심근경색이나 뇌졸중)와 정신적 문제를 가진 환자나 자살 위험이 높은 환자는 수술 대상에서 제외하기 때문이다. 게다가 이 수술 연구에 참여한 환자는 건강한 사람이 대부분이다. 따라서 결과가 왜곡되었을 가능성이 있으며, 대조군과 비교해보면 오히려 반대 결과가 나타날 수도 있다. 또한 이 실험에서 뚱뚱한 사람들이 다른 이유로 수술에 동의했을 가능성도 무시할 수 없다. (아울러 이 같은 과정이 상당히 왜곡된 결과를 초래할 수 있다는 것을 전문가들이 인식하지 못했을 수도 있다.) 이와 달리 무작위라는 원칙에 의거해 임의로 선택한 대조군—상대적으로 수술에 적합하다고 판단된 환자들—을 대상으로 수행한 연구에서는 그 같은 결과의 왜곡, 즉 전문 용어로 '벅슨 치우침(Berkson's Bias: 입원 환자를 대상으로 환자와 대조군을 연구할 때, 병원에 입원한다는 특수 조건에 의해 발생하는 편견—옮긴이)' 현상이 나타나지 않았다. 따라서 무작위로 추출하지 않은 연구 결과는 과학적으로 인정받을 가능성이 적다.

의사들에 의한 증명서? 치료 결과는 어떻게 미화되는가

따라서 '연구 설계'라는 것에 대해 언급하지 않을 수 없다. 보통 사람들은 무작위적 연구와 비무작위적 연구 결과의 차이를 알아채는 것이 불가능하기 때문이다. 의료진이나 의사는 환자가 믿고 의지할 만한 정보를 제공해야 한다. 또한 해당 연구가 치료의 성공적 결과를 제대로 반영하는지, 위험 가능성을 제대로 묘사하는지 세심하게 들여다보아야 한다. 하지만 유감스럽게도 우리는 환자에 대한 이런 개방적이고 정직한 태도를 기대하기 어렵다.

이는 독일의 책임 있는 의료 협회 중 하나인 '독일 일반 내장 수술 협회'가 현재의 연구 상황에 대해 언급한 내용이기도 하다. 전문가들로 구성된 이 협회는 또한 비만 수술의 가이드라인을 정하기 위한 위원회를 구성하기도 했다. 여기에는 독일 비만 협회와 독일 심신의학 및 심리치료 협회 그리고 독일 영양의학 협회 등이 참여했다. 그들이 출판한 《비만 수술Chirurgie der Adipositas》(의사들을 위한 60쪽의 공식 가이드 북)이란 책자에는 이 주제에 관한 수많은 연구 결과를 수록했다. 아울러 각각의 연구마다 그 연구의 과학적 신뢰도를 평가하는 이른바 '근거 수준'을 제시했다. 이에 따라 우리는 연구에 따른 개별적인 주장이 얼마나 확실한 근거를 가지고 있는지 판단할 수 있다. 그런데 비만대사 수술 후의 사망률에 대한 대규모 연구를 다룬 가이드라인 부분에서는 흥미롭게도—하찮고 중요하지 않다 할지라도 거의 모든 연구 결과에 따르는—'근거 수준'이 누락되어 있다. 또한 충분한 무작위 실험을 거쳐 '근거 수준' 1등급을 받은 연구임에도 자세히 검토해본 결과 사실이 아니라는 게 밝혀졌다. 그뿐 아니라 "위장 접합 수술 후 10년간의 추적 관찰에 관한 훌륭한 결과"라는 연구 사례가 실제로는 '근거 수준'이 아주 낮은 4등급으로 밝혀졌다. 전문가 협회에서 만든 가이드라인 책자는 중립적인 태도를 취해야 한다. 그런데 책자 마지막에 다음과 같은 문장이 쓰여 있다. "여러 대규모 연구를 통해 장기적인 사망률 감소에 비만 대사 수술이 효과적이라는 것이 밝혀졌다." 하지만 이 연구의 근거 수준 등급이 신뢰할 만큼 충분하게 높지 않다는 사실은 언급하지 않았다. 더욱 경악스러운 것은 중요한 연구 자료를 거의 언급도 하지 않았다는 사실이다.

비만대사 수술의 무해성 주장을 의심하기에 충분한 위나 장 절제 수술 후의 사망률에 대한 놀라운 연구 결과도 있다. 이 연구는 특정 의학 센터나 비만 치료 센터 같은 의학 단체에서 수행한 것이 아니라 단순히 인구를 통한 역학 조사를 통해 이루어졌다. 요컨대 미국의 과학자들은 펜실베이니아 주에서 비만대사 수술을 받은 1만 6683명의 환자에 대한 자료를 분석했다. 그런데 환자 중 31명이 자살로 생을 마감했다. 그 중 30퍼센트는 수술 후 2년 안에 자살했다. 그리고 나머지 약 70퍼센트는 수술 후 3년 안에 자살했다. 이는 동년배 인구와 비교할 때 비만 수술을 받지 않은 사람들보다 무려 5~7배에 달하는 수치다. 남성의 경우는 570퍼센트, 여성의 경우는 740퍼센트나 되었다. 무시하기에는 너무나 큰 격차다. 게다가 우리는 연구를 통해 일반적으로 뚱뚱한 사람들의 자살률이 날씬한 사람들의 자살률보다 낮다는 것을 알고 있다. 따라서 비만대사 수술을 한 뚱뚱한 사람이 자살할 확률은 전체적으로 봤을 때 수술하지 않은 뚱뚱한 사람에 비해 700퍼센트 이상 높을 게 확실하다.

수술 이후 뇌는 두 가지 방향으로 나아간다: 에너지를 급격하게 절약하거나 스트레스 시스템을 엄청나게 압박하거나

이 극적인 결과를 어떻게 설명할 수 있을까? '이기적인 뇌' 연구를 통해 우리는 체중 증가가 어려운 생활환경에서 에너지 요구를 충족하기 위한 뇌의 전략이라고 밝힌 바 있다. 식량이 급격히 감소하면 뇌가 나아갈 길은 두 가지밖에 없다.

- 첫 번째는 에너지 절감이다. 요컨대 적은 에너지로 살아남기 위해 활동을 낮추는 것이다. 그러다 보니 신경당결핍 증세를 겪으며 여러 가지 기능이 제한적으로 작동한다. 각성 저하(뇌는 빨리 지치고 쉽게 피곤해진다)와 집중력 감소는 그에 따른 보편적 특징이다. 또 다른 비만대사 수술의 위험 가능성도 있다. 펜실베이니아 연구는 자살률 증가와 더불어 수술한 사람들이 사고로 죽는 확률도 높다는 것을 보여준다.
- 두 번째는 스트레스 상태에서 살아가는 것이다. 중추신경 증상에 시달

리지 않는 유일한 대안은 제한된 음식 섭취에서 비롯된 엄청난 스트레스의 폭등을 안고 사는 것이다. 수술 이전에는 신체 저장고에서 필요한 에너지를 취함으로써 스트레스 시스템이 안정되지만, 자료에 의하면 비만대사 수술을 받은 사람들의 코르티솔 수치는 다시 증가하는 것으로 밝혀졌다. 스트레스 시스템의 활성화는 뇌의 에너지 밀도를 유지하기 위함이다. 따라서 위나 장 절제 수술 후에는 스트레스 시스템이 급격히 변화해 나타나는 장기적 긴장 상태를 피할 수 없다. 이처럼 급격하게 늘어나는 엄청난 스트레스를 칼로리 섭취 증대로 완화할 가능성이 사라짐으로써 비만 수술을 한 사람은 때때로 마약이나 알코올 같은 물질에 의존해 갈수록 심해지는 우울증을 달래려 한다. 이 같은 무기력증이 심해지면 자살 위험도 함께 커진다.

게다가 또 다른 수술 후 부작용도 있다. 때때로 수술 후 환자들은 영양 결핍으로 인해 남은 생애 동안 많은 양의 비타민과 미네랄 같은 건강식품을 섭취해야 한다. 또한 수술 자국에 부작용이 생겨 재수술을 해야 하는 경우도 많다. 수술 후 일주일 만에 간질 발작을 일으킨 환자도 있었다. 이는 심각한 뇌 저혈당증 때문인 것으로 볼 수 있다. 그런 일을 겪은 후 환자는 항경련제를 복용하기 시작했고, 의사는 자동차 운전을 하지 말라고 권했다. 앞에서도 언급했지만 이는 초기에 관찰한 부작용에 지나지 않으며, 장기적 부작용이나 문제에 대해서는 대규모 무작위 연구를 통해 확인하는 방법밖에 없다.

최근 들어 나는 비만 수술을 권유받은 사람들에게서 그게 최선의 방법인지에 대해 많은 질문을 받는다. 수술 여부를 고민하는 환자와 다른 이들을 위해 나는 이번 장을 쓰기로 결심했다. 수술을 하기로 결정한 사람은 그에 따른 위험의 다각적인 측면을 모두 살펴봐야 할뿐더러 장이나 위 절제 수술은 복구가 불가능하다는 사실을 명심해야 한다. (요즘에는 엔도배리어Endobarrier라는 일종의 플라스틱 관을 위에 삽입하는 실험도 이루어졌다. 이 방법은 비만대사 수술과 마찬가지로 '식품 섭취의 인공적 제한'이라는 목표를 달성하기 위한 것으로 비만대사 수술에 버금가는 심각한 위험과 부작용을 동반한다. 하지만 엔도배리어는 적어도 나중에 제거할 수 있다.) 이는 환자가 나머지 인생을 수술 결과에 따라 살아야 한다는 것을 뜻하므로 매우 중요하다. 요컨대 평생 다이어트를 하면서 필요한 칼로리를 섭취할 수 없는 상황에 비교할 수 있다. 물론 이것은 환자가 어떻게든 감당해야 할 부분이다. 하지만 에너지 결핍과 스트레스에 사로잡힌 신체 조직 때문에 발생한 부작용은 우리의 몸과 마음이 치러야 할 비용이며, 생각보다 무겁고 불가피하다는 것을 잊지 말아야 한다.

서명의 결과: 서명은 어떻게 뚱뚱한 사람을 심각한 말기 환자로 바꾸어놓는가

나는 다른 비평가들과 마찬가지로 비만대사 수술 연구에 무작위 연구 방식이 필요하다는 것을 여러 해 동안 주장해왔다. 하지만 지금까지는 아무런 소용이 없었다. 그렇다면 '왜'라는 질문을 하지 않을 수 없다.

나는 적어도 최근까지는 독일에서 비만대사 수술에 대해 진지한 연구를 하려는 노력이 부족하지 않았나 싶은 구체적인 혐의를 지우기 어렵다. 이번 장 서두에서 언급한 자조 집단에 대한 이야기로 돌아가보자. 닥터 C는 환자들에게 보고서에 서명할 것을 요구했다. 하지만 이는 모임의 결과를 확인하기 위한 서류가 아니었다. 이 서명으로 모든 참석자의 의학적·법적 지위는 급격히 변했다. 요컨대 여기에 서명한 참석자는 그때부터 그냥 비만이 아니라 치료 불가능한 말기 비만 환자로 분류되었다. 일반적 방식의 비만 치료를 받는 환자에서 특수한 치료를 요하는 심각한 비만 환자로 지위가 바뀐 것이다. 다시 말해 이는 치료 효과가 거의 없고 단기적인 증세의 완화만 있는 환자라는 얘기다. 이런 용어는 말기 암 환자에게나 사용하는 것이다. 말기 암 환자는 강력한 마취약을 처방받는데, 이는 참을 수 없는 고통을 완화하는 게 목적이다. 이때는 마취제의 중독성을 고려하지 않는다. 어차피 환자가 오래 살 수 없기 때문이다.

법적 관점에서 보면, 비만 자조 집단에 참석한 사람들은 치유 가능성 없는 말기 암 환자와 같다. 말기 암 환자처럼 이들은 비만 치료를 하기 위한 마지막 수단으로 비만대사 수술을 선택한다. 따라서 일반 환자들에게 적용하는 위험과 이득에 대한 평가는 더 이상 고려하지 않는다. 의료보험업계에서도 같은 방식으로 수술의 필요성을 인정한다. 하지만 비만의 경우는 희귀하고 심각할 때에만 수술을 허용한다. 따라서 치료 불가능한 말기 비만 환자의 경우는 수술 승인을 받기가 훨씬 쉽다. 비만 자조 집단에 참석한 사람들이 서명한 보고서는 비만대사 수술대로 가는 티켓과 같다. 환자와 수술 사이에 놓인 것은 이제 환자 본인의 결심뿐이다. 수술을 할까 말까?

위와 같은 자조 집단은 독일의 의학 센터에서 희귀한 사례가 아니다. 점점 더 많은 환자들이 비만대사 수술대에 오르고 있으며, 이는 거의 '모집' 수준이다. 하지만 이러한 의학적 개입이 환자에게는 이익보다 손실이 많다는 혐의가 갈수록 짙어지고 있다. 따라서 이 문제를 가능한 한 빨리 학술적으로 연구하지 않는 것은 위험할뿐더러 무책임한 짓이다. 젊은 환자들이 남은 생을 수술로 인한 후유증에 시달리며 살아가야 하는 위험성이 날로 커지고 있다. 보건 정책적 관점에서 '전염병처럼 증가하는 비만'을 멈추기 위한 방법으로 수술을 옹호하는 행보는 내가 보기에 아주 의심스럽다. 그렇다면 왜 우리는 어린이들이 지나치게 뚱뚱해지기 전에 수술을 시키지 않는 걸까?

어린이 먼저

'유년기의 역경'이란 용어는 영미권 스트레스 연구계에서 처음 사용했다. 부모의 죽음, 이혼, 유년기의 학대와 무시 그리고 불우한 사회경제적 조건(가난과 범죄율이 높은 환경)에서 어린이가 당하는 트라우마적 경험을 아우르는 표현이다.

1997년, 호리호리하고 안경을 낀 열한 살짜리 소년이 문학 세계에 등장했다. 해리 포터를 창조한 작가 조앤 K. 롤링Joanne K. Rowling은 해리를 자동차 사고로 부모를 잃고 자기를 미워하는 이모 페투니아 더슬리의 집에 얹혀사는 앞날 막막한 고아 소년으로 묘사했다. 게다가 난폭한 이모부와 심술궂은 사촌을 견뎌내야만 했다. 경멸의 표시로 그들은 해리를 (침대가 들어갈 공간밖에 없는) 계단 아래 창고에서 지내게 한다. 해리는 열한 번째 생일을 맞아 자신의 인생에 극적인 변화가 오리라는 것을 짐작조차 못한다.

일곱 권에 달하는 해리 포터 시리즈와 영화는 전 세계적으로 유례없는 성공을 거두었다. 해리 포터 시리즈의 어마어마한 성공에는 여러 가지 이유가 있다. 그중 확실한 것 하나는 해리가 처한 환경을 자신과 동일시하는 독자들이 많다는 점을 들 수 있다. 해리는 가족들에게 사랑과 이해를 받지 못할 뿐만 아니라 일찍이 부모를 잃는 트라우마를 겪기도 했다.

유년 시절의 이러한 조건을 스트레스 연구가들은 '유년기의 역경'이라고 일컫는다. 미시건 대학교의 로널드 C. 케슬러[Ronald C. Kessler]와 윌리엄 J. 매기[William J. Magee]는 수많은 연구가의 도움을 받아 유년기와 관련한 여러 가지 평가 목록을 만들었다.

1. 한쪽 또는 양쪽 부모의 육체적 질병
2. 한쪽 또는 양쪽 부모의 알코올 문제
3. 결혼 생활의 심각한 문제
4. 부모의 이혼 또는 별거
5. 한쪽 또는 양쪽 부모의 죽음
6. 부드럽고 밀접한 부모 또는 가까운 어른과의 관계 부재
7. 가족 폭력의 목격자 또는 희생자
8. 육체적 · 성적 학대
9. 무관심

10. 사회경제적 불안

해리 포터의 경우에는 3개 항목(5, 6, 9)이 적용되는데, 대부분의 어린이가 적어도 하나 이상의 항목에 해당한다는 것을 우리는 잘 알고 있다. 전 세계적인 연구 결과에 따르면 유년 시절에 심각한 문제를 겪는 어린이가 가난한 나라, 부자 나라 할 것 없이 적지 않은 것으로 밝혀졌다. 13퍼센트의 어린이가 한쪽 또는 양쪽 부모의 죽음을 겪었으며 신체적 학대가 8퍼센트, 가족 폭력이 6퍼센트를 차지했다. 그리고 부모가 정신적 질병을 앓는 경우는 6퍼센트나 되었다. 더욱이 이는 자료상의 통계일 뿐이다. 어두운 진실은 제대로 측정하기 어려운 법이다. 소아과 의사, 사회학자, 스트레스 연구가 들은 가족 구조가 점점 취약해지고 기능을 잃거나 해체되는 오늘날의 추세에 비추어 유년기의 역경은 전염병처럼 늘어난다고 말한다. 다시 말해, 점점 더 많은 어린이와 청소년(케슬러와 매기에 따르면 열여섯 번째 생일을 맞이하기 전까지의 10대)이 억압적인 상황에 놓인다는 얘기다. 아울러 억압의 강도와 민감한 시기 때문에 이들은 치명적인 스트레스에 노출된다.

앞에서 우리는 만성 스트레스에 관해 충분히 살펴보았다. 지속적인 스트레스에 처했을 때 우리의 뇌는 두 가지 방향으로 대처한다는 것도 배웠다. 요컨대 A형은 스트레스와 극단적인 압박을 계속해서 견디며, 그로 인해 스트레스 호르몬 수치가 지속적으로 증가해 합병증 위험에 노출된다. B형의 경우는 스트레스 시스템이 스트레스 상황을 받아들여 뇌의 신진대사가 균형을 맞추는 데 성공하지만 그 부작용으로 비만해진다.

스트레스를 일찍 겪을수록 그 결과도 심각하다

이런 배경에서 볼 때, 과연 어린이에게 유독성 스트레스는 무엇일까?
대부분의 경우 만성 스트레스는 20대나 30대에 나타난다. 하지만 어린
시절부터 스트레스에 노출된 사람은 스트레스의 역사를 일찌감치 시
작하는 셈이다. 이보다 더 무서운 것도 있다. 임신한 여성이 유독성 스
트레스에 노출되면 아직 태어나지 않은 아이가 그 영향을 받을 가능성
이 아주 높다. 유독성 스트레스에 따른 체중 증가는 후생적으로 유전
될 가능성조차 있다. (여기에 대해서는 내 첫 번째 책《이기적인 뇌》에서 다룬 적
이 있다.)

비만한 어린이들이 증가하는 것은 가정에서나 사회에서 늘어나는
유독성 스트레스의 정직한 반영이다. 스트레스에 처한 어린이는 B형
일 경우 체중이 늘어난다. 의사들은 오래전부터 성적 학대를 당한 후
극단적으로 살이 찐다는 것을 인정해왔다. 하지만 A형에 속하는 어린
이가 스트레스를 받는 경우는 그 증세를 외부에서 눈치채기 어렵다.
그런 아이들은 날씬함을 유지한 채 계속해서 스트레스를 받으며 성장
한다. 이때는 주의력 결핍 과잉 행동 같은 행동 발달 문제가 드러나는
경우가 많으며, 이후에는 알코올 또는 마약 남용으로 이어질 위험도
있다.

하지만 이 시점에서 한 가지 주의해야 할 점은 가족 관련 스트레스도 종류가 다양하므로 성급한 결론과 판단을 자제해야 한다는 것이다. 어떤 경우는 스트레스의 원인이 가족 바깥(예를 들면 학교)에 있을 수 있으며, 여러 가지 원인이 결합해 살이 찔 수도 있다. 비만한 어린이들이 직접 자신을 둘러싼 강한 스트레스 요인에 대해 토로할 수도 있다. 하지만 그렇다고 해서 그것을 곧바로 학대나 무관심의 증후로 보는 것은 매우 위험하다.

다이어트 대신 아이들을 스트레스에서 벗어나게 하는 것이 중요한 이유

어른과 마찬가지로 어린이들도 유독한 스트레스에 노출될 경우 두 가지 양상을 드러낸다. 요컨대 스트레스가 활성화한 채로 살아가거나, 스트레스를 잘 다스리지만 그 결과 살이 찐다. (뇌와 신체의 기능을 현저하게 낮춘 결과, 일상적 성취도는 떨어지지만 피로도는 덜할 가능성도 있다. 하지만 이 같은 가능성은 두 가지 주된 방식의 보완적 기능에 머무른다.) 의학적 관점에서 볼 때, 어린이와 청소년기에 음식 섭취량을 늘려 스트레스에 적응하는 것은 뇌의 완벽한 보호 전략이라고 볼 수 있다. 따라서 살찐 아이들에게 다이어트를 하도록 권하는 것은 어처구니없는 일일뿐더러 위험하기까지 하다. 칼로리 감소는 뚱뚱한 어린이를 건강하고 날씬하게 만드는 것이 아니라 오히려 스트레스를 가중시키고 온갖 부정적 결과를 불러일으킨다.

강연에서 내가 이런 이야기를 하면 때때로 부정적 반응을 보이는데, 그중 하나는 지난 세기에도 많은 어린이와 청소년이 심한 사회심리적 스트레스에 시달렸지만 지금 같은 전 세계적 '비만아' 문제는 없었다는 것이다. 이런 문제를 이해하려면 브라질이나 인도처럼 최근 들어 급격하게 산업화한 나라를 참고할 필요가 있다. 이 나라들이 여전히 식량 결핍에 시달리는 동안 B형의 사람들은(특히 가난한 지역에 사는 사람들의 경우) 스트레스 시스템에 문제가 생겨도 뇌의 신진대사를 위해 더 먹을 수 있는 형편이 되지 못했다. 따라서 B형의 사람들은 그런 환경에서 살아남기가 매우 힘들었다. 하지만 스트레스를 받으면 살이 빠지거나 그대로인 A형의 경우는 에너지 요구가 적으므로(스트레스를 경제적으로 배분하므로) 식량이 적은 환경에서 B형보다 형편이 나았다. 그런데 제2차 세계대전 이후 일부 후진국들도 경제적 발전 단계에 들어섰고, 그 덕분에 전 국민에게 충분한 식량을 공급하기 시작했다. 예전에는 기아나 식량 결핍으로 허덕이던 나라들이 이제는 가난한 사람들조차 충분한 칼로리를 섭취할 수 있게 된 것이다. 그러자 B형의 사람들은 스트레스 상황에서 뇌의 에너지 절약 전략으로 살이 찌는 현상을 맞이하기 시작했다. 이때는 또한 가난한 계층의 어린이와 청소년들이 폭발적인 체중 증가 현상을 보인 시기이기도 하다. 최근 들어서는 브라질이나 인도의 대도시에서 이런 현상이 만연하고 있다. 다시 말해, 과거에 (물론 지금도 불안하고 스트레스로 가득 찬 여러 나라에서 그렇듯) 가난한 사람들은 살찔 여지가 없기 때문에 뚱뚱하지 않았다. 먹을 게 충분치 않았으니 당연하다.

경고 나를 이렇게 만든 건 통뼈가 아니라 탐식이다. stopchildhoodobesity.com

경고 뚱뚱한 아이는 뚱뚱한 어른이 된다. stopchildhoodobesity.com

경고 통통한 아이는 부모보다 오래 못 살 수도 있다. stopchildhoodobesity.com

경고 이 소년의 눈은 아버지를 닮았다. 아버지의 웃음과 아마 당뇨병까지도. stopchildhoodobesity.com

건강이라는 이름의 차별?

미국 조지아 주에서 이 같은 주제의 교육 캠페인을 벌이자 격렬한 논쟁이 일어났다. 비만 아동의 사진이 담뱃갑의 경고문 같은 모양으로 붙어 있는데, 그 문구는 "통통한 아이는 부모보다 오래 못 살 수도 있다" 또는 "뚱뚱한 아이는 뚱뚱한 어른이 된다" 같은 것이다. 살찐 사람이 많은 미국에서 이런 '교육 캠페인'은 그 자체로 차별을 담고 있다. 우리는 '모든 몸집에 다 해당하는 건강'이라는 모토로 여기서 다음과 같은 반캠페인 구호를 외치고자 한다. "모든 연령대의 사람을 대표해 우리는, 몸집은 아름다움이나 건강과 아무런 상관이 없다고 분명히 말하고 싶다!"

2012년에 시작된 미국의 '과체중 아동' 관련 캠페인은 비만 아동이나 청소년이 특히 많은 조지아 주의 정부 기관이 주관했다. 실제로 조지아 주의 어린이와 청소년 중 40퍼센트가 비만이라는 판정을 받았다. 이 캠페인은 어린이들을 이토록 무례하고 공격적으로 이용해도 되는지에 대해 미국 내에서 격렬한 논쟁을 불러일으켰다. 이 광고를 옹호하는 사람들은 아이들한테 엄청난 칼로리의 음식을 먹이는 부모에게 충격을 줘서 긍정적 영향을 줄 수 있다고 말한다. 반대하는 사람들조차도 캠페인 자체가 긍정적이고 올바른지에 대한 질문을 하지 않는다. 단지 캠페인 방식에 대해 의문을 제기할 뿐이다.

이 논쟁은 진정한 딜레마를 드러낸다. 무기력에 빠진 보건 당국은 어린이들의 광범위한 비만 현상을 완화하기 위해 그 원인을 진단하기보다 '교육'이라는 미명 아래 점점 더 극단적인 처방을 하려고 든다. 아울러 그 과정에서 자신들의 경악할 만한 무지를 드러낸 것이다. 그렇다면 이런 무지의 대가는 얼마나 클까?

조지아 주는 미국에서도 빈부 격차가 예외적으로 큰 지역 중 하나다. 실업률과 범죄율도 높고 특히 인종차별이 아주 심한 편이다. 심각한 사회심리적 스트레스 요인들은 대부분 그 사회의 가장 약한 부분을 공격한다. 특히 어린이와 청소년들이 이에 취약하다. 우리가 앞장에서 살펴본 것처럼 "누구도 섬은 아니다". 미국은 세계적으로 볼 때 비만인 비율과 소득 격차가 매우 큰 나라에 속한다. 하지만 이것이 전부는 아니다. 미국의 50개 주 사이에서도 빈부 격차의 수준은 차이가 많이 난다. 예를 들어, 슬프게도 뉴욕은 그중에서 빈부 격차가 최고 수준이다. 빈자와 부자의 간극은 이미 메울 수 없을 만큼 커져버렸다. 두 역학자 윌킨슨과 피켓은 심도 깊은 연구를 통해 비만과 소득의 상관관계를 50개 주의 상황과 비교·분석했다. 여기서도 강력한 '비만 교육 캠페인'으로 비판을 받은 조지아 주는 미국 전체 주 중에서 비만 아동의 비율뿐만 아니라 소득 격차 또한 큰 주 가운데 상위 25퍼센트에 속한다. 문제의 원인과 싸우고, 어린이들에게 정의를 실현하고, 스트레스 없는 사회를 창조하기 위해 노력하는 대신 조지아 주 전역에서 벌인 이 교육 캠페인은 음식물 섭취 제한을 강요함으로써 고통받는 어린이 (그리고 그들의 부모)의 삶에 또 다른 엄청난 스트레스 요인을 안겨주었다. 그것으로도 충분하지 않아 캠페인은 살찐 사람들을 사회의 공적으로 낙인찍었다. 체중 때문에 주눅 든 아이들이 벌써부터 공개적으로 사회적 아웃사이더로 전락한 것이다. 결국 스트레스가 더 많은 스트레스를 낳게 된 것이다. 통계 자료를 보면, 비만아들이 날씬해지기를 기대하기는 어렵다. 따라서 이미 50년 전부터 널리 퍼진 전 세계적인 이 과체중 현상을 캠페인으로 박멸하겠다는 것은 한없이 순진한 발상이다. 진실은 다음과 같다. 즉 조지아 주의 살찐 어린이들은 공공연하게 캠페인에 모습을 드러낸 후에도 날씬해지지 않고 계속해서 살찐 몸으로 살아가야 할 뿐만 아니라 캠페인을 통해 모욕과 차별 그리고 압박을 감수해야 한다.

어린이들이 정말 원하는 것은? 긴장에서 벗어나기, 긴장에서 벗어나기, 긴장에서 벗어나기……

어쩌면 일부 독자들은 이미 우리의 주제와 해리 포터가 무슨 상관이 있는지 의문을 품을 것이다. 우리 모두는 책이나 영화를 통해 해리의 삶이 커다란 발전을 통해 변화를 이뤘다는 것을 알고 있다. 하지만 해리는 살이 찌지 않았다. 그 이유는 한 가지다. 해리 포터가 마법의 능력을 깨달으면서 자기 삶을 환상적이고 멋지게 새로 설계할 수 있었기 때문이다. 무기력한 소년에서 해리는 대단한 능력을 지닌 마법사가 되었다. 또한 더즐리 가족과의 자질구레한 전쟁으로 인해 괴로움을 당하지 않아도 되었다. 더즐리 가족이 응분의 대가를 받는 장면은 자신에게 힘이 없다고 느끼는 많은 어린이와 청소년에게 위안을 주었다. 조앤 K. 롤링은 의식적으로든 무의식적으로든 영웅이 가족과 학교로부터 당하는 사회심리적 테러에서 벗어나 꿈만 같은 새로운 현실 속으로 들어가는 힐링 무용담을 창조한 것이다. 해리 포터가 사용한 처음이자 가장 큰 마법은 우리 시대의 수많은 젊은이가 시달려온 유독한 스트레스를 날려버리는 것이었다.

물론 현실에서 마법은 해결책이 되지 못한다. 하지만 해리 포터의 예를 통해 우리는 어린이와 젊은이들의 스트레스와 체중 문제를 해결할 방법이 있다는 걸 알 수 있다. 해리는 마법사들의 세계를 받아들이는 순간 진정한 자신을 되찾는다. 환상적으로 들리겠지만 자세히 생각해보면 단순하고도 분명히 실현 가능한 이야기라는 것을 알 수 있다. 해리는 마법 학교의 학생이 됨으로써 열한 살 때 처음으로 다음과 같은 깨달음을 얻었다.

- 존중
- 우정과 충성
- 자신감
- 수용
- 건설적 비판

- 비판적 사고를 권장하고 자신만의 길 걷기
- 학생을 격려하고 늘 곁에 있어주는 스승
- 책임을 진다는 것은 그것을 통해 성장한다는 사실
- 하지만 책임에 대한 압박이 지나칠 때는 그 긴장에서 벗어나야 한다는 사실
- 자신의 성격 발달에 대해 깨닫기

위의 열 가지는 모두 어린이들이 사회심리적 스트레스에서 벗어나는 데 중요하고도 아주 효율적인 수단이다. 또한 모든 항목이 어린이들에게 결여된 것이 무엇인지를 잘 보여준다. 우리는 이미 미국의 어린이와 청소년들을 괴롭히는 스트레스 요인이 무엇인지를 살펴보았다. 그렇다면 다른 방식으로 질문을 해보자. 이를테면 다음과 같은 현상에 대해서는 어떻게 설명할까?

- 미국의 한 초등학교에서는 나이프와 포크를 제대로 사용할 줄 몰라 다치는 경우를 예방하기 위해 손가락으로 집어먹는 음식만 제공한다.
- 점점 더 많은 학교에서 통제 불능인 학생들을 우려해 안전 서비스를 도입하고 그런 학생들에 대한 점검 또한 강화한다.
- 12세 미만의 어린이도 체포와 구속을 할 수 있다.
- 주 정부나 부모가 행동 장애가 있는 청소년들을 이른바 교정 시설에 감금한다. 그곳에서 청소년들은 교정이란 명목으로 괴롭힘과 모욕, 강한 처벌 등을 감수해야 한다.

위와 같은 사례는 아주 많다. 하지만 굳이 미국만 예로 들 것은 아니다. 독일 사회에서도 많은 어린이와 청소년들이 위태로운 상황에 처해 있다. 따라서 우리 아이들이 어떤 사회심리적 스트레스에 시달리고 있는지 알아보는 것이 무엇보다 중요하다. 아울러 육체적·정신적 건강에 심각한 문제가 있다는 것을 인식하고, 그에 알맞은 조치를 취하는게 좋을 것이다. 그러려면 이 문제에 대해 모든 사람이 협력하고 중요한 사회적 프로젝트로 다루어야 할 것이다.

다음과 같은 것들은 우리가 지금이라도 당장 할 수 있는 일이다.

- 통통하거나 살찐 어린이들에 대한 차별을 당장 그만두자.
- 그리고 아이들의 체중이나 몸매는 뇌의 필요에 따른 현상이라는 것을 말해주자. '살찐 것'은 위험하고 불안한 생활환경에서 균형을 잡으려는 뇌의 신진대사 활동 탓이라고 말이다.
- 아이들을 다이어트와 식품 섭취 금지로 괴롭히지 말자. 칼로리가 높은 음식을 준다고 부모를 나무랄 게 아니라 이들의 선택을 존중하자. 아이들에겐 힘든 생활환경을 견디기 위해 더 많은 칼로리가 필요할 뿐이다!

사회심리적 스트레스에서 벗어나는 것은 논리적으로 옳을 뿐 아니라 좌절과 스트레스를 없애기 위한 결정적 방법이다. 우리 아이들과 청소년들에게 존중과 인정, 자신감과 신뢰 그리고 발전 가능성을 보여준다면 기적이 일어날 수도 있다. 미국 버클리 대학의 가족치료사 로렐 멜린Laurel Mellin은 연구를 통해 억압으로부터의 해방과 갈등 해결을 위한 전략적 학습은 살찐 어린이와 청소년들의 스트레스 시스템에 새로운 균형을 가져다주며, 이에 따라 뇌의 신진대사도 균형을 이룬다는 사실을 밝혀냈다. 여기서 치료의 가장 바람직한 방향은 다이어트를 하지 않고도 살찐 사람이 날씬해지도록 하는 것이다.

하지만 불행하게도 우리 삶에서 '돌봄', '발전 가능성', '인정', '스트레스에서 벗어나기', '신뢰' 등은 때때로 결핍되기 일쑤다. 뒤에서 우리는 다섯 가지 주요 스트레스 조건에 대해 알아볼 것이다. '외로움', '가난', '실직', '업무 스트레스(지나친 요구와 낮은 영향력)', '배우자와의 갈등'이 바로 그것이다. 위에서 언급한 다섯 가지 결핍과 다섯 가지 스트레스 조건은 서로 상응한다.

물론 균형 잡힌 '서식 환경Biotop'에서 사는 것이 가장 바람직한 일이다. 하지만 불행하게도 우리는 때때로 스스로의 행동과 삶의 모습을 결정하는 스트레스 요인에 둘러싸인 채 그것을 알아채지도 못하고 살아간다. 은유적으로 표현하자면, 우리가 수영하는 바다는 겉보기엔 평화로울지 모르지만 안에는 상어가 살고 있을지도 모른다.

상어가 있는
물속에서의 삶

앨버트^{Albert} 호수는 중앙아프리카에 있다. 호수 동부는 콩고민주공화국에 속하고, 서부는 우간다에 속한다. 앨버트 호수는 두 개의 강이 흘러들어 이루어졌으며, 어종이 매우 풍부한 것으로 유명하다. 하지만 물고기가 호수 전체에 골고루 많은 것은 아니다. 대부분의 물고기는 호숫가 주변에 몰려 있으며, 호수 중앙에는 거의 없다. 이런 정보는 어부들뿐만 아니라 얼핏 하찮은 수중 생물로 여겨지는 갑각류 물벼룩 *daphnia lumholtzi*에게도 아주 중요하다. 이 조그만 물벼룩(톡 튀어나온 눈으로 식별 가능하다)은 앨버트 호수를 생활공간으로 삼아 살아간다. 아울러 불가사의한 방법으로 아시아에서 출발해 아프리카까지 조금씩 영역을 넓혀온 정복자들이다. 이 위대한 침략자 물벼룩은 또한 생존과 적응의 대가이기도 하다. 생존 전략을 통해 적응하는 현상은 과학자, 특히 진화생물학자들에게 큰 흥밋거리다. 그래서 최근의 학계에서 물벼

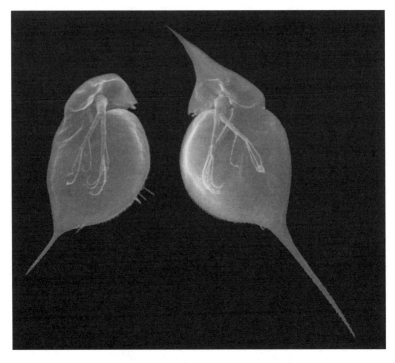

스트레스를 받으면 왜 물벼룩은 투구를 쓰는가
지속적인 스트레스는 아프리카 물벼룩의 모습을 변화시킨다. 요컨대 가까운 곳에 물벼룩을 먹는 물고기가 많으면 투구와 가시 같은 꼬리를 가진 모습으로 바뀐다. 이런 외형은 포식자에게 겁을 주어 생존 확률을 높인다.

룩은 아주 큰 관심을 불러일으키는 스타 중 하나다. 동물의 세계에서 아주 독특한 방식으로 생존해오고 있기 때문이다. 이들은 스트레스 상황에 대처하기 위해 겉으로 보이는 모습을 바꾸는데, 약 1밀리미터 크기의 이 수중 생물에게 가장 큰 스트레스란 다름 아닌 물고기들에게 잡아먹히는 것이다. 보통은 둥근 모양이지만 플랑크톤을 먹는 물고기(아주 미세한 동물에게 위험한 존재이기는 마찬가지다)가 많이 서식하는 환경에서 물벼룩은 2개의 가시 같은 뿔―일종의 꼬리와 '투구' 같은 머리―을 갖추고 있다. 요컨대 자기만의 방식으로 쉬운 먹잇감에서 골치 아픈 사냥감으로 변신하는 것이다. 이는 물벼룩에게 생존 가능성을 높여주고, 상대적으로 안전한 환경을 제공한다. 놀랍게도 이 갑각류의 변태를 초래하는 신호는 포식자에게서 나온다. 포식자가 발산하는 일종의 화학 성분을 감지함으로써 위험을 알아차리는 것이다.

하지만 가까운 곳에 물고기가 없거나 그 수가 아주 적어서 위험을 느끼지 못할 경우―예를 들어 앨버트 호수 중간 지점 같은 곳―에는 어떨까? 물벼룩은 그냥 조용히 둥근 모양으로 '느긋하게' 살아간다.

물벼룩의 변형 재주는 진화생물학자들에게도 오랫동안 알려지지 않았다. 원래 생물학자들은 둥근 모양과 투구 모양의 물벼룩은 서로 유전자가 다른 종류라고 생각했다. 하지만 자세히 관찰해본 결과 이 가설은 오류라는 것이 밝혀졌다. (170쪽의 사진 속 두 물벼룩은 하나의 유전자에서 나온 쌍둥이 개체다.) 원래 둥그런 형태의 물벼룩이 날카로운 꼬리와 투구를 갖추는 이러한 행동을 '표현형 적응성'이라고 한다. 이를테면 적응 과정에서 겉모습이 변화하는 것을 말한다. 물벼룩은 날카로운 뿔을 갖춤으로써 포식자들로부터 자신을 보호하고, 그 결과 스트레스가 줄어든 환경에서 살 수 있다. 하지만 이런 적응 방식에는 대가가 따른다. 한 번 모양을 바꾸면 다시 되돌릴 수 없으며, 성장 에너지도 고갈된다. 하지만 '잡아먹히지 않는' 이익이 더 크기 때문에 이런 투자는 충분한 가치가 있다고 볼 수 있다.

그런데 물고기가 바글바글한 호숫가 주변에도 다른 유전적 형태를 갖춘 물벼룩이 있다. 이들은 앞서 언급한 물벼룩처럼 형태를 바꿀 수 없고, 따라서 스스로를 보호하지도 못한다. 여기서는 이것들을 'A형 물벼룩'이라고 일컫기로 한다. 이들에게는 적절한 방어 기능이 없으므로 포식자 물고기에게 쉬운 먹잇감이다. 이들의 삶과 행동은 안전한 환경에서 사는 물벼룩과 확실히 다를 수밖에 없다. 끊임없이 긴장해야 하며, 물고기가 나타나면 도망쳐 숨을 곳을 찾아야 한다. 그러므로 A형 물벼룩의 삶은 스트레스의 연속일 수밖에 없다. 날카로운 뿔 모양의 투구를 가진 B형 물벼룩이 스트레스와 방해 없이 살아가는 동안 A형 물벼룩은 배고픈 포식자들이 접근하면 활동을 멈추고 도망쳐야만 한다. 만약 이들의 신경 체계가 더욱 발달해 이른바 '의식'이란 게 생긴다면, 포식자가 나타날지도 모른다는 두려움이 생각과 행동을 지배해 정신없고 불안한 상태로 살 것이다.

스트레스 요인이 포식자 물고기라면 우리는 많은 상어가 있는 물속에서 사는 것과 같다

우리 인간은 물론 물벼룩보다 훨씬 발달하고 복잡한 존재이다. 하지만 우리가 처한 상황은 재미있게도 물벼룩과 별로 다르지 않다. 우리를 둘러싼 환경을 물속이라고 생각해보자. 우리가 살고 있는 물속은 상대적으로 평화롭고 무해하거나 그 반대일 수도 있다. 사실상 우리에게 스트레스를 주는 포식자 물고기는 어디든 존재한다. 실제로 우리는 앨버트 호수와 비교할 만한 환경에서 살고 있다. 예컨대 '가족이라는 이름의 물속', '배우자라는 이름의 물속', '직장이라는 이름의 물속' 등등 얼마든지 이름을 붙일 수 있다. 자신의 영역을 지키는 물벼룩과 달리 우리 인간은 서로 다른 영역을 오가며 산다. 인간은 홀로 사는 존재가 아니기 때문이다. 여기서 질문을 던져보자. 우리가 사는 하나 또는 여러 수역에 상어가 산다면 어떻게 할 것인가?

　B형의 물벼룩은 물속에 포식자가 나타났다 싶으면 날카로운 투구로 무장한다. 이 방법은 아주 성공적이어서 잡아먹힐 위험과 그로 인한 스트레스가 분명히 감소한다. 스트레스 연구가는 이런 경우를 급격한 '반응 규격'이라고 일컫는다. 다시 말해 B형은 현실적으로 변태를 선택한다. 평상시에는 둥근 모양을 하고 있다가 스트레스 상황이 되면 보호 투구를 쓰는 것이다. 하지만 A형은 어떤 경우라도 같은 모양, 즉 둥근 형태를 유지한다. 포식자 물고기가 접근할 경우 이들의 행동은 재빨라진다. 하지만 탈출 전략은 아주 초보적이다. 이를테면 지속적인 보호나 스트레스 방어기제를 갖추지 못한다. 오히려 스트레스 수준이 아주 높다. 사냥꾼이 많아질 경우에는 스트레스 수준이 상승할 가능성도 많다. A형의 반응 규격은 얕은 편이다. 하지만 표현형 적응성의 부재, 즉 자신을 바뀐 환경에 따라 변화시키는 능력이 없기 때문에 그 균형을 맞추기 위해 활동성은 아주 높은 편이다. 이는 헬멧을 쓰지 않고 오토바이를 운전하는 사람에 비유할 수 있다. 즉 아무리 조심하더라도 사고가 발생하면 머리를 보호할 수 없다.

이제 다시 인간으로 돌아가보자. 한 젊은이가 대학을 졸업한 후 첫 직장을 갖게 되었다. 그 청년은 대학에서 받은 교육으로 직장 생활을 할 준비를 마쳤다고 생각한다. 하지만 취직을 한 지 얼마 되지 않아 직장에서 인력을 감축하고 요구 사항은 갈수록 늘어난다. 요컨대 작업 환경이 열악해지고 경쟁이 심해졌다. 그러다 결국 직장에서 해고당할까봐 전전긍긍한다. 본인이 알아채지 못하는 사이 상어(스트레스 요인)가 있는 물속에 들어간 셈이다. 인간 상어가 사는 물속에는 아프리카의 호수와 다른 규칙이 있다. 요컨대 인간 상어들로 둘러싸여 있어 목숨이 위태로울 걱정은 하지 않아도 된다. 또한 스스로 상어가 되려는 사람은 아무도 없으며, 환경에 따라 어쩔 수 없이 상어가 있는 물속에서 살게 된다. 여기서 먹잇감이 된다는 것은 직장을 잃는 것이다. 직장을 강제로 빼앗김으로써 경제적·사회적 죽음을 맞는다. 인간 상어가 있는 물속은 매우 복잡해서 누가 상어인지 아닌지를 구분하기 쉽지 않다. 직장이라는 세계에서 관리 분야를 담당하는 사람은 주로 질시와 경쟁을 향해 달려가는 상어 같은 행동을 하는 경우가 많다. 여기서는 이른바 '왕따' 현상도 빈번하게 일어난다. 이런 환경에서 일하는 사람은 요구 사항을 충족하지 못하고 다른 동료에게 잡아먹힐지 모른다는 끊임없는 불안과 두려움 속에서 지낸다. 그 결과는 스트레스다. 이는 장기적이고 지속적인 사회심리적 스트레스로서 개인적 갈등의 해결책이 요원하고 상황을 조절하는 것에도 커다란 제약이 따른다. 우리가 왜 이런 상황을 조절하기 어렵고, 때때로 무력감과 고독감에 빠지고 마는지를 좀더 잘 이해하려면 만성 스트레스를 초래하는 우리 뇌의 과정을 살펴볼 필요가 있다.

편도체: 스트레스라는 감정이 생겨나는 뇌 속 공간

뇌에서 스트레스가 생겨나는 장소는 대뇌반구에 있는 편도체다. 주로 대뇌의 감정 경험을 담당하는 부위로, 이를테면 위험 따위를 감지하는 기능을 맡는다. 이런 감지 기능은 다가올 위험을 분석하는 데 도움을 준다. 또 위협을 받을 때는 강렬한 흥분 상태(완전한 두려움 같은 감정)를 유지한다. 하지만 이런 기능에는 모순된 부분도 있다. 어떤 면에서는 약간 '시대착오적'이다. 편도체의 기능은 진화생물학적으로 고등동물이 진화하는 과정에서 생겨났다. 이를테면 우리의 조상이 위험한 고양이과 동물을 만났을 때를 생각해보자. 이럴 경우 편도체에서는 단시간에 스트레스 시스템을 가동해 이른바 '전투 모드'로 돌입한다. 반응 시간이 짧아야 하므로 뇌는 한껏 각성된 상태로 많은 에너지가 필요하다. 요컨대 생존하기 위해 포도당 공급과 뇌의 명령 체계가 활성화한다. 그로 인해 스트레스 시스템은 근육에 충분한 양의 체지방산을 공급해 스트레스와 싸우거나 도망칠 수 있도록 한다. 그리고 위험 상황이 지나면 스트레스 시스템은 스스로 이전의 고요한 상태로 돌아간다.

사회적 환경—집단 속에서 살아가는 환경—에서도 스트레스는 언제든지 찾아올 수 있다. 사냥을 하던 우리의 조상은 분명한 규칙과 구조 그리고 의식, 상황에 대한 발 빠른 대처와 적절한 감정적 대응을 통해 개인적·집단적인 사회심리적 스트레스를 줄여왔다. 하지만 한층 복잡해진 오늘날에는 편도체가 구체적인 위험 요소는 무엇인지, 그 위험이 언제 시작되고 끝나는지 판단하기가 매우 어렵다. 다시 말해, 위험한 상황을 적절하게 판단하고 감정적으로 슬기롭게 대처하는 것이 10만 년 전에 비해 한층 복잡하고 어려워졌다.

우리 뇌에는 스트레스 상황을 조절하는 스위치가 있을까

감정적으로 위험한 상황을 어떻게 분석할 수 있을까? 편도체에 도달한 모든 정보는 감정 수준에 따라 평가되며, 거기서 흥분의 정도를 결정한다. 하지만 가끔은 말도 안 되는 정보가 있기 때문에 진화 과정에서 우리 뇌에는 정보를 거르는 기능도 생겨났다. 이런 시스템은 앞이마엽 피질에 있다. 앞이마엽 피질은 받아들이는 정보가 정말로 위험한지 아닌지, 또 스트레스 시스템에서 발생한 흥분 상황의 진위를 파악한다. 그리고 앞이마엽 피질은 이런 메시지를 편도체에 전달한다. 캐나다 밴쿠버 소재 브리티시컬럼비아 대학교의 심리학자 매튜 힐$^{Matthew Hill}$과 동료들은 최근에야 이 같은 사실을 증명하는 실험에 성공했다. 앞이마엽 피질의 신경세포는 DSI 스위치라는 복잡한 시스템을 갖고 있다. DSI는 '억제 제거로 유발된 탈분극$^{Depolarization-induced Suppression of Inhibition}$'을 가리키는데, 이는 정보 흐름의 억제가 자극에 의해 줄어드는 것을 말한다. (DSI 스위치의 기능에 대해 더 자세히 알고 싶으면 177쪽 그림에 나오는 신경생물학적 작동 원리를 참조하라.) 다시 말해, 구체적인 위험이 존재하지 않는 상황에서 엔도카나비노이드(endocannabinoid: 이 전달 물질은 화학적으로 마리화나와 관련이 있으며 우리 몸에서 분비된다)의 도움을 받아 스트레스에 대한 경험을 바탕으로 편도체의 신경세포들이 앞이마엽 피질의 스

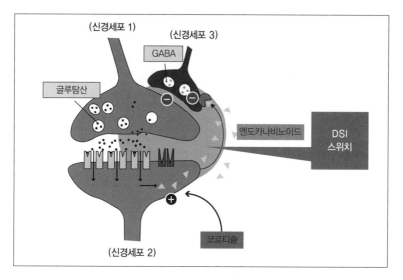

뇌에서 습관은 어떻게 발생하는가

DSI는 '억제 제거로 유발된 탈분극'을 가리킨다. 스트레스 활성 물질이 신경세포 2에 글루탐산(glutamate)이라는 전달 물질을 분비한다. 이는 신경세포 2에서 탈분극화(홍분)를 일으킨다. 만일 홍분 상태가 일정 수준에 도달하면 신경세포 2에서 엔도카나비노이드가 분비된다. 엔도카나비노이드는 신경세포 3과 결합해 억제 물질을 유발한다. 그 결과 전달 물질 GABA(감마아미노뷰티르산)가 더 이상 분비되지 않는다. GABA는 보통 신경세포 1을 억제하는 기능을 하는데, 따라서 GABA가 없으면 신경세포 1은 한없이 홍분한다. 강한 스트레스 상황에서는 DSI 스위치가 켜진 모드로 돌입하고 자극이 최대치에 이른다. 이와 대조적으로 스트레스가 약한 상황에서는 DSI 스위치가 꺼져 자극도 완전히 약화한다. 하지만 지속적인 스트레스 상황에서는 엔도카나비노이드가 코르티솔의 영향을 받아 신경세포에서 점점 더 많이 생산된다. 그러므로 지속적인 스트레스 상태에서, DSI 스위치는 앞이마엽 피질의 수많은 접합점에 들어가 스트레스 과정에서 중요한 신경세포의 방향에 대한 정보를 제공한다. 그러면 앞이마엽 피질의 접합점—스위치가 켜져 있는 상태의 접합점—은 어떤 종류의 스트레스 요인이 도저히 퇴치할 수 없는 만성 스트레스 상태를 유도했는지 정확하게 알 수 있다(코르티솔 수치가 매우 높기 때문에). 엔도카나비노이드의 도움으로 앞이마엽 피질에 있는 신경세포는 스트레스 요인을 표시할 수 있고, 이후에는 이른바 '장기적 상승 효과'로서 스트레스에 대한 기억을 저장해둘 수 있다. 이런 학습 과정에서 앞이마엽 피질의 신경세포 2는 엄청난 양의 정보를 편도체에 투입하며, 시간이 지날수록 이 정보의 양은 차츰 줄어든다. 이 같은 형태의 적응을 '습관화'라고 일컫는다.

트레스 상태를 구분하고 그에 맞춰 대응하는 방법을 배우는 것이다.

우리는 일상에서도 이런 상황을 경험할 수 있다. 예를 들어, 극장에서 격렬한 영화를 볼 때 그렇다. 스크린에서 위험한 상황이 펼쳐질 때 관객들의 편도체는 흥분 반응을 보이는데, 이는 편도체가 진짜 위험과 가짜 위험을 구별하지 못하기 때문이다. 하지만 앞이마엽 피질은 이를 구별할 수 있다. 그래서 스트레스로 가득 찬 편도체의 반응을 누그러뜨린다. (그렇지 않다면 우리는 호러 영화를 보지 못할 것이다.) 뇌의 신경세포에는 이것이 무척 힘든 일이다. 앞이마엽 피질의 완화 작용에도 불구하고 실제로 위험이 있을 경우에는 편도체에서 재빠르고 직접적인 대처를 해야 하기 때문이다. 2012년 7월 20일, 미국 콜로라도 주 오로라의 한 극장에서 영화 〈배트맨〉을 보던 관객들은 이런 상황과 비슷한 놀랍고도 비극적인 경험을 했다. 관객들의 앞이마엽 피질이 스크린 속의 액션은 단지 영화일 뿐이라며 편도체의 흥분 상태를 진정시키는 동안 한 남자가 느닷없이 객석에서 일어나더니 닥치는 대로 총을 쏘기 시작한 것이다. 가상 세계 속의 위험이 순식간에 관객들의 목숨을 위협하는 실제 상황으로 바뀐 것이다. 잠깐 동안의 혼란을 겪은 후 관객들은 지금 자신이 듣는 총소리가 실제이며, 그에 따라 대처해야 한다는 사실을 재빨리 깨달았다. 이들의 뇌는 단 몇 초 만에 관객 모드에서 전투 모드로 바뀌었다. 다시 말해, 몸을 숨길 곳을 찾았다.

구체적인 스트레스 요인과 그렇지 않은 요인을 구별하는 능력은 물론 극장 안의 관객이나 극단적 위험에 처한 사람에게만 필요한 것은 아니다. 우리 삶의 어떤 상황에서도 필요할 수 있다. (어떤 개가 나를 물었다고 해서 모든 개가 위험한 것은 아니다.) 사실 이러한 스트레스(자극) 구별 능력은 필요할 때에만 흥분하도록 하는 우리 뇌의 기적적인 능력에 속한다.

그런데 왜 아직도 수많은 사람이 만성 스트레스에 시달리는 것일까? 왜 만성 스트레스에 시달리는 사람 중 일부는 살이 찌고 다른 사람들은 그렇지 않을까? 그 답은 진화 과정에서 스트레스에 대한 전략이 두 가지로 나뉘었기 때문이다. 앞서 설명했듯 인간 상어가 사는 물속에서도 스트레스에 대한 반응 양식에 따라 유전적으로 다른 A형과 B형의 사람이 있다. A형과 B형의 차이는 엔도카나비노이드의 성분을 암호화한 유전자에서도 나타난다. 이것이 두 유형이 서로 다른 앞이마엽 피질과 DSI 스위치를 갖고 있는 이유다. A형은 스트레스 상황에서 DSI 스위치가 매우 느리게 반응하는(스트레스에 잘 길들여지지 않는다) 데 비해 B형은 스트레스를 아주 쉽게 받아들인다(스트레스에 잘 길들여진다). 이렇듯 아주 빠르게 반응해 날카로운 투구를 갖추는 우리들 속의 '물벼룩'은 살이 찐다. 체중이 늘어나는 것은 인간 상어들이 살아가는 물속 사람들의 전형적인 '표현형 적응성'으로, 만성적인 사회심리적 스트레스로부터 자신을 보호하기 위한 것이다. 하지만 마르고 스트레스를 잘 받는 사람들은 적응을 잘 못해 특히 위험할 수 있다.

스트레스 상황에서 살찐 사람들의 뇌는 신진대사가 왕성하다: 이것이 생존 전략이다

전 세계적으로 유명한 루이스 캐럴의 '앨리스' 시리즈 두 번째 작품에서 앨리스는 숲 속을 헤매다 거울 뒤에서 길을 잃는다. 《거울 나라의 앨리스》는 첫 번째 작품 《이상한 나라의 앨리스》만큼 유명하지 않지만, 모든 대상이 늘 보이는 것 그대로 나타나는 것은 아니라는 점에서 매우 환상적이다. 이는 앨리스가 자신의 정체성을 발견해야 하는 거꾸로 된 세상이다. 거꾸로 된 거울의 세상은 뇌 연구에 관한 우리의 최근 발견과 스트레스에 대처하는 기존 세계의 관점이 얼마나 모순적인지를 은유적으로 보여준다. 앨리스와 마찬가지로 우리의 가설이 기존 세계의 관점을 통째로 바꾸어놓을 수도 있다는 얘기다.

- 지금까지 스트레스를 조절할 줄 모르고 사회심리적 압박에 시달리는 사람은 좌절감으로 인해 탐식하고, 그 결과 체중이 증가하는 것이라고 알려졌다. 하지만 정확하게 그 반대다. 체중이 증가하는 것은 스트레스에 성공적으로 적응하기 위한 인체 조직의 영리한 전략이다.

- 지금까지 스트레스 상태에서도 늘 최상의 모습을 유지하는 날씬하고 마른 사람은 활동적이며 자기 조절의 대가大家로 인정받았다. 요컨대 자신의 삶을 잘 통제하는 사람으로 여겨졌다. 하지만 이들 중 다수는 스트레스 반응 감도가 낮으며, 만성 스트레스 상태에서 자신을 보호하고 적응할 만한 전략이 부족하다는 사실을 이제 우리는 알고 있다. 상어들이 사는 물속에서 살찐 사람들이 내적 스트레스 저항력을 발휘해

자신을 보호하는 동안, 이들은 상어의 먹이가 될 위험이 크다.

많은 사람들에게 우리가 알고 있다고 생각한 세상과 과학자들이 새롭게 밝힌 세상 사이의 괴리는 받아들이기 힘든 지식이다. 지금까지 수년 또는 수십 년 동안 당연시해온 확신에 의문을 던지는 것이기 때문이다.

　이처럼 거꾸로 된 거울의 세상은 작지만 중요한 관점의 변화로 생겨났다. 이 관점에 따르면 우리의 뇌는 수동적이고 미미한 구실을 하는 게 아니라 신진대사의 중심에서 매우 중요한 구실을 하는 조직이다. 여기에 대해 좀더 자세히 살펴보자. 급성 스트레스 상황에서 뇌는 그에 맞는 에너지를 요구한다. 뇌가 몸의 저장고에서 에너지를 얻고 그것으로 스트레스 시스템을 가동하는 힘을 확보하는 것은 뇌-당김을 통해서이다. 스트레스 초기에는 뇌-당김이 활발하게 작동한다. 이 기간 동안 스트레스를 받는 사람들은 대부분 살이 빠지거나 적어도 날씬한 상태에 머무른다. 하지만 스트레스 상태가 만성이 되면—스트레스가 장기적으로 지속되거나 같은 강도로 자주 일어날 때—자신이 A형에 속하는지 B형에 속하는지 잘 알 수 있다. 이런 결정(사실상 유전적 형질에 따른 것이므로 주체적인 결정이라고 볼 수는 없다)은 보통 20대나 30대에 이루어진다.

특히 동창회 사진을 보면 이런 사실을 확연하게 알 수 있다. 졸업 당시의 사진에서 대부분의 학생은 날씬한 상태다. 하지만 그 후 20년이 지나 동창회 사진에서는 그때와 많이 다르다. 어떤 사람은 그새 많이 뚱뚱해졌고 어떤 사람은 살이 더 빠졌다. 전체적인 살은 빠졌는데 배가 살짝 나온 사람도 더러 있다. 또 옛날 모습 그대로 날씬함을 유지하는 사람도 있다. 그리고 학교 다닐 때와 마찬가지로 뚱뚱한 몸매 그대로인 사람도 있다. 그렇다면 이 두 사진 사이에 놓인 20년 동안 무슨 일이 있었던 것일까?

만성적인 사회심리적 스트레스—우리 모두 알다시피 독일의 대부분 성인은 만성적인 사회심리적 스트레스에 시달린다—는 B형 학생들의 체중을 증가시킨다. 이들의 앞이마엽 피질에서는 DSI 스위치가 활성화한다. 그 결과 앞이마엽 피질은 스트레스 유발 요인을 구분해 '쉽게 물리칠 수 없다는 것'을 학습한 다음, 그에 따라 편도체를 조절한다(예를 들면 직장에서). 직장 생활의 스트레스 강도가 낮아지지 않았음에도 대처 방식이 달라지는 것이다. 따라서 직장 상사나 산더미처럼 쌓인 일에도 스트레스 시스템은 더 이상 장기적인 흥분 상태에 놓이지 않는다. 요컨대 스트레스가 닥쳐도 B형의 사람은 아드레날린이나 코르티솔 같은 스트레스 호르몬 분비가 늘어나지 않는다. 아울러 스트레스에 대한 뇌-당김 반응이 낮기 때문에 뇌는 새로운 에너지 공급원에 의존해야 한다. 즉 더 많이 먹어야 한다. 이제 뇌 에너지의 많은 부분을 음식을 통해 직접 섭취하고(더 많이 먹음으로써) 몸속 저장고에서는 거의 얻지 않는다. 그 때문에 혈액 속 잉여 에너지는 몸속 저장고로 이동해 저장되고 지방 조직이 늘어난다. 앞서 얘기했다시피 살이 찌는 것은 B형의 사람이 스트레스를 이기기 위해 지불해야 할 대가다.

우리는 스트레스 시스템의 자극을 억제하기 위해 공포 억제제 같은 향정신성 약품을 사용할 수도 있다. 실제로 이런 스트레스 완화 약품은 그다지 특별한 것이 아니다. 하지만 이런 약품은 일반적으로 우리의 위험 감지 능력에 손상을 입힐 수 있다. 앞이마엽 피질을 진정시키는 방법은 이에 비해 훨씬 정교하다. 앞이마엽 피질은 불안을 진정시키고 사회심리적 스트레스 요인을 학습하는 역할을 한다. 만약 B형의 사람이 새롭고 실제적인 위험 환경에 놓이면—예를 들어 등산을 하다가 조난당하는 것과 같은—혈액 속에서 아드레날린과 코르티솔의 분비가 활성화하고 의식은 더욱 또렷해지며 반응 능력이 극대화한다. 하지만 약품을 통해서는 이렇게 특정한 흥분 상태만 진정시키는 효과를 얻기 힘들다.

A형의 사람이 상어가 있는 물속에 오래 있게 되면 뇌 속 편도체에 영구적인 주름이 생긴다. 이 때문에 스트레스 신호(고민이나 생각도 여기에 포함된다)가 스트레스 센터에 아무런 제한 없이 흘러든다. 이는 또한 뇌의 장기적이고 강력한 흥분 상태를 초래한다. 그로써 뇌는 지나치게 긴장하고 각성된 상태로 계속해서 불안에 노출된다. 스트레스 호르몬인 아드레날린이나 코르티솔도 뇌의 에너지 요구량이 높아지고 뇌-당김이 활성화함에 따라 계속 분비량이 늘어난다. A형의 사람이 상어가 있는 물속을 떠나지 않는 한 이런 현상은 지속된다. 따라서 A형의 사람은 자신의 스트레스와 그로 인한 장기적인 건강의 폐해라는 두 가지 요인에 붙들려 꼼짝도 못하게 된다. 이와 관련해 이제부터 A형과 B형이 어떻게 다른지 비교해보자.

강연에서 사람들은 때때로 A형과 B형을 어떻게 구별하고 알아챌 수 있는지 질문한다. 그런데 이는 불행히도 유전적 테스트를 통해 쉽게 확인할 수 없다. 스트레스 시스템에 대한 우리의 반응 양식이 A형인지 B형인지는 각각 전체 유전 형질에 따라 결정되며, 후생적 변화를 겪기도 하기 때문이다. 내가 여기서 묘사한 모든 것은 하나의 과정으로서 때로는 빠르게 또 때로는 느리게 진행되기도 한다. 또한 A형과 B형에도 각각 세부적인 차이가 있다(이를테면 내장 지방과 말초 지방). 앞에서도 얘기했지만 A형은 지속적인 스트레스 상황에서 날씬함을 유지한다. 하지만 대부분의 경우 시간이 지나면서 내장의 지방 조직이 증가해 다른 부분은 날씬하더라도 복부 주변에 살이 찐다. 이는 다름 아닌 스트레스 때문이다. 여기에 대해서는 '날씬한 사람이 똥배가 나오는 것은 무슨 의미인가'라는 장에서 자세히 살펴본 적이 있다.

B형에 속하는 사람은 세 단계에 걸쳐 살이 찐다

첫 번째는 스트레스 단계다. 이 단계는 주로 대학 시절이나 직업 훈련 기간, 또는 직장 생활 초기에 해당한다. 하지만 다른 개인적 요인, 이를테면 새로운 배우자나 가족을 맞이하는 것 같은 삶의 환경에 적응하는 데 대한 어려움 등도 여기에 속할 수 있다. 스트레스 기간 동안에는 B형의 경우 스트레스 호르몬인 아드레날린이나 코르티솔의 분비가 현저하게 증가한다. 하지만 시간이 지나면서 새로운 사회심리적 스트레스 요인이 만성 스트레스 요인으로 바뀌면 앞이마엽 피질 속의 DSI 스위치가 작동 모드로 돌입하고 스트레스를 이완하려는 활동을 개시한다.

이어서 두 번째 단계가 시작된다. 이 단계에서 스트레스를 받은 사람은 배가 부를 때까지 먹으면 곧바로 살이 찌는 현상을 보인다. 이런 상황에서 사람들은 각각 서로 다른 반응을 보인다. 다수가 식습관을 바꾸거나 칼로리 섭취량을 줄이거나 헬스 센터에 등록하는 등의 노력으로 징그러운 살을 빼려고 애쓴다. 또 담배를 더 많이 피우거나 담배를 피우기 시작함으로써 날씬함을 유지하려 하기도 한다. 이 기간 동안 이런 노력을 기울인 사람들은 가까스로 체중을 유지하는 데 성공한다. 요컨대 섭식 제한의 시기라고 할 수 있다. 이 두 번째 시기의 뇌는 계속해서 몸의 저장고에 에너지를 요구하기 때문에 혈액 속 코르티솔이 증가한다. 이 시기에는 B형의 사람조차도 코르티솔의 영향으로 내장 지방이 쌓이는 현상을 보인다(112쪽 그림 참조). 이 기간은 1년에서 10년 사이로, 사람에 따라 큰 차이가 날 수 있다. 섭식을 제한하기로 마음먹고 나서 오랫동안 2단계에 머무르는 사람도 있다. 어떤 경우는 노인이 될 때까지 그런 태도를 유지한다. 또 드문 경우지만 트라우마를 겪고 나서 아예 두 번째 시기 없이 세 번째로 넘어가는 사람도 있다.

세 번째 단계에는 섭식 제한 습관을 이끌던 강력한 동기가 서서히 힘을 잃고 그 자리에 다른 이유들이 들어선다. 뇌의 에너지 공급 요구가 너무 강해 스트레스를 받는 사람은 뇌와 스트레스 시스템이 안정될 때까지 계속 먹는다. 따라서 뇌의 신진대사는 다시금 균형을 찾는다. 요컨대 저울에 올라설 때마다 체중이 빠르게 증가하는 것을 확인할 수 있는 시기이며, 뇌의 에너지 요구가 충족되면 코르티솔의 해로운 영향이 약화해 체중 증가가 잠시 멈춘다(112쪽 그림 참조). 그렇다고 해서 남은 인생 동안 다시 체중이 증가하지 않고 그대로 유지된다는 뜻은 아니다. 현재의 스트레스 이완 작용이 충분하지 않으면 언제든지 살은 다시 찔 수 있다.

여기서 만성 스트레스 상황에서 계속 먹는 것의 장점은 무엇이며, 스트레스로부터 보호한다는 이유로 왜 자꾸 살이 쪄야 하는지에 의문을 품는 독자도 있을 것이다. 체중이 증가한다는 것은 움직임을 둔하게 하고 전체적인 신체 기능을 떨어뜨리며 건강한 사람들과 정반대의 이미지를 만들어내기 때문이다. (앨리스 효과를 기억하자. 많은 게 표면적으로 보이는 것과 다르다.) 스트레스 상황에서 B형이 얻을 수 있는 이점은 다양할 뿐만 아니라 놀랍기까지 하다. 기본적으로는 아래의 내용 속에 모든 것이 담겨 있다. 또한 이는 이 책의 핵심 주장이기도 하다.

스트레스를 받은 살찐 사람의 뇌는 신진대사가 활발하게 이루어진다: 살아남기 위해서

뇌의 에너지 공급은 모든 사람의 삶에 핵심적 역할을 한다. 뇌에 산소 공급이 부족하면 짧은 시간 안에 치명적인 결과를 불러올 수 있으며, 이는 응급 의료 처치에서 때때로 확인할 수 있다. 뇌의 에너지 공급 문제는 중요하고도 예민한 부분이지만, 의학계에서는 놀랍게도 그 중요성을 간과하곤 한다. 에너지 공급이 차단되면 뇌의 조직 파괴로 이어지고, 결과적으로 산소 공급 결핍으로 뇌사에 이른다. 이를테면 저혈당 혼수상태에 빠진 당뇨병 환자는 이 상태가 지속되면 아주 단시간에 회복 불가능한 뇌 손상을 입는다. 뇌가 에너지를 요구하는 방식과 산소를 요구하는 방식에는 본질적인 차이가 있다. 에너지 신진대사를 위해 뇌는 신체의 에너지 저장고를 통해 특정한 한도 내에서 에너지를 공급받지만, 호흡을 위해서는 어떤 경우라도 산소가 반드시 필요하다. 산소는 몸속에 저장할 수 없기 때문이다.

그렇다면 A형과 B형의 사람에게 만성적으로 산소가 부족할 경우 어떤 일이 일어날까? 예를 들어, 만성 천식 질환이라 할 수 있는 만성 폐쇄성 폐질환의 경우를 보자. 산소 공급의 결핍은 뇌에 지속적인 스트레스를 준다. 하지만 이 질병도 시간이 지나면서 두 가지 표현형으로 나뉜다. 요컨대 피부가 회색을 띠고 바싹 마르며 숨소리가 쉭쉭거리는 A형과 뚱뚱하고 얼굴빛이 푸르스름한 B형이 그것이다.

체중 관련 위험도를 측정하기 위해 의학계에서는 오랫동안 BMI 사망률 곡선을 주요 지표로 받아들였다. 여기서 최적의 지표는 BMI 25이다. 25 이하(체중 감소)이거나 25 이상(체중 증가)으로 나타나면 기대 수명을 단축하는 요인으로 받아들인다. 이는 일종의 J자 모양의 곡선으로 표현할 수 있다. 하지만 초기 통계학에서는 스트레스 반응에 대한 A형과 B형의 구별이 이루어지지 않았다. 물론 지금은 그렇지 않다. 하지만 당시만 하더라도 사망률에 지대한 영향을 미치는 코르티솔 부하(역동 항상성 부하)에 대한 정보가 그다지 알려지지 않았다. 이런 핵심적 요

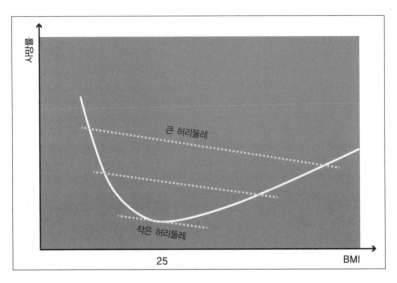

BMI만으로 사망 위험에 대한 충분한 정보를 얻기 어려운 이유는 무엇일까

최근 EPIC 연구나 덴마크식 다이어트(덴마크 국립 병원에서 심장 수술을 받은 과체중 환자들에 대한 수술 성공률을 높이기 위해 개발한 식이 요법—옮긴이), 암 건강 연구 분야 등에서는 사망률을 예측하기 위해 BMI뿐 아니라 허리둘레도 고려 대상에 포함한다. BMI와 허리둘레로 대부분의 사람들은 위의 사망률 그래프에서 자신이 어떤 위치에 있는지 확인할 수 있다. 이 도표는 앞에서 언급한 연구 자료를 기반으로 삼은 것이다. 대부분의 사람들은 J자 모양의 곡선 안에 속하는 자신의 위치를 파악할 수 있다. 하지만 허리둘레에 따라 곡선의 위치는 크게 달라질 수 있으며, 경우에 따라 곡선 위쪽이나 아래에 자리할 수도 있다.

인을 고려할 때 다음과 같은 사실을 알 수 있다.

위의 도표는 '유럽의 암과 영양에 대한 조사European Prospective Investigation into Cancer and Nutrition, EPIC' 연구의 일환으로 9개 유럽 국가에서 35만 명을 대상으로 실시한 것인데, 앞에서 언급한 J자 모양의 그래프를 확연히 보여준다. (대부분의 국제 사망률 연구 결과에서도 거의 같은 모양이 나왔다.) BMI 25 이하의 구역은 가파른 상승 곡선을 그리는 반면, 그 반대편(BMI 25 이상) 구역은 훨씬 완만한 모양새를 보인다. 하지만 이 J자 모양의 곡선은 상당히 일반적인 형태로서 체질량지수가 같은 사람들의 평균적 사망 위험 지수만 알려줄 뿐이다. 다시 말해, 체질량지수가 같은 사람들의 일반적 사망 위험률에 대해 알려줄 뿐이다.

그러므로 자신의 개별적 사망 위험률에 대해 자세히 알고자 하는 사람에게 이 J자 모양의 곡선은 지나치게 일반적인 범주에 속할 수 있다. 흥미로운 것은 현대적인 연구일수록 이 부분에 대해 더 자세히 분석하고 있다는 점이다. 최근에는 체질량지수뿐 아니라 허리둘레도 측정 대상에 포함한다. (여기서는 이른바 '코르티솔 똥배'라는 것도 측정 대상에 포함한다.) 188쪽의 도표에 나와 있는 허리둘레선은 개별적인 사망률을 한층 정확히 측정할 수 있게끔 해준다. 하지만 이 곡선은 오직 연구 대상의 평균치만을 측정한 것으로 곡선상에 나타나지 않는 개별적인 사망률도 있을 수 있다.

이것이 EPIC 연구의 자료 현황이다. 그렇다면 허리둘레와 역동 항상성 부하 그리고 사망률은 서로 어떻게 연결될까? '날씬한 사람이 똥배가 나오는 것은 무슨 의미인가'라는 장에서 이미 살펴본 대로 허리둘레 증가 현상은 그 사람의 과거 몇 년 또는 몇십 년 동안의 역동 항상성 부하를 측정할 수 있는 좋은 잣대다. 스트레스를 받으면 역동 항상성 부하가 높아지는데, 이는 코르티솔과 관련한 허리둘레의 증가로 이어진다. 다시 말해, 190쪽의 도표에서 볼 수 있듯 역동 항상성 부하가 높은 사람은 어두운 회색 구역에 자리 잡고, 역동 항상성 부하가 낮은

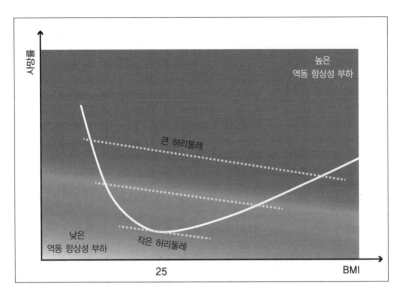

그래프 내 라벨:
- 사망률
- 높은 역동 항상성 부하
- 큰 허리둘레
- 낮은 역동 항상성 부하
- 작은 허리둘레
- 25
- BMI

만성 스트레스는 어떻게 복부 비만을 초래하는가
허리둘레는 한 사람이 과거부터 짊어지고 온 역동 항상성 부하의 의학적 지표라고 볼 수 있다. 스트레스 연구에서 역동 항상성 부하란 지속적으로 활성화한 스트레스 시스템의 부작용이라고 할 수 있다. 혈액 속의 코르티솔 밀도가 높을수록 역동 항상성 부하도 높아진다. 계속해서 증가하는 혈중 코르티솔 수치는 내장 지방 및 허리둘레의 증가와 관련이 있다. 도표의 윗부분(짙은 회색)은 심각한 스트레스를 받고 있는 사람들이며 아래쪽(옅은 회색)은 훨씬 느긋한 상태의 사람들이다.

사람은 옅은 회색 부분에 자리 잡는다.

그렇다면 BMI 사망률 곡선에 대한 새로운 해석은 스트레스 유형을 둘로 나눈 이기적인 뇌 이론과 어떤 연관이 있을까?

191쪽의 도표는 다음의 연관성을 보여준다. A형의 사람이 불안한 환경에 노출되면 사망률이 높아지고 체중이 감소하며, 도표의 왼쪽 윗부분으로 이동해 J자 그래프의 왼쪽 팔 모양을 형성한다. 하지만 B형의

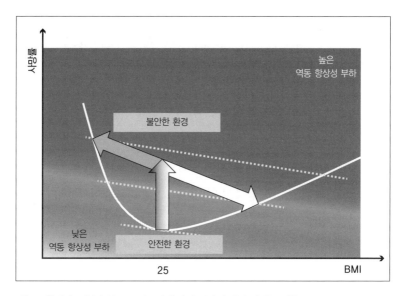

나는 A형인가, B형인가? 스트레스가 우리의 기대 수명에 미치는 영향

안전한 환경에서 불안한 환경으로 이주하면 그 사람의 사망률 도표 속 위치도 함께 바뀐다. A형의 경우 안전하지 않은 환경에서는 역동 항상성 부하가 높아지고 위치가 위로 올라간다(A형=회색 화살표). 이들의 스트레스 시스템은 오랫동안 매우 활성화해 있기 때문에 오히려 체중이 감소하는 경우가 많다. 그러므로 A형은 J자 모양의 곡선에서 왼쪽 팔 모양을 이룬다. B형의 사람도 안전한 환경에서 불안한 환경으로 이주할 경우 처음에는 역동 항상성 부하가 높아진다(B형=흰색 화살표). 하지만 이들은 점차 지속적인 스트레스에 익숙해진다(습관화). 그래서 불안한 환경임에도 이들의 스트레스 시스템은 진정된다. 하지만 뇌의 신진대사가 균형을 유지하려면 비용이 발생한다. 즉 이런 유형의 사람은 평소보다 더 많이 먹어야 하고, 그에 따라 BMI가 증가한다. 그러므로 B형의 경우 스트레스가 많은 환경으로 옮겨가면 J자 곡선에서 오른팔 모양의 사망률을 보인다.

사람이 불안한 환경에 처하면 처음에는 그래프가 위로 높이 올라간다. 그러나 스트레스 시스템의 습관화로 역동 항상성 부하가 낮아지고, 이에 따라 이들의 실제 사망률도 같이 낮아진다. 아울러 체중이 증가해 그래프에서 오른쪽 아래로 이동한다. 그래서 J자 모양의 사망률 도표에서 오른쪽 팔 모양을 형성한다. 여기서 주목할 부분은 불안한 환경에서 B형의 허리둘레는 A형에 비해 적게 늘어난다는 점이다. B형의 스트레스 시스템이 다시 안정을 찾으면서 코르티솔의 영향도 줄어들기 때문이다. 이 유형은 스트레스 상황에서 보통 두 가지로 나뉜다. 요컨대 사망률과 관련해 포크 모양으로 그 표현형이 갈라진다는 얘기다. (28쪽의 포크 모양 도표 참조. 이 포크 모양의 도표에 대한 수학적 기원에 대해서는 참고문헌을 참조하라.) 이제 스트레스 상황에 놓인 살찐 사람은 같은 상황에 놓인 날씬한 사람보다 사망률이 낮다는 사실이 분명해졌다. 게다가 살찐 사람 중 일부는 스트레스를 받지 않는 날씬한 사람과 거의 비슷하게 양호한 기대 수명을 보인다.

살찐 사람은 왜 날씬한 사람보다 더 오래 사는가: 스트레스 부담의 진정한 위험

만성 스트레스의 영향을 받으면 우리 신체 조직은 병목 현상이나 뇌의 에너지 공급을 위한 노력 증대 같은 한계에 한층 효율적으로 대처한다. 하지만 이런 현상은 신체와 뇌 그리고 건강에 반드시 그에 따른 결과를 남긴다. 사실상 만성 스트레스는 건강에 아주 커다란 부담을 주지만 현대 의학에서도 그다지 중요한 위험 요인으로 인정받지는 못한다. 그러나 건강 상태에 대해 진정으로 개연성 있는 평가를 원한다면 이런 상황을 개선해야 한다.

코르티솔과 관련한 불안 요소가 어떻게 특정한 건강 위험으로 이어지는지는 194쪽의 도표를 통해 알 수 있다. 이 도표는 높은 과학적 요구를 충족하는 50개 이상의 연구에 기반을 둔 것이다. 장기간에 걸쳐 이루어진 이들 연구에서는 특정한 스트레스 관련 인자(스트레스 부담이나 스트레스에 대한 반응, 스트레스 지표로서 복부 비만 등)를 직접적으로 평가·분석했다. 이 도표는 건강 위험에 대한 스트레스와 체중 간의 상관관계는 물론 이를 재평가하는 데 핵심적인 자료라고 할 수 있다.

이런 비교를 통해 두 가지 스트레스 유형의 장단점을 명백하게 확인할 수 있다. 첫눈에도 A형의 날씬한 사람들이 더 많은 단점을 갖고 있음을 알 수 있다. 그보다 더 놀라운 사실은 이들이 짊어지고 있는 위험이 여태까지 뚱뚱한 사람들에게만 해당한다고 생각해왔던 게 대부분이라는 점이다. 체중이 많이 나가는 독자들은 이 사실에 큰 위안을 느낄 것이다. 그동안 괴로워하던 문제가 최근의 한층 정확한 의학적 발견을 통해 근거 없는 걱정으로 밝혀졌으니 말이다. '과체중의 속설'은 자세히 들여다보면 '과체중의 신화'라는 것을 알 수 있다. 다시 말해, 건강한 정상 체중에 반하는 과체중이라는 개념은 그저 잘못된 개념일 뿐만 아니라 또 다른 판단 착오까지 초래한다. 믿기 어렵겠지만 21세기 초의 영양의학은 질병에 대한 거꾸로 된 가설에 바탕을 두고 있다. 달리 말하면, 의료 서비스업계는 수십 년 동안 날씬함이라는 신화에 우롱당한 셈이다.

날씬한 몸매의 독자들이라면 이 새로운 발견에 놀랍고도 당황스러운 의문을 갖게 될 것이다. 나는 A형에 속하는가? 나는 수년 동안 내가

	스트레스가 많고 불안한 환경에서의 표현형 징후		과학적 증거
	A형	B형	1
스트레스 반응			
코르티솔, 각성 상태, 두려움, 심혈관계, 동공	높음	낮음	2–7
임상적 특징			
거대한 몸집	–	+	2, 3, 8–11
복부 지방 축적	+	–	4, 10, 12
기대 수명 단축	+	–	13–17
불임	+	–	18–20
동맥경화	+	–	21–23
고혈압	+	–	24
관상동맥성 심장병/심근경색	+	–	25–27
뇌졸중	+	–	25
전형적 우울증	+	–	28–31
자살	+	–	32–39
근육 약화증	+	–	40–44
골다공증/골절	+	–	45
제2형 진성 당뇨병	+	+	27, 46, 47
거동 불편		+	48
관절증		+	49–53

'플러스(+)'는 위험 신호의 발전을 보여주는 위협 요소를 나타내며 '마이너스(−)'는 위험 신호를 예방하는 보호 요소를 나타낸다. 짙은 회색은 '건강의 적신호'이고 흰색은 '건강의 청신호'를 보여준다. 위의 수치는 참고문헌('상어가 있는 물속에서 탈출하기' 장 참조)의 과학적 자료와 일치한다.

알지 못하는 사이 만성 스트레스에 시달려왔으며 건강에 위험을 안고

사는 것은 아닐까? 이 모호한 질문을 밝히는 것은 그리 쉬운 일이 아

니다. 여기에 대해서는 112쪽의 도표가 결정적인 도움을 줄 수 있다. 더 정확한 진단을 위해서는 특정한 조건 아래서 코르티솔 수치에 대한 분석이 필요할 것이다. 하지만 이는 매일 실천하기에는 무리가 있는 방법이므로 제한적일 수밖에 없다. 코르티솔을 낮추기 위한 쉽고 부작용 없는 의학적 치료법은 아직 개발되지 않았다. 그렇다 해도 아무것도 모르는 것보다는 위험에 대해 알고 있는 게 훨씬 나을 것이다. 그래야 자신의 상황을 적절하게 이해하고 그에 필요한 대처를 할 수 있을 테니 말이다. 여기에 대해서는 이 책 말미에서 다룰 예정이다.

이미 언급한 대로 위험에 대한 이 책의 평가는 수많은 연구 자료를 바탕으로 했다. 나이, 성별, 흡연 여부, 육체적 활동 정도, 알코올 남용 여부, 사회경제적 지위, 다른 질병과 복용 약품 등도 결과에 영향을 미치는 요인으로 고려할 사항이다. 우리는 스트레스 반응에 대한 A형과 B형의 차이를 파악하기 위해 연구실에서 피실험자들을 대상으로 실험하고, 실험을 전후해서 이들의 혈액을 채취해 혈액 속 호르몬 분비 상태를 세밀하게 측정했다. 바로 뤼베크 대학교의 '이기적인 뇌' 연구팀이 수행한 일이다. 가상 시험을 주제로 수행한 이 연구에서 날씬한 피실험자의 코르티솔 수치는 예민한 반응을 보였고 각성(스트레스 관련 반응 증가)과 공포감도 크게 증가했다. 하지만 같은 실험에서 체중이 많이 나가는 피실험자의 코르티솔 수치는 확연히 적게 나왔다. 이들은 '스트레스가 많은 시험'에서도 훨씬 덜 당황하는 모습을 보였다.

이해를 돕기 위해 194쪽에서 다룬 두 유형의 임상적 특징과 그 중요성에 대해 다시 이야기해보자. 어떤 부분에 대해서는 이미 언급한 적이 있지만 할 이야기는 아직 많다.

커다란 몸집: B형의 핵심적인 특징이다. 더 많이 먹는다는 것은 스트레스가 집중될 때 보이는 현상(그 결과 BMI가 증가한다)으로서 인체 조직의 스트레스를 완화하고 뇌의 에너지 공급을 보장하기 위한 뇌의 전략이다. 여기에 대해서는 이미 충분히 설명했다.

내장 지방 축적: 이 역시 A형의 현저한 특징이다. 여기에 대해서는 이미 '날씬한 사람이 똥배가 나오는 것은 무슨 의미인가'라는 장에서 자세히 설명했다. 내장에 지방질을 축적하는 것은 장기적으로 스트레스 상태에 놓인 뇌의 에너지 저장 방식 중 하나다. 여기서 흥미로운 것은 내과와 심장의학에서 사고의 전환이 이루어지고 있다는 점이다. 과거 같이 심혈관계 질환의 위험 요소로서 체중을 기준으로 한 BMI에만 의존하는 대신 많은 의사들이 환자의 허리둘레도 같이 측정하기 시작한 것이다.

수명 단축 또는 불임: 동물의 개체수에 대한 연구에서 이 둘은 가장 중요한 요소다. 이 두 가지로 생물학자들은 생물 또는 종의 '생물학적 적합성'을 측정할 수 있다. 동물의 왕국에서는 가능한 한 오래 살며 개체수를 많이 퍼뜨리는 것이 가장 중요한 활동이다. 인간 사회에서는 물론 이와 더불어 사회문화적 요인이 중요한 구실을 하지만 그 연관성을 좀 다른 시각에서 살펴볼 필요가 있다. 이와 관련해 지금까지는 의학계에서 뚱뚱한 사람에 대해 오직 단점만을 부각시켰다는 점이 흥미롭다. 어떤 확실한 과학적 지식 없이 의학 자료의 성급한 해석만으로 단정을 지은 것이다. 하지만 스트레스 연구에 관한 새로운 발견을 기존의 의학 자료에 포함한다면 그림은 완전히 달라진다. 스트레스 시스템이 매우 활성화한 A형의 날씬한 사람들은 장기적인 코르티솔 분비 부작용으로 기대 수명이 짧아질 수 있다. (이와 관련한 내용은 '뚱뚱한 사람이 오래 산다고?' 장에서 확인할 수 있다.) 스트레스에 적응하는 능력(스트레스 습관화)과 사망률의 상관관계를 통해 우리는 신부전, 심근경색, 당뇨병 같은 심각한 질병을 가진 살찐 사람들(강한 스트레스 습관화)이 같은 질병을 가진 날씬한 사람(약한 스트레스 습관화)에 비해 왜 오래 사는지를 알 수 있다. 이런 현상은 의학계에 이미 오래전부터 알려진 사실이지만, 임상의나 연구자들은 그저 이러한 관찰 사항을 중환자실에서 발생하는 특별한 경우라고만 여겨왔다. 모리셔스 제도와 덴마크에서 이루어진 두 개의 연구 실험에서도 일반적으로 BMI가 높은 청년층의 사망률이 더 낮은 것으로 밝혀졌다. 높은 BMI가 장수에 훨씬 우호적인 조건으로 밝혀진 것이다.

이는 높은 BMI 자체는 사망률의 위험 요인이 아니라는, 영국과 스코틀랜드에서 이루어진 대규모 연구 결과를 통해 다시 한 번 확인되었다. 이 연구에서는 신체 신진대사 활동이 건강하면서 BMI가 '정상적인' 사람과 신진대사 활동이 건강하면서 BMI가 높은 사람을 비교했다. 연구자들은 '신진대사 활동이 건강한' 경우 복부 비만이나 고혈압, 혈당이나 혈중 지질의 수치가 높을 일이 거의 없다는 사실을 잘 이해하고 있었다. 여러 해에 걸친 이 실험에서 '신체 신진대사 활동이 건강한' 살찐 사람들은 건강하고 날씬한 사람들과 비슷한 생존율을 보인다는 것이 밝혀졌다. 이런 유형의 살찐 사람들은 인체에 유해한 스트레스에 대항해 100퍼센트 효과를 자랑하는 습관화-보호 전략을 갖추고 있었다. 이러한 발견을 통해 새로운 개념이 확실하게 인정받았다. 즉 살이 찐다는 것 자체는 건강에 해로운 게 아니라는 것이다.

국제적인 인구 통계 자료를 들여다보면 생식 능력에 관해서도 살찐 사람이 불리하다는 통념은 사실이 아니라는 것을 알 수 있다. 요컨대 살찐 사람들은 '출산율' 면에서 날씬한 사람들보다 오히려 유리하다. 인구 중 과체중 여성의 비율이 높은 나라의 출산율이 대부분의 여성이 날씬한 나라에 비해 높게 나타났다. 피임, 가난, 소득차 같은 요인을 고려하더라도 이런 사실은 변함이 없다. 즉 살찐 여성이 많을수록 그 나라의 출생률이 높게 나왔다. 스트레스 연구 결과를 보면, 혈액 속 스트레스 호르몬이 계속해서 분비되면 생식 능력이 떨어진다는 것을 알 수 있다. 아울러 여성의 다산성에 대한 임상 실험을 좀더 자세히 분석해보면 복부 지방이 증가한 여성(지속적인 스트레스 신호)의 생식 능력이 가장 낮은 것으로 나타난 반면, BMI가 높은 여성(내장 지방이 없는 여성)은 가장 왕성한 것으로 나타났다.

요약하면, 새로운 발견을 통해 우리는 다음과 같은 사실을 알 수 있다. 즉 불안한 환경에서 사는 B형의 사람은 활발하고 균형 잡힌 뇌의 신진대사를 유지하며 그에 대한 반작용으로 살이 찐다. 이에 비해 A형은 같은 스트레스 상황에서 생물학적 적합성이라는 측면을 잃는다.

동맥경화: 오늘날까지 지방 성분이 많은 음식에 의해 일어나는 것으로 알려진 이른바 혈액 속의 석회 침착 현상은 최근의 스트레스 연구 결과 수년 또는 수십 년 동안 쌓여온, 지나치게 활성화한 스트레스 시스템의 부작용(코르티솔)으로 밝혀졌다. 다시 말해, 동맥경화야말로 스트레스 관련 질병이며, 일반적으로 스트레스에 놓인 A형의 사람에게 찾아올 수 있는 질병이다. 살찐 B형의 사람은 오히려 동맥경화로부터 보호를 받는 것으로 나타났다. 이는 영국에서 수행한 대규모 스트레스 연구에서 밝혀졌다. 피실험자들을 대상으로 스트레스 검사를 한 후 코르티솔 수치가 높은 집단과 낮은 집단으로 나누었다. 여기서 코르티솔 수치가 지나치게 활성화하고 지난 15년 동안 사회심리적 스트레스에 노출된 피실험자는 심장 관상동맥에 동맥경화가 발생할 위험이 상당히 높은 것으로 밝혀졌다. 하지만 코르티솔 활성화가 낮은 사람의 경우는 같은 기간에 심장 동맥경화 위험이 7배나 낮은 것으로 판명되었다. 이와 같은 낮은 위험도는 사회심리적 압박이 전혀 없는 다른 피실험자 집단과 맞먹었다. 또 다른 연구는 스트레스 부담과 그것이 심장 혈관 및 뇌 혈관의 동맥경화에 미치는 영향을 밝혀냈다. 또 편도체가 스트레스 유발 인자에 반응하는 사람의 경우 뇌의 공급 혈관에서 동맥경화 발생 위험이 적은 것으로 나타났다.

고혈압: 이 또한 의학적 역설에 속한다. 대부분의 일반인과 의사들은

체중이 많이 나가는 사람은 고혈압에 시달릴 위험이 높다고 보지만 이는 단지 속설일 뿐이다. 오히려 그 반대다. 날씬한 사람이 오랫동안 스트레스에 시달리면 때때로 '스트레스 똥배'만 생기는 게 아니라 혈압도 같이 상승한다. 이는 뇌의 불안한 에너지 공급에 따른 부작용이다. 특정 시간 동안 상승한 압박으로 인해 더 많은 혈액과 영양이 뇌 속으로 들어간다. 따라서 뇌가 고혈압으로 전이되는 것은 에너지 병목 현상을 해결하기 위한 뇌의 전략이라고 볼 수도 있다. 하지만 살찐 사람에게는 이와 정반대 효과가 나타난다. 고혈압과 BMI 그리고 '스트레스 똥배'의 상관관계를 고려하면 다음과 같은 결론을 얻을 수 있다. 즉 BMI가 높을수록 고혈압 위험 요소는 낮다.

심근경색: A형의 사람이 심근경색에 걸릴 위험이 더 높다는 것은 동맥경화의 위험에 따른 논리적 귀결이라고 할 수 있다. 심혈관계의 불안정한 활동으로 혈압이 치솟고, 이것이 심장에 무리를 주어 협심증이나 심근경색으로 이어질 수 있다. 인구 연구를 보면 날씬한 사람들은 심근경색에 시달릴 위험이 살찐 사람에 비해 높은 것으로 나타난다. 또한 A형의 경우 심근경색으로 인한 치명적 결과가 생길 위험이 더 큰 것으로 밝혀졌다. 이와 관련한 내용은 '뚱뚱한 사람이 오래 산다고?' 장에서 이미 논의했다.

뇌졸중: 신경학 분야에서도 A형의 사람이 B형에 비해 뇌졸중 위험이 더 높은 것으로 밝혀졌다. 이 또한 동맥경화가 커다란 요인이다(동맥경

화의 사례 참조). 하지만 스트레스 부담이 강한 상황에서는 불안한 심혈관계도 뇌졸중을 일으키는 위험 요소가 될 수 있다.

우울증과 자살 위험: 같은 방식으로 A형의 장기간 활성화한 스트레스 시스템은 B형의 스트레스 완화 전략과 비교할 때 훨씬 위험하다. 이것을 짧게 요약하면 이렇다. 즉 스트레스를 장기적으로 견디는 것은 기분에 부정적 영향을 미치며 우울증을 초래할 위험을 높인다. 여기서도 같은 패턴을 발견할 수 있다. 요컨대 '스트레스 똥배(내장 지방)'가 많이 나올수록 우울증에 걸릴 위험도 커진다. 이런 배경을 알고 나면 '체중과 자살'이라는 주제 아래 이루어진 다음과 같은 연구 결과가 하나도 놀랍지 않다. 즉 BMI가 높은 사람은 자살할 위험이 가장 적다. 여기서도 A형의 사람은 스트레스로 가득 찬 환경으로 인해 삶에 더 위협을 받는 것으로 나타났다.

근위축증과 골다공증: 이 둘은 일반적으로 신체의 노화와 관련해 나타나는 증상으로 알려졌지만 자세히 들여다보면 코르티솔의 부작용이라는 것을 알 수 있다. 물론 모든 사람이 알고 있겠지만 이런 증상을 불러일으키는 다른 요인도 있다. 하지만 바른 이해를 돕기 위해 그중에서도 핵심적인 요인에 대해 짚고 넘어가보자. 혈액 속에서 코르티솔 분비가 증가할 경우, 이것이 신체 조직을 재구성하게 된다. 요컨대 뼈세포가 줄어들고(골다공증 유발) 근육세포도 줄어든다(근위축증 유발). 하지만 복강에서는 지방 조직이 점점 자라난다. 즉 코르티솔이 근육세포

와 뼈세포를 복부 지방 조직으로 바꾸어놓는 것이다. 이는 살찐 사람들이 근력은 덜하지만 마른 사람에 비해 육체적으로 더 강하다는 연구 결과를 뒷받침한다. 살찐 사람들은 지방량뿐 아니라 근육량도 많으므로 근육의 힘이 강한 것이다. 의사들 또한 이들의 골 밀도 및 강도가 현저히 높다는 것을 오래전부터 인정해왔다.

제2형 당뇨병: 두 유형 모두 제2형 당뇨병의 위험 요소는 증가한다. '두 가지 경우 모두 뇌로 이어지는 혈관 통로에서 정체 현상을 보이기' 때문이다. 하지만 이런 정체 현상은 각기 다른 양상으로 전개된다. 살찐 사람뿐 아니라 마른 사람도 제2형 당뇨병에 걸릴 수 있다는 것은 이미 오래전에 잘 알려진 사실이다. 한동안 마른 사람의 진성 당뇨병을 '제2a형'이라 일컫고 살찐 사람의 진성 당뇨병을 '제2b형'으로 분류하기도 했다. (이는 흥미롭게도 194쪽의 스트레스 유형 구분과 일치한다.)

B형의 스트레스 시스템 습관화는 뇌에 일종의 에너지 공급 병목 현상을 일으키는데, 이는 뇌에서 요구하는 에너지의 양이 습관화에 따라 감소했기 때문이다. 그러므로 뇌에서 요구하는 에너지의 양을 충족하기 위해 더 많은 음식물을 섭취해야 한다. 따라서 말초 지방 조직과 근육에 에너지가 저장되어 체중 증가로 이어진다. 아울러 이는 혈액 속 포도당의 증가로도 이어진다. 에너지 정체 현상이 점점 커질수록 혈액 속 여분의 당분도 부족해진다. 이것이 바로 제2형 당뇨병이다

A형의 경우 스트레스 상황에서 에너지 정체 현상은 동맥경화로 인해 뇌혈관 협착이 일어나는데, 이것이 다시 뇌의 에너지 공급 병목

현상을 불러일으킨다. 스트레스에 대한 지속적인 압박감은 동맥경화를 일으켜 심장의 관상동맥뿐 아니라 크고 작은 뇌 에너지 공급 혈관에도 병목 현상이 발생한다. 신경세포로 전달되는 혈류에 문제가 생기면, 뇌의 에너지 공급에 심각한 차질을 초래한다. 그리고 뇌에서 혈액순환에 문제가 생기면, 공급 사슬에 수학적으로 다음과 같은 결과가 발생한다. 즉 뇌에서 에너지 밀도가 최소화하면 스트레스 시스템이 엄청나게 활성화한다. 그러면 혈액 속 포도당이 더 이상 신체의 에너지 저장고로 유입되지 않음으로써 체중이 감소하고 혈당은 증가한다. 이런 변화는 뇌의 혈류가 저하될 경우 발생한다. 병원 응급실에 실려온 대부분의 뇌졸중 환자는 당뇨병이 없고 뇌졸중이 발생하기 전 비정상적 포도당 대사가 없었음에도 혈당 수치가 증가하는 현상을 보인다. 의사들은 이런 현상을 '뇌졸중 후 고혈당'이라고 일컫는다. 그러면 뇌는 혈액 순환이 어려운 조건에서 혈액 속에 포도당을 늘림으로써 에너지 공급을 원활하게 만들려 한다. 이는 뇌의 응급 처치 전략이라고 볼수 있다. 즉 뇌의 이러한 회피 행동은 혈액 순환에 문제가 있을 때 생존을 위한 대처 방안이라고 할 수 있다. A형에게 대뇌의 에너지 공급 부족으로 인한 동맥경화는 제2형 진성 당뇨병을 일으키는 데 결정적 구실을 한다. 혈당량 증가는 A형뿐 아니라 B형에서도 스트레스 상태에 처한 뇌의 포도당 공급을 보장하기 위한 전략적 대처 방안이라고 볼 수 있다.

거동 불편과 관절증: 물론 체중이 많이 나가는 B형의 사람에게는 불이

익이 많다. 무거운 체중 때문에 움직임과 지구력에 한계가 빨리 찾아오며 관절도 빨리 닳는다(관절증). 여기서 주목할 만한 것은 194쪽 도표에서 알 수 있듯 '거동 불편'과 '관절증' 면에서 B형은 '플러스 표시'를 보이지만 그렇다고 해서 A형이 '마이너스 표시'를 보이는 것도 아니라는 사실이다. 복부 비만은 거동을 불편하게 하거나 관절증을 유발하는 결정적 구실을 하지 않지만, 그렇다고 해서 그것들을 발생하지 않도록 보호해주는 역할을 하는 것도 아니다. 여기서 마이너스 표시는 '보호 요소'로서 증세가 '미미하다'는 뜻이 아니다.

살찐 사람들이 빨리 뛰지 못하는 이유는 무거운 체중뿐 아니라 스포츠 과학자들이 '중추 피로Central Fatigue'라고 일컫는 현상 탓이 크다. 이런 현상은 이들의 스트레스 시스템에 대한 낮은 반응성과 관련이 있다. B형의 사람은 스트레스 상황에서 살이 찌며 분당 맥박 수는 평균 85회다. (스트레스가 없는 사람의 평균 맥박 수는 분당 60~80회다.) B형의 사람이 달리기를 하면 맥박은 분당 110회까지밖에 오르지 않는다(마른 사람의 경우 분당 140회까지 증가한다). 스트레스 시스템의 반응이 낮아 뇌에 필요한 혈당을 충분히 공급하지 못하고 대부분 근육 조직에서 소모해버리기 때문이다. 이는 B형의 뇌에 경고 신호를 보내 안전을 위해 신체의 모든 동작을 느리게 작동하게끔 명령한다. 이런 굼뜬 행동은 중추 피로에 기반을 두고 있으며, 이는 상당히 이른 시기부터 시작될 수 있다. 영국 어린이들을 대상으로 수행한 새로운 연구에 따르면, 체중이 많이 나가기 때문에 거동이 느린 것이지 그 반대는 아니었다. 다시 말해, 지금까지 우리가 생각한 것처럼 운동 결핍이 체중 증가라는 결과를 부른 게 아니라는 뜻이다. 뚱뚱한 어린이는 몸을 충분히 움직이지 않아서 뚱뚱한 게 아니라 뇌의 에너지 신진대사로 인해 거동이 불편한 것일 뿐이다. 이를 역으로 설명해보자. 만약 뚱뚱한 어린이에게 '둔해 빠진 살을 빼기 위한 목적으로' 다이어트를 시킨다면 이들의 뇌는 에너지 병목 현상이라는 위기를 맞을 것이다. 요컨대 코르티솔이 증가하고 스트레스 증상인 기분 저하에서 뇌의 저혈당 현상까지 발생할 수 있다.

앞에서 설명한 것과 194쪽의 여러 요소를 종합해보면 우리가 지금까지 생각해온 건강한 몸에 대한 개념을 재고해야 한다는 게 분명해진다. 지금까지 스트레스와 그것의 밀사密使라고 할 수 있는 코르티솔의 영향력을 거의 조명하지 않았기 때문이다. 이제 우리는 비록 그 대가로 살이 찌기는 하지만 불안한 환경을 이겨내기 위해 스트레스 시스템을 누그러뜨리고 에너지 공급 방식을 바꾸는 습관화 전략이 건강에는 아주 큰 이득을 가져다준다는 사실을 다시 한 번 알게 되었다. 또한 오해를 막기 위해 말하자면, 이는 반드시 치러야 할 대가이다. B형이라 하더라도 스트레스로부터 신체를 보호하기 위해 살이 찌는 것은 세 번째 단계에 이르러서야 일어나는 현상이기 때문이다. 이는 스트레스 시스템이 누그러지고 체중이 늘어나는 시기다. 이를 막기 위한 모든 조치—적게 먹거나 칼로리 감량 다이어트를 하거나 위 절제 수술을 하거나—는 만성 스트레스 상태에 적응하려는 생체적 노력을 수포로 돌아가게 할 뿐이다. 이러한 역작용은 B형에 속한 사람이 다른 유형으로 변화할 수 있는 여지를 준다. 강압적으로 억제된 B형이 A형으로 유전적 변화를 일으키지는 않는다 해도 내부 스트레스 수준이 높아지면서 A형에 해당하는 모든 건강 위협 요소가 찾아올 수 있다.

A형에서 B형으로? 왜 간단하게 유형을 바꿀 수 없는가

물벼룩의 스트레스 대항법은 모두 같다. 이들은 기본적으로 같은 유전자를 가지고 있으며, 포식자 물고기가 접근하면 스트레스를 받아 가시 같은 뿔로 몸을 변화함으로써 잡아먹힐 위험을 낮춘다. 다른 말로 하면, 스트레스 상황이 오기 전까지 모든 물벼룩은 한 종류에 지나지 않는다. 하지만 우리 인간은 다르다. 우리에게는 스트레스에 대처하는 두 가지 방식, 즉 A형과 B형이 있으며 그중 어느 쪽에 속하는지는 유전적 기질에 따라 결정된다. 자신의 의지로 결정할 수 있는 것이 아니라는 얘기다. 그렇다면 진화의 산물인 이런 조건이 왜 우리를 더 힘들게 하는가? 상어가 있는 물속에서 적응하는 능력이 왜 어떤 사람들에게는 없는 것일까? 불행하게도 그 대답은 '우리도 잘 모르겠다'이다. 어쩌면 진화생물학적 관점에서 답을 해줄 수도 있을지 모른다. B형의 경우 지속적인 스트레스 상황에서 A형보다 유리한 점이 많지만, 이것도 한 가지 조건 아래서만 가능하다. 먹을 게 충분해야 한다는 것이다. 먹을 게 충분하다는 가정 아래서만 스트레스를 이완하는 전략이 통하기 때문이다. 음식이 귀한 위기 상황이 오면 B형의 스트레스는 어마어마하게 증폭된다. A형의 경우 음식 공급에 대한 요구가 강하지 않은

데 비해 B형의 뇌는 확실히 더 많은 칼로리를 필요로 한다. 만약 음식 공급이 결핍되면 이들의 뇌는 고난의 시간에 빠진다. 뇌의 신진대사가 균형을 잃고 정신적 집중력과 기분도 심각하게 나빠진다. 언어 장애, 어지럼증, 인지 능력이나 기억 장애 그리고 성욕 감퇴 등은 B형 사람들의 뇌에 충분한 영양이 공급되지 않을 때 나타날 수 있는 현상이다. 아마도 A형은 인간의 역사 속에서 수없이 되풀이된 식량 위기와 동시다발적 스트레스 상황을 헤쳐 나가기 위한 '생존 전략'의 하나일 것이다.

스트레스에 대한 반응과 관련해 그것을 극복하는 방식은 다른 경우와 마찬가지로 습관화와 진화에 따라 여러 가지로 나뉜다. 각기 다른 형식의 스트레스 전략에 대해 알아보는 것은 매우 흥미롭고 궁금한 분야이다. 하지만 이런 지식은 사람들에게 한정적으로만 알려져 있다.

칼로리 제한이 붉은털원숭이를 더 젊게 만들어줄까: 동물 실험을 대서특필한 이유

과학적 논리를 완성하기 위해서는 최근 논란을 일으키고 우리의 관점과 모순되는 결과를 도출한 연구에 대해서도 다룰 필요가 있다. "칼로리 제한과 '체중 미달 동물'의 장수"라는 주제에 대한 두 가지 연구가 바로 그것이다. 이는 얼핏 "'과체중'인 사람에 대한 '다이어트 치료'"와 유사한 것처럼 보인다. 동물 실험에서 벌레, 파리, 설치류 그리고 원숭이조차도 특정 환경에서 장기간 다이어트를 할 경우 더 오래 그리고 젊게 사는 것으로 나타났다(일반적인 섭취량의 25퍼센트를 줄였을 경우).
이런 연구는 커다란 반향을 일으켰으며, 인간의 경우에도 섭식 제한을
하면 긍정적 결과를 가져올 것이라는 주장을 옹호하는 사람들이 즐겨
인용하는 이론적 근거가 되기도 했다. 2009년에는 미국에서 붉은털원
숭이를 대상으로 20년 동안 식품 섭취를 제한한 연구 결과를 발표했
다. 즉 칼로리 감량을 통해 수명이 늘어나는 것을 확인한 것이다. 식품
을 제한적으로 섭취한 원숭이들은 평균 25퍼센트의 체중을 감량했다.
요컨대 '체중 미달'에 속한다. 하지만 이 실험의 주된 문제는 과연 그
연구 결과를 인간에게도 적용할 수 있느냐 하는 것이다. 그동안의 연
구를 통해 음식물이 부족할 경우 영장류는 특별한 신진대사 변화를 보
인다는 것을 알고 있다. 위의 경우 붉은털원숭이의 몸은 일종의 '동면'
이라고 할 수 있는 '한시적 휴면 상태'에 돌입하고, 뇌는 이에 따라 균
형 상태를 유지한다. 이런 상태에서 몸은 성장 기능을 모두 멈춘다. 또
생식 같은 핵심적인 삶의 활동도 중단하며, 노화 현상 역시 같이 멈춘
다. 음식이 다시 풍부해질 때까지 생체 시계가 멈추는 것이다. 이로 인
해 수명이 길어지고 많은 에너지를 절약할 수 있어 뇌는 필요한 에너
지 확보를 위해 고군분투하지 않아도 된다. 즉 역동 항상성 부하 없이
완전히 정상적인 기능을 할 수 있다. 하지만 앞에서 이야기했듯 특정
조건에서 영장류에게 가능한 이런 적응 방식을 사회심리적 스트레스
요인에 둘러싸인 채 사는 우리 인간에게도 적용할 수 있을지는 의문이
다. 결론적으로, 지금까지의 연구 결과가 얼마나 복잡하고 모순투성이
인지는 원숭이의 장수에 대한 두 번째 대규모 연구가 잘 보여준다.

2012년 9월 13일 발표된 이 연구는 첫 번째 연구와 정반대 결과를 도출했다. 즉 두 번째 연구 결과에서는 칼로리 제한을 통한 수명 연장 효과를 전혀 증명하지 못했다

아무튼 붉은털원숭이에 대한 연구 결과를 사람에게도 적용할 수 있느냐 하는 문제에 대해서는 수년 전 국립 노화 연구소National Institute on Aging, NIA에서 두 번째 연구를 이끌었던 도널드 잉그램(Donald Ingram, 현재는 미국 페닝턴 생물의학 연구 센터PBRC 교수이다―옮긴이) 교수가 다음과 같이 말한 바 있다. "이런 질문에 확실하게 답할 수 있는 것은 아무것도 없다." 하지만 인간에게 적용 가능하다 할지라도 또 다른 의문점은 남는다. 과연 어떤 종류의 사람에게 이 논리를 적용할 수 있을까? '칼로리 제한과 장수'에 관한 연구 분야에서는 인체의 노화 과정 구조를 설명하는 것이 핵심 목적이다. 첫 번째 연구 결과는 특히 금욕적이고 건강한 식단(채식주의자들이 많았다)과 운동을 열심히 하는 중년들에게 많은 주목을 받았다. 그렇다면 스트레스 시스템에 지나치게 많은 부담을 안고 있는 사람은 어떨까? B형에 속하는 살찐 사람들은 어떤 경우에 속하는가? 영장류를 대상으로 수행한 연구는 칼로리를 감량함으로써 과연 장수할 수 있느냐 하는 질문에 아무런 대답도 주지 못한다. 게다가 붉은털원숭이에 대한 새로운 연구 결과, 칼로리 감량을 통한 기대 수명의 연장을 확실하게 입증하지 못했다. 따라서 이 연구 결과를 인간에게 적용하는 데 따른 불안은 더욱 증폭될 수밖에 없다.

또한 이 연구 결과에 대한 평가에서 핵심 요소는 이렇듯 정반대 결과를 불러온 근거가 무엇이냐 하는 점이다. 그중 서로 반대 결과를 초래

한 하나의 요인으로 바로 스트레스를 들 수 있다. 체중이 서로 다른 붉은털원숭이를 대상으로 수행한 위의 두 연구에서 중요한 질문은 다음과 같다. 연구 대상 중 휴면기를 갖지 않은 동물은 스트레스 상태에 있는 것인가? 사육되는 동물의 경우 야생 동물과 환경이 다르지 않은가? (두 연구 모두 야생의 자연에서 살아가는 동물을 대상으로 실험하지 않았다.) 게다가 스트레스 상황에서는 수명을 단축시키는 역동 항상성 부하 효과가 휴면 상태로 인한 수명 연장 효과를 방해할 가능성도 배제할 수 없다. 요컨대 이런 의문들에 대한 대답도 찾아야 한다.

비만대사 수술과 마찬가지로 칼로리 감량 다이어트의 경우에도 체중 감량이 기대 수명에 긍정적 영향을 미친다는 1등급 근거 수준은 지금까지 어떤 연구에서도 발견되지 않았다. 이것이 현재 우리의 과학 연구 수준이다. 불안한 환경에서 생존 전략으로 스트레스 시스템을 습관화하는 B형의 경우, 칼로리 감량으로 이익을 얻지 않을까 하고 생각할 수도 있다. 하지만 이기적인 뇌 이론을 바탕으로 수행한 실험을 통해 이 질문에는 확실히 '아니요'라고 대답할 수 있게 되었다. 이미 살펴본 것처럼 스트레스 상태에 있을 경우 B형의 스트레스 시스템은 더 디게 반응한다. 그러다 보니 뇌의 신진대사 균형을 유지하기 위해 더 많은 음식물 섭취가 필요하다. 하지만 이런 생존 전략을 포기하고 식품 섭취를 제한하면 뇌의 신진대사는 붕괴하고, 역동 항상성 부하가 커지거나 신경당결핍증이 발생할 수 있다. 이런 상황이 실제로 가능하다는 것은 칼로리 감량 다이어트 및 섭식 제한과 관련한 여러 실험을 통해 확인되었다. 실험을 통해 관찰한 부작용으로서 우리는 살찐 사람을 대상으로 한 칼로리 감량 다이어트에서 발생하는 역동 항상성 부하나 신경당결핍증이 기대 수명에 부정적으로 작용한다는 것을 알 수 있다. 따라서 동물 실험을 통한 발견을 인간에게 곧바로 적용하는 것은 (특히 살찐 사람에 대한 칼로리 감량의 경우) 오히려 장수에 해로울 가능성이 많다.

현재까지 이루어진 칼로리 감량에 대한 연구에서, 살찐 사람의 경우는 칼로리 감량이 기대 수명에 부정적 영향을 미치는 것으로 밝혀졌다. 사실 체중 감량이 기대 수명의 증가로 곧장 이어진다는 1등급 근거 수준이 있다면 우리가 위와 같은 결론을 보여준 영장류에 대한 연구를 거론하며 다른 논점을 제기할 필요도 없을 것이다. 아울러 일반적으로 다른 의학적 치료법이 그러하듯 단 한 가지 연구 프로젝트만으로도 이러한 논란을 불식시킬 수 있을 것이다.

이제 탐색을 마치고 질문으로 돌아가보자. 만성 스트레스 상태에 있는 사람이 견뎌야 하는 진정한 부담과 비용은 무엇일까?

더 많이 먹으면 더 많이 지불해야 한다: B형이 지불해야 하는 것은 무엇일까

충분한 양의 음식을 섭취하는 것은 오늘날 큰 문제가 되지 않는다. 적어도 상대적으로 부유한 산업 국가에서는 그렇다. 하지만 재정적 비용의 문제는 그대로 남는다. 뤼베크 연구소에서 우리는 A형의 사람들과 비교해 B형 사람들의 생활 비용이 얼마나 더 많이 드는지 계산해보았다. 독일 시민 한 명당 월평균 순소득은 1300유로이다. 만약 A형에 BMI가 22라면(상당히 날씬한 경우) 한 달에 필요한 식비는 약 360유로이다. (하루에 세 끼를 먹고 평균적인 쇼핑 습관을 가졌을 경우 그리고 가끔 야외나 레스토랑에서 외식하는 것을 포함한 수치다.) 이에 비해 BMI가 39인 사람(상당히 살찐 경우)은 뇌에서 요구하는 에너지를 공급하기 위해 더 많은 돈을 식비로 지불해야 하는데, 평균 520유로 정도이다. 달리 말하면, 스트레스로부터 자신을 보호하기 위해 소득의 상당 부분을 할애해야만 한다는 얘기다. 특히 실업 수당을 받는 저소득층의 경우 상황은 더욱 어렵다. 2012년 이들에게 책정된 식비는 고작 132.77유로였다. 이는 실업 수당을 받는 BMI 22인 날씬한 사람에게도 충분치 않으며 BMI가 39인 사람에게는 특히 재앙적인 수준이다. 또한 실업 수당 관리부에서 책정한 어린이를 위한 식비 77유로는 어린이 영양학 연구소에서 책정한 평균 식비 84유로보다도 적은 액수다. 이러한 수치는 비영리 조직 타펠^{Tafal}의 식료품 배급이나 무료 급식소에 줄을 서는 사람이 점점 더 많아지는 이유를 잘 설명해준다.

하지만 이 시점에서 자연재해 등 여러 위기에 처한 미국의 주요 도시에서 관찰할 수 있는 또 다른 심각한 문제에 대해 언급하지 않을 수 없다. 미국 연구가들은 이것을 '식량 불안'이라고 일컫는데, 자신과 가족을 위한 식량이 충분하지 않은 것을 염려하는 증세라고 할 수 있다. 사실 대부분의 엄마라면 자식들을 위해 식량을 충분히 확보하려 한다. 하지만 사회 구호비가 빠듯해서 매달 말일이면 식량을 살 돈이 없는 경우가 많다. 그러다 보니 가난한 사람들은 구걸을 하거나 비영리 조직을 통해 식량을 구해야 한다. 사실 대부분은 이런 방식으로 식량을 구할 수 있다. 미국이나 독일 같은 나라에서는 아무리 가난하다 하더라도 배를 곯는 일은 거의 없다. 하지만 식량을 충분히 확보하지 못할 수도 있다는 사회심리적 불안은 엄청난 스트레스 요인이 되고, 이렇게 늘어난 스트레스 부담은 B형의 사람에게 스트레스의 습관화를 위해 더 많은 식량을 섭취하도록 만든다. 식품 결핍에 대한 공포와 스트레스는 식탐을 불러오고, 이는 체중 증가라는 악순환으로 이어진다. '살찐 사람들이 지불해야 하는 세금'은 이들의 괴로움을 더 키울 뿐이다. 스트레스는 B형의 사람을 살찌운다. 이는 두말할 필요 없이 유용한 전략이지만 여기에는 비용이 따른다. 스트레스가 커지면 살이 계속해서 찔 수밖에 없는 것이다. 보호 전략은 그대로인데 이를 위해 지불해야 하는 비용은 점점 높아만 간다.

상어가 있는 물속에서
탈출하기

지나친 스트레스 시스템은 우리를 살찌게 한다. 이런 현상을 단순하게 정리하면 이렇다. 즉 수백만 명의 사람이 전 세계적으로 비만 때문에 괴로워하고 있지만 의사나 식품 회사는 대부분 치료 효과를 거두지 못하고 있으며 보건 정책은 실패를 거듭한다. 수많은 사람이 절망스러워하는 가운데 체중 감량 산업만 호황을 누린다. 따라서 이러한 문제점을 직시하고 그 원인을 밝히는 것이야말로 문제 해결을 위한 중요한 과정이라고 할 수 있다. 비만에 대한 현재까지의 연구와 치료 그리고 교육은 잘못된 가설과 추정에 바탕을 두고 있기 때문이다. 잘못된 길에서 오랫동안 방황한 끝에 새로운 시작점으로 돌아왔으니, 이제 우리에게 필요한 것은 가야 할 길에 대한 명확한 방향성이다. 그리고 그 방향은 분명하다. 굳이 비유를 하자면, 우리가 해야 할 일은 가능한 한속히 상어가 헤엄치는 물속을 떠나 출구를 찾는 것이다. 물론 이는 단지 커다란 원칙일 뿐이다. 물에서 나와 정확히 어디로 가야 하는지, 어떤 장애물이 우리를 기다리는지, 또 새로운 길을 어떻게 터득해야 하는지는 아직 분명치 않다.

다이어트와 운동을 통한 건강한 체중 감량? 야심찬 연구 프로젝트가 좌절된 이유: 쓸모가 없기 때문이다

미국 국립보건원에서 실시한 Look-AHEAD^Action for Health in Diabetes 연구는 질문에 대한 답을 내놓기 위한 프로젝트였다. 그 질문이란 칼로리 감량 영양식과 운동 프로그램을 병행하면 비만인과 제2형 당뇨병을 가진 이들의 기대 수명을 연장할 수 있지 않을까 하는 것이었다. 11년 동안 모두 5145명의 '과체중인'과 비만인—의학적 관점에 따르면 고도 비만에 속하는 사람들—그리고 제2형 당뇨병을 가진 사람들이 장기적 실험의 대상이 되었다. 의학적 관점에서 보면, 심근경색을 비롯한 심혈관계 질병의 위험도가 높은 5000명 이상의 고도 비만인들이 실험에 참여한 것이다. 이 연구의 목적은 정기적인 운동과 칼로리 감량을 통한 치료의 긍정적 측면을 증명하기 위한 것이었다. 학자들은 이 연구를 통해 1등급 근거 수준을 확보하기로 결의하고 실험 참가자들을 두 집단으로 나누었다. 한 집단은 대조군(동일한 실험에서 실험 요건을 충족하지 않는 집단)으로서 주로 경험에 기초한 일반적인 건강한 생활습관에 대한 여러 정보를 제공받는 데 그쳤다. 다른 실험군은 이와 달리 저지방 감량 다이어트를 실시하고 일주일에 175분가량의 운동 프로그램을 실행했다.

　연구에 대한 마지막 평가 자료에 의하면, 다이어트를 한 실험 참여
자들의 체중은 실제로 줄어들었다. 하지만 4년 후 체중 감량은 5퍼센
트밖에 이루어지지 않았다. 이는 일반적인 다이어트 연구에서 드문 결
과다. (대조군의 경우 체중 감량은 1퍼센트 정도였다.) 하지만 일시적으로는 무
호흡증이나 거동의 불편함 같은 증세가 나아졌다.

　그러나 장기간의 당뇨병으로 인해 발생하고 기대 수명 감소의 주요
원인인 심혈관계 질환을 줄이겠다는 진정한 연구 목적은 실험 후 11년
이 지난 뒤에도 성취하지 못했다. 이 같은 규모와 연구의 질을 도출할
수 있는 독립적인 실험은 거기에 드는 어마어마한 비용 때문에 거의 불
가능한 실정임에도 말이다. 아마 이 연구 프로젝트에 참여한 피실험자
들의 실망은 더 컸을 것이다. 연구 결과, 건강한 식단과 운동을 통한 체
중 감량이 수명을 연장해줄 것이라는 믿음을 확인하기는커녕 오히려
효과가 없다는 것이 밝혀졌기 때문이다. 게다가 대조군과 비교했을 때,
체중 감량에 성공한 참여자들은 심혈관계나 사망률이 더 양호하지도
않았다. 즉 치료 효과가 전무했다. 2012년 미국 국립보건원은 무의미한
연구 프로젝트를 중단하기로 했다. 하지만 결과적으로 Look-AHEAD
연구는 다른 연구에서 밝혀진 사실을 다시 한 번 확인해주었다. 즉 체
중 감량은 '건강하지 못한 스트레스의 덫'에서 탈출하기 위한 출구가
될 수 없다는 것이다.

이 연구 프로젝트는 체중 감량을 통한 건강 개선이라는 전략이 총체

적으로 실패한 대표적인 사례다. 하지만 이와 대조적인 방식을 선택
하면 어떻게 될까? 즉 체중 감량을 위해 다이어트를 강요하지 않고 스
트레스의 덫으로부터 자유로운 상태에서 자연스럽게 감량하는 방법
말이다.

거기서 나와야 한다, 일단 나와야 한다……

보스턴, 시카고, 뉴욕 같은 대도시에 살던 여성들에 대해 다시 한 번 생
각해보자. 이들이 속한 상어 물속─사회적 밑바닥에 있는 좌절과 위험
이 가득한 환경─에서는 안정된 직업과 수입을 찾기 힘들다. 이들은
공공 지원 정책의 도움을 받아 좀더 양호하고 안전한 지역으로 이주함
으로써 정신적 내면의 안정을 차츰 되찾았다. 아울러 이들의 스트레스
시스템은 스트레스 요인─상어─이 사라지면서 진정되었다. 위태로
운 주거 환경에 그대로 남겨진 여성들과 비교했을 때, 거주지를 옮긴
여성들의 삶은 외적으로나 내적으로나 눈에 띄게 안정되었고 체중 감
소도 현저하게 이루어졌다. 이 연구는 상어가 살고 있는 물속을 떠나
면 우리 삶에 어떤 가능성이 열리는지 잘 보여준다.

물론 가난과 사회적 편견은 사회심리적 스트레스를 조장하는 하나의
중요한 요인에 지나지 않는다. 상어는 사실 어디에나 있을 수 있다. 평
화로워 보이는 '물속' 어딘가에 숨어 있을 수 있다는 얘기다. 어느 구
역을 장악한 도적떼처럼 스트레스도 우리 삶 어딘가를 장악하고 있다.

이것이 사회심리적 스트레스 요소의 핵심이다. 이것은 스트레스 상황에 놓인 사람의 스트레스 시스템을 장악하는 성질을 갖고 있다. 극단적인 경우 이 스트레스는 점점 그 사람의 삶을 차지해 영역을 넓혀간다. 그렇게 되면 그 사람은 조금씩 자신의 삶을 조절하는 힘을 잃는다. 그리고 스트레스 시스템은 지속적인 각성 상태에서 24시간 가동된다. 대부분의 경우 이 인간 상어들과는 타협을 하기도, 이해와 발전을 구하기도 어렵다. 권력을 가지고 우위에 서려는 성질이 있기 때문이다. 따라서 우리는 이들을 가능한 한 피하려 한다. 물론 그 이면에는 지금의 현상에 안주하면서 해결책을 바라는, 이루어질 수 없는 우리의 소망이 존재한다. 예를 들어, 우리는 스트레스로 가득 찬 직장을 잃지 않으면서 스트레스 시스템을 유지하고자 한다. (오해를 피하기 위해 덧붙이건대 이 책에서 언급하는 '상어'는 우리의 에너지와 감정을 위협하는 다양한 종류의 스트레스 요인에 대한 비유다. 우리를 억압하는 사람은 물론 가난이나 고독처럼 우리를 아프게 하는 삶의 조건도 여기에 포함된다.) 미안한 일이지만 스트레스 요인은 저절로 진정되거나 사라지지 않는다. 결코 그런 일은 없다. 물속에서 우리 주변을 맴도는 상어들이 자기가 알아서 바다로 떠나버리지 않는 것과 같은 이치다. 그래서 우리는 보통 스트레스 요인을 물리치기보다 B형처럼 습관화하여 체중이 증가하고, A형처럼 점점 더 스트레스에 몰리는 지경에 이른다. 간단하게 말해서 사회심리적 스트레스 요인에는 출구가 없다.

〈서 푼짜리 오페라〉에 나오는 유명한 '칼잡이 마키 메서의 모리타트

Die Moritat von Mackie Messer'에는 다음과 같은 구절이 있다.

> 그리고 상어에게는 이빨이 있고
> 그게 얼굴에 훤히 드러난다네
> 맥히스MacHeath도 칼을 가지고 있지만
> 그 칼은 보이지 않는다네

이 노래에서 작가 베르톨트 브레히트Bertolt Brecht는 흥미로운 대비를 한다. 즉 '마키 메서'라는 부도덕한 범죄자를 상어와 비교한다. 다른 점은 위험성을 만천하에 드러내는 진짜 상어와 달리 위의 범죄자는 그것을 은밀하게 숨기고 있다는 것이다. '마키 메서'는 칼을 숨기고 자신의 행적과 흔적을 지운다. 또 필요하다면 사람들에게 자신의 매력을 어필하기도 한다. 그 모든 것이 과연 인간 상어라고 할 만큼 위험하다. 물론 우리 대부분은 그와 같은 무시무시한 살인자와 마주칠까봐 벌벌 떨며 살지는 않는다. 그럼에도 '마키 메서'가 상징하는 숨겨진 위험은 상어가 있는 물속에서 우리가 느끼는 위험과 그리 다르지 않다.

어느 대규모 보험 회사의 한 부서에 책임자들이 모여 있다. 많은 사람이 직장 생활 속의 '상어'를 풍자하고 조롱하는 TV 드라마 〈슈트롬베르크Stromberg〉를 통해 이들의 모습을 보았을 것이다. 위의 직장 상사와 부서 관리자는 대체로 엄청난 갈등과 긴장 속에서 일상을 살아간다. 여기엔 업무 계획이나 휴가 날짜, 상반된 견해나 누가 누구보다 지위가 높은가에 대한 파워 게임도 포함된다. 아울러 대체로 사회적 권력과 관련한 갈등이 큰 부분을 차지한다. 따라서 이들이 생활하는 직장이라는 공간은 상어가 득시글거리는 물속이 될 가능성이 어디보다도 높다. 물론 표면적으로는 아무도 그것을 알아채지 못한다. 모두가 서로에게 편한 말투로 개인사와 걱정거리, 소망, 휴가 계획 등을 이야기한다. 하지만 상어가 사는 물속에서 이런 이야기를 공개적으로 거리낌 없이 떠드는 사람은 스트레스의 압박에 쉽게 시달릴 가능성이 많다. 개인사를 털어놓으면 그것이 자신을 공격하는 빌미로 작용할 가능성도 그만큼 많기 때문이다. 예를 들어, 어떤 사람이 자신의 외로움에 대해 털어놓았다고 치자. 그러면 누군가는 이렇게 말할 수 있다. "어차피 혼자인데 크리스마스나 새해 첫날에 일을 한다고 해서 나쁠 것도 없잖아요." 이에 대꾸할 말을 못 찾거나 반박하지 못한 사람은 자신이 부당한 대접을 받았다고 느끼며 속으로 분노를 삭일 것이다. 이런 일이 반복되면 동료들에게 자신의 외로움이나 나약함을 드러내지 않고 오로지 일에 대해서만 의논할 테고, 이는 그 사람의 스트레스 시스템을 더욱 가중시키는 결과로 이어진다. 업무 관련 논의가 이제는 그 사람의 스트레스 시스템을 통제하고 이것이 또 다른 스트레스 요인으로 작용하는 것이다.

우리가 자신의 나약함을 표출하면 피곤한 업무에 지쳐 만만한 희생양을 찾는, 상어 같은 행동을 하는 동료와 상사에게 조롱당하기 쉽다. 이는 기본적으로 개인의 사적인 정보를 이용해 사회가 개인을 통제하는 착취의 한 형태로 볼 수도 있다. 물론 회사 동료들 앞에서 개인적 관심사를 논하는 것이 얼마나 부질없고 어리석은 짓인지에 대해 말할 수도 있을 것이다. 하지만 여기서 중요한 것은 '상어가 물속에 있다'는 사실이다. 비록 자신의 상처에서 난 피로 인해 상어들이 몰려들지 않는다 해도—즉 사생활에 대한 언급으로 공격을 당하지 않더라도—이들이 물속에 있다는 사실은 변하지 않는다.

이런 사회 구조는 개인의 힘으로는 정말 바꾸기 어렵다. 물론 물속을 슬며시 떠나버리면 간단하다. 그 상황을 벗어나면 자신이 A나 B 중 어떤 스트레스 유형에 속하는지 조만간 알 수 있을 것이다. 스트레스가 닥쳤을 때 (유전적으로) 그것을 습관화하는 유형이라면 그 물속을 벗어나기 어렵다. 하지만 진정 스트레스를 피하고자 한다면 가장 쉬운 방법은 그곳을 떠나는 것이다. 요컨대 다음번에는 상어가 있는 물속이 아니기를 바라며 직장을 그만두거나 부서를 옮기는 것이다. 물론 쉬운 일은 아니지만 현명한 방법이다. 그 같은 물속에 머무른다고 해서 상황이 나아지거나 바뀔 가능성은 거의 없기 때문이다.

스트레스 요인은 개인적 관계에서도 비슷한 패턴을 보인다. 만약 배우자와의 관계가 상어로 가득 찬 물속이라는 게 확실하다면 스트레스 시스템을 안정시키기 위해서라도 헤어지는 것이 가장 좋은 방법이다. 그렇지만 두 사람이 함께 이루어가는 관계에서는 상어를 쫓아내버리는 해결 방법도 있다. 여기서 상어란 특정한 사람만을 가리키는 게 아니라 특정한 행동 패턴을 의미하기도 한다. 여기에 대해서는 나중에 좀

더 자세히 논의해보기로 하겠다.

하지만 가족 전체가 상어로 가득한 물속에서 산다면 상황은 특히 어려워진다. 예를 들어, 성격적으로 서로 맞지 않는 부부가 아이들과 함께 살며 끊임없는 갈등에 시달리거나, 누군가가 알코올에 중독되어 다른 가족에게 짐이 되는 상황, 또는 부모 및 보호자와 친밀하고 부드러운 관계를 형성하지 못하는 아이들이 겪는 괴로움을 생각해보라('어린이 먼저' 장 참조). 이런 상황에서 상어로 가득한 물속을 떠난다는 것은 거의 불가능할 정도로 어렵다. 가족은 마치 칡넝쿨처럼 감정적으로 진하게 연결되어 있기 때문에 공간적으로 떨어져 산다 해도 인연을 끊기가 어렵다. 마약 중독에 걸린 자식을 걱정하는 부모는 아무리 따로 산다 해도 슬픔과 걱정에서 헤어나지 못한다. 하지만 이 책에서는 가족 간의 갈등에 대해 더 이상 깊이 들어가지 않으려 한다. 이 주제는 너무나 복잡하고 다면적이기 때문이다.

스트레스로 가득 찬 상황을 떠나는 것이 머무르는 것보다 왜 더 건강한 방법인지는 상어가 사는 물속에서 찾을 수 있는 대안이 무엇인지 질문해보면 분명해진다. 스트레스 요인에 대한 반응에는 세 가지가 있다.

1. **스트레스를 긍정적으로 받아들인다**: 스트레스 요인에 긍정적으로 대처하고 문제를 만족스럽게 해결하는 방식이다. 물론 이것이 이상적이다. 갈등이 발생하면 그것을 인식하고 회피하지 않으면서 차근차근 문

제를 해결한다. 예를 들어, 대화를 통해 상대방을 존중하면서 자기 의견을 이야기하고 양쪽이 모두 동의할 수 있는 합의점을 찾는 것이다. 이를 통해 상황을 조절하고 아우를 수 있다. 이 같은 해결 방식은 자신감을 강화한다.

2. **스트레스를 참는다**: 일상에서 발생하는 스트레스를 효과적인 전략이나 도움을 받을 수 있는 관계(배우자, 가족, 친구)를 통해 극복하는 것을 말한다. 그 결과 힘든 상황을 이겨내고 자신의 성취 능력 또한 되찾을 수 있다. (즉 힘을 빼앗기거나 소진당하지 않을 수 있다.) 하지만 그러려면 많은 노력이 필요하다. 스트레스 요인은 여전히 남아 있으며, 언제든 다른 방식으로 나타날 수 있기 때문이다.

3. **스트레스에 휘둘린다**: 부담스럽고 유해한 상황을 해소하지 못한 채 길게 그리고 강력하게 유지하는 것을 말한다. 바로 위에서 언급한 방안(스트레스를 참는다)은 더 이상 유용하지 않다. 스트레스 요인은 우리를 지배할 정도로 더욱 강력해진다. 이런 일이 지속되면 부담스러운 스트레스 상황에 적응하는 과정도 생겨난다. 여기에는 엄청난 노력이 필요하다. 스트레스 요인을 무찌르는 것은 불가능하고 오직 견딜 수만 있을 뿐이다. 그 결과 코르티솔 수치가 지속적으로 상승하고, 역동 항상성 부하는 몸과 마음의 건강 그리고 기대 수명에 부정적 영향을 미친다. 따라서 건강이 심각하게 훼손되는 결과로 이어진다(194쪽 도표의 위험 목록 참조). 여기서 압박에 대한 표현형으로 A형과 B형의 분리가 일어난다.

스트레스 시스템이 과도하게 만성적으로 가동되는 상황에서는 누구나 어려운 결정을 해야 하는 순간이 찾아온다. 요컨대 이혼을 하거나 직장을 떠나야 한다. 그렇다고 해서 이런 결정이 스트레스 요인으로부터 자신을 자유롭게 하는 것만은 아니다. 거의 대부분은 커다란 상실을 전제로 한다. 자신의 삶에서 가장 큰 확실성을 포기한다는 것은 엄청난 내적 갈등과 두려움을 몰고 올 수밖에 없다. 하지만 자신이 상어로 가득 찬 물속에 들어가 있다는 것을 깨닫고 스트레스로부터 탈출하려는 사람은 더 이상 과거처럼 살 수 없다. 상황이 저절로 나아지는 일은 결코 없기 때문이다. 만약 그럴 거라고 믿는다면 그것은 환상일 뿐이다. 문제는 점점 더 커지고 당신을 강력하게 위협할 것이다.

그렇다면 온갖 위험에도 불구하고 계속 머무르기로 결정할 경우 어떻게 해야 할까? 여기에는 단 한 가지 대안밖에 없다.

상어를 쫓아내는 것이다.

이 전략에는 분명한 한 가지 장점이 있다. 물속에 머무르며 그 구역을 자기만의 영역으로 만드는 것이다. 이는 물론 엄청난 승리에 속한다. 상어가 있는 물속을 떠나지 않고 그곳을 자기 영역이라고 선포하는 것은 실로 대단한 일이다. 다시 한 번 말하건대 미온적인 전략(알코올 섭취, 흡연, 진정제 복용, 과다한 업무에 몰두하기, 쇼핑 중독이나 오락 중독 등)과 균형을 유지하기 위한 전략(운동으로 스트레스 날려버리기, 자발적 트레이닝)은 일시적 안정을 꾀하고 스트레스를 덜어주지만, 근본적인 문제를 해결하지는 못한다. 상황을 정말로 바꾸고자 한다면 상어를 내쫓아버릴 방법을 찾아야만 한다. 즉 스트레스 요인을 제거해야만 스트레스 시스템을 평화로운 상태로 되돌릴 수 있다.

하지만 이를 위해서는 스트레스 요인이 어디 있는지 정확하게 파악하고, 이것이 우리의 스트레스 시스템에 어떤 영향을 미치는지 알아야 한다. 스트레스는 감정의 형태로 자신을 표현한다. 스트레스 반응은 언제나 감정적으로 나타난다. 하지만 분노나 슬픔 또는 질투 같은 강한 감정은 보통 단순하지 않고 복잡하며 다양한 층위를 가지고 있다. 이런 복잡한 층위 때문에 그 감정을 뚫고 들어가 그것을 제대로 이해하고 근원을 파악하는 게 쉽지 않다. 그리고 바로 이런 점 때문에 유해한 스트레스가 발생한다.

한 사람이 개인적 또는 직장 일에 얽힌 상어 물속에 들어가 있다고 가정해보자. 이 사람을 화나게 하고 흥분시키는 일은 여기저기서 일어난다. 자신이 부당한 대우를 받는다고 느끼거나 누군가가 선을 넘어 침범할 때 또는 불쾌한 행동을 하거나 뭔가를 빼앗을 때 우리는 분노와 당혹감을 느낀다. 이는 사실 우리를 육체적·심리적·사회적으로 방어해주는 구실을 하는 건강한 반응이라고 볼 수 있다. 간혹 폭력적 반응이나 싸움이 문제 해결로 이어지는 구체적 힘을 갖기도 한다.

하지만 분노는 강한 사회심리적 스트레스의 표현이라고도 볼 수 있으며, 이때 문제는 한층 복잡해진다. 특히 직장 생활 같은 사회심리적 딜레마에 속하는 상황에 놓일 경우에는 더욱 그렇다. 동료의 행동이나 상사의 지시에 즉각적으로 부당하다거나 경계를 침범한다고 느낄 때가 많다. 특히 그 행동이 상어 같을 경우에는 더욱 그렇다. 이런 상황이라도 제재를 받거나 직장에서 쫓겨날지 모른다는 두려움 때문에 분노의 반응을 보이기는 어렵다. 따라서 분노는 억압된 감정이나 무력감 또는 통제력 상실 같은 강력한 스트레스 요인으로 이어진다. 심리학자 발레리야 시포스Valerija Sipos와 정신의학자 울리히 슈바이거Ulrich Schweiger는 분노와 짜증이 우리의 삶에 얼마나 강력하게 작용하는지 다음과 같은 사례를 통해 보여준다.

유발 요소

내가 당연히 받아야 할 보상을 받지 못하고 있어. 게임의 규칙도 제대로 지켜지지 않아. 즐거운 상황에서 계속 방해를 받고, 중요한 일을 해야 하는데 자꾸 다른 일에 구속당하고 있어. 힘도 지위도 존경도 없이 무력하기만 해. 기대가 무너지고 있어. 누군가가 나를 모욕하고 위협해. 나에게서 무언가를 빼앗고 당치도 않은 요구를 해.

몸의 반응

열감, 가슴 떨림, 호흡 곤란, 코 쿵쿵거림, 얼굴이나 손의 근육 당김, 오열.

전형적 사고 패턴

일부러 그런 짓을 하는 거야. 나를 괴롭히려는 거야. 상처와 위협을 주고 있어. 나한테 그럴 권리는 없어. 이건 무책임하고 부당하고 잘못된 일이야.

인식
현실의 어두운 면만 보려 한다.

빈번하게 반복되는 감정
수치심, 두려움, 슬픔(짜증과 분노는 위험하고 적절하지 않으며 나약함의 징표일 뿐이다. 이런 생각만 연속적으로 이어질 경우 감정적 함정에 빠진 것이나 다름없다).

감정적 행동
이마를 찡그리거나 이를 앙다무는 행동, 주먹을 쥐거나 발을 구르는 행동, 물건을 집어 던지거나 소리를 지르는 행동, 욕을 하거나 비판하는 행동, 저주를 퍼붓거나 복수할 계획을 짜는 행동, 물리적 공격을 하거나 경찰에 고발하는 행동 등.

자주 또는 지속적으로 이런 감정을 경험하는 사람은 상어가 있는 물속에 있을 가능성이 아주 높다. 위와 같은 반응 패턴이 계속 이어지면 스트레스 호르몬이 분비되고 혈액 속 코르티솔 수치가 높아져 건강에 적신호가 켜진다. 이때는 강력한 스트레스 요인이 커다란 영향을 미친다. 하지만 '감정에 치우친' 이런 행동을 하나하나 살펴보면 충동적인 행동(경찰에 고발하는 경우를 제외하면) 중 갈등을 해결하거나 전체 상황을 승리로 이끌 만한 것은 아무것도 없음을 알 수 있다. 이 같은 모든 반응에는 사실상 출구가 없다. 이를테면 회사에서 상사나 동료에게 분노를 폭발하는 것은 거의 불가능하다. 그렇다면 지속적으로 유해한 스트레스에 노출된 상황에서 이런 감정에 붙잡히지 않기 위해서는 어떻게 해야 할까? 경험이 풍부한 치료사이기도 한 시포스와 슈바이거는 다음과 같이 제안한다.

언제 반대로 행동하거나 짜증과 분노를 가라앉히는 것이 좋을까

상황은 우연히 발생하며, 나와 갈등을 빚은 상대방 또는 내가 의도하거나 통제할 수 있는 것이 아니다. 그러므로 경계를 긋고 금지하도록 하는 것은 내가 할 일이 아니며 경찰이나 법원, 상사 또는 다른 사람이 할 일이다. 분노는 이차적인 감정이다. 문제를 직시하기보다 현상에 대한 즉각적인 반응이므로 오히려 슬픔이 더 적절한 대응일 수 있다.

어떻게 반대로 행동할 것인가

일단 상황을 벗어나서 다른 사람이 행동하는 것을 지켜본다. 상대에게 호의를 베풀고 잘되기를 빌어준다(기도하기, 연민으로 가득 찬 명상 등). 웃음을 지으며 어깨의 긴장을 풀고 손을 벌려 앞으로 내민다.

위에서 제안한 행동 전략은 상황을 진정시키는 데 도움을 준다. 요컨대 감정으로 가득 찬 행동을 어느 정도 수습할 수 있다. 분노에 휩쓸린 사람이 이성을 되찾고 상황을 조절하는 데 도움을 준다. 이런 전략은 새로운 관점에서 문제를 바라보게 해주며, 우리의 사고 영역과 행동 그리고 결정 공간을 넓혀준다. 침착하고 현명하게 행동함으로써 자신

느낌	내게 필요한 것	필요에서 우러난 행동	다른 사람과의 관계
분노/화	경계를 확실히 한다. 경계를 침범하고 부당하게 행동하는 타인에게서 자신을 보호한다. 이와 관련해서 가족치료사인 로벨 벨린은 집에 올 때마다 접주인인 양 잔소리를 해대고 아이들의 교육 문제에까지 참견 하려 드는 시어머니 때문에 스트레스를 받는 린의 문제를 다루었다. 린에게 필요한 것: 아이들 어머니로서 시어머니로부터 마땅한 존중을 받는 것.	스트레스를 유발하는 사람에게 공개적으로 자신의 의견을 말하고, 경계를 분명히 보여준다. 또한 자신에게 필요한 것을 분명하게 말한다. 린: "어머니, 죄송하지만 어려운 이야기를 하나 해야겠어요. 어머니가 저희 집에 오는 것도, 가끔에게 좋은 함마 하지만 니가 되어주시는 것도 고맙게 생각하고 있어요. 하지만 어머니가 가끔의 교육 문제에 대해 이래라저래라 하시는 건 좀 마땅찮아요. 마치 제 판단은 모두 틀리고 어머니 판단만 옳은 것처럼 말씀하시잖아요. 다음부터는 어머니 의견을 강요하지 않았으면 좋겠어요." 필요하다면 자신의 생각을 분명하게 전달하고 개선될 때까지 반복하는 것도 좋다. (여러 번 이야기했음에도 받아 들이지 않는다면 관계를 끊는 게 더 나을 수도 있다.)	도움과 충고를 받는다. 친구나 배우자로부터 구체적인 도움(명성)과 대화)을 받는다.
죄의식	사회적 기준에 맞추어 적응한다.	무턱대고 미안하다고 말하는 것은 타협과 용서 없이 상대방에게 굴복하는 것이다.	
슬픔	가까운 사람으로부터 위로를 구하거나 사회적 지원을 받는다. 휴식과 재충전을 위한 시간을 갖는다.	터무니없는 기대나 무의미한 행동을 중단한다.	가깝고 믿을 만한 사람과 상실에 관해 대화를 나눈다.
두려움/공포	안전하고 예측 가능한 환경 조성과 사회적 지원을 받는다.	도망치거나 숨거나 위험을 회피하지 않는다.	도움과 지원을 요청한다.

고독	다른 사람과 연락하고 의견을 교환한다. 사회적 지원을 요청한다. 린은 자녀이 되면 (실업자였지만 새로 일을 시작해서 매우 바쁜) 남편에게서 버림받고 무시당하는 것들이다.	배우자와 대화하고 친구와 전화 통화를 하거나 편지를 쓴다. 린: "제이크, 전 당신을 사랑하고 늘 함께 있고 싶어요. 요즘 우리 둘 다 좀 힘들었죠. 그래도 둘이 있는 시간이 너무 적어서 아쉬워요. 당신하고 꼭 이야기하고 싶은 일이 있는데, 오늘 밤에는 바빠서 안 된다면 내일은 시간을 내겠다고 약속해주세요. 당신이 스트레스를 받고 있다는 건 알지만 이건 내게 중요한 일이에요. 이해해주길 바라요."
불신	나는 정당하게 대접받을 권리가 있다. 또한 착취와 속임수 그리고 폭력으로부터 보호받을 권리가 있다. 이와 관련해 멜린은 재정적 예로 든 단에 차원 데이비드를 예로 든다. 비즈니스 파트너인 다이앤은 건강과 개인적 문제를 핑계로 데이비드에게 점점 더 많은 업무를 떠넘긴다. 데이비드는 다이앤에게 착취당하는 느낌이다.	부당한 요구, 제안, 부탁 등을 거절한다. 데이비드는 먼저 자신의 느낌과 필요 사항을 이야기하고 두 사람 모두를 위해 받아들일 만한 해결책을 제시했다. 데이비드: "알았어요, 다이앤. 당신이 아프고 힘든 시간을 보내고 있다는 걸 이해해요. 나한테는 재정적 안정이 무엇보다 중요해요. 하지만 요즘은 일 때문에 내 수입과 고객이 줄어들었어요, 당신이 고객을 맡다 보니 내 수입과 고객이 줄어들었기 때문이죠. 그래서 예전처럼 돈도 벌고 당신 일도 도와줄 수 있는 방법을 함께 찾아보겠어요, 우리 모두에게 도움이 될 만한 계획을 함께 세워보는 것 어때요? 물론 쉬운 일이 아니라는 건 알지만요."	자신을 안심시키고 충고를 받아들인다. 필요하다면 변호사를 선임한다.
수치심 (살이 쪘다는 이유로)	나는 존중받을 가치가 있는 사람이라고 생각한다(살이 쪘다고 할지라도). 품위를 지킨다.	차별에 대항한다. 불만을 이야기하고 자존감을 지킨다. 폭식을 이야기하고 당신의 식습관을 통제하려는 외부의 시도에 저항한다. 비만 수술에 대한 유혹을 뿌리친다.	제대로 된 대접을 요구한다. "그런 식으로 나한테 성적 주는 말을 하는 당신이 싫어요." 비슷한 문제를 가진 사람들에게 들어 실천 사람들과 교류하거나 모임을 만든다.

의 스트레스 시스템에 대한 통제력을 회복할 수 있다.

시포스와 슈바이거는 짜증과 분노 외에도 유해한 스트레스에 수반되는 열 가지 다른 감정을 열거했다. 수치심, 슬픔, 죄의식, 질투, 불신, 환멸, 고독, 모욕감, 무력감, 낙담이 그것이다. 앞의 도표는 특정한 감정이 밀려올 때 대처할 수 있는 현명한 행동에 대한 대략적인 대안을 제시한다.

여기서 심리학자들이 권유하는 것은 기본적으로 상어를 물리치기 위한 치유 방법이다. 심리 치료법에는 유해한 스트레스와 싸우는 여러 가지 치유 개념이 있다. 이러한 시도는 스트레스를 줄이고 조절하는 것에 도움을 주려는 전략에 바탕을 두고 있다. 스트레스는 결혼 상대나 배우자와의 관계, 가정이나 직장 등에서 발생하는 것이 대부분이다. 이런 스트레스를 줄이기 위한 전략적 기반은 기본적으로 이른바 '인지 행동 치료'에 있다. 이 치료법은 공황 장애나 우울증 치료에 도움이 되는 것으로 잘 알려진 '마음챙김 명상에 기초한 인지 치료Mindfulness-based cognitive therapy, MBCT'와 관련이 있다. 이 같은 질병 치료의 효율성은 1등급 근거 수준으로 입증되었다. 하지만 이 치료법의 문제점은 대부분 증상(우울증)이 나타났을 때 치료를 권유하거나 시작한다는 것이다. 하지만 더 일찍 시작한다면 치료 효과는 훨씬 더 좋을 것이다. 예를 들어, 가상 시험 상황에서 피실험자들은 실제 시험과 다를 바 없이 거의 비슷한 반응을 보였다. '마음챙김 명상에 기초한 인지 치료'를 시작한 환자들은 사회적 스트레스 상황에서 감정적 반응이 눈에 띄게 줄어들고, 코르티솔 분비 증가도 현저히 둔화하는 현상을 직접 경험했다. 이것은 비단 A형에 속하는 날씬한 사람들뿐 아니라 B형에도 해당한다. 다른 연구에서는 BMI가 늘어난 B형 사람들을 대상으로 주의력 훈련을 실행했다. 여기서도 코르티솔 수치가 감소하는 현상을 확인했으며 체중도 안정적으로 변했다. (대조군의 경우 올라간 코르티솔 수치가 그 상태에서 지속되었으며 체중도 증가했다.) 주의력 훈련을 받은 피실험자의 경우에는 치료 후 스트레스로 인해 유발된 내장 지방이 줄어들었다. 스트레스를 줄이기 위한 이런 주의력 훈련 프로그램은 상당히 효과적이지만, 이것이 삶 전체에 걸쳐 지속될 수 있을지는 아직 의문이다.

하지만 이러한 간극은 2009년과 2011년 스톡홀름과 웁살라^{Uppsala}에서 각각 발표한 1등급 근거 수준의 두 가지 연구를 통해 좁혀졌다. 피실험자는 관상동맥 관련 질병을 가진 환자들로서 스트레스 감소 프로그램에 참여했다. 이 연구의 출발점은 이 책 서두에서 언급한 것처럼 만성 스트레스가 관상동맥의 동맥경화를 불러오고, 따라서 심근경색 위험이 높아진다는 것이다. 웁살라와 스톡홀름 연구에 참여한 사람들은 이미 심근경색을 앓은 경험이 있었다. 따라서 이들을 치료하기 위해 인지 행동 치료를 실험해보기로 했다. 이는 1년 동안 2시간씩 20회에 걸쳐 치료를 수행하는 것을 포함했다. 또 치료를 위해 4~9명의 환자를 한 팀으로 꾸려 치료 모임을 만들었다. 스웨덴의 두 도시에서 이루어진 연구 결과는 명백했다. 스트레스 감소 프로그램 참여자 중 두 번째 심근경색을 겪은 사람은 거의 없었다. 반면, 이런 훈련 프로그램에 참여하지 않은 대조군에 속한 참여자들은 두 번째 또는 세 번째 심근경색에 시달렸다. 또 대조군에서는 사망률도 높게 나왔다. 두 연구의 결과를 통해, 우리는 인지 행동 치료가 실험 참가자들의 심혈관계 질병의 원인—즉 스트레스—과 직접적으로 맞서 싸우며 그 결과 수명을 연장시켰다는 것을 알 수 있다.

하지만 이는 단순히 심혈관계 질병이나 기대 수명에 대한 얘기만은 아니다. 해로운 스트레스는 체중과 직접적인 관련이 있다. 체중 증가가 유해한 스트레스의 습관화 전략이라면, 그 사람이 스트레스의 함정에서 빠져나올 경우 무슨 일이 생길까?

스트레스는 언제 만성화하는가? 우리는 언제 진정 자신이 원하는 것에 반하는 행동을 하는가

심리학자인 로렐 멜린 교수는 서던캘리포니아 대학교에서 30년이 넘게 연구하며 학생들을 가르치고 있다. 멜린은 체중 증가와 관련한 유해 스트레스를 치료하는 데 선구자로 인정받는다. 내 첫 번째 책에서 나는 멜린의 작업에 대해 자세히 이야기한 적이 있다. 멜린은 청소년과 성인의 갈등 해결 전략에 대해 연구하는데, 이 연구는 무엇보다도 진정한 자신의 욕구를 깨닫는 것과 관련이 있다. 우리가 자신의 욕구를 외면하거나 그에 반하는 행동을 할 때 만성적 유해 스트레스가 발생한다. 두 번째 단계에서 멜린 교수의 환자들은 일종의 훈련 프로그램에 참가한다. 아울러 자신의 욕구를 깨닫고 그것을 정리해 제삼자에게 표현하고 도움을 요청하는 훈련을 받는다. 230~231쪽의 도표에서는 이러한 내용을 간단하게 설명했다.

이 도표에서 소개한 치료 방법은 멜린의 치료법에서 아주 소소한 부분에 지나지 않는다. 멜린의 치료법은 상당 부분 '마음챙김 명상에 기초한 인지 치료'에 기반을 두고 있다. 간단한 예를 들어 그 치료법을 설명해보자. 자신의 요구 사항을 깨닫고, 그것에 이름을 붙여준다. 아울러 스트레스를 유발하는 사람에게 자신의 요구 사항을 정리해 전달한다. 하지만 그 과정에서 상대방으로 하여금 자신의 행동을 돌아보고, 다른 관점에서 생각해봄으로써 지금까지의 자기 행동을 바꾸게 하려면 공격이나 비난을 삼가야 한다. 멜린은 이런 새로운 형태의 소통 방식을 확실하게 인식시키는 것만큼이나 그것을 되풀이해서 각인시키는 것이 중요하다고 말한다. 또 다음과 같은 것도 확실히 해야 한다. 무엇이 변화되었는가? 내 욕구나 소망을 제대로 전달하고 상대방이 그것을 받아들였는가? 또 나는 그것을 통해 어떤 감정을 느끼는가? 멜린은 자신의 환자들이 이런 과정을 지속적으로 반복해서 실천하고 확인하도록 훈련했다. 그러나 배우자와의 결별이나 직장에서의 퇴직을 더 이상 회피할 수 없다는 것을 깨닫는 시점이 있다. 이러한 결별은 치유 과정에서 아주 중요하며, 자신이 원하는 결과를 얻기 위해 언젠가는 겪어야 한다. 여기서 자신이 원하는 결과란 갈등을 해결하고, 소망을 실현하고, 스트레스가 줄어든 삶을 말한다. 멜린의 연구 실험에서 환자들에게 나타난 중요한 변화는 인위적인 섭식 제한 조치(멜린은 이를 다이어티즘Dietism이라고 일컫는다) 없이도 이루어진 체중의 안정이었다. 치료를 시작하기 전 많은 환자는 유해한 스트레스 상황에서 급격한 체중 증가를 경험했다. 멜린의 연구에서는 1년 동안 2시간씩 20회에 걸쳐 단체 모임을 가졌는데, 여기에 참여한 대부분의 참가자는 체중이 줄어들거나 안정되는 것을 경험했다.

로렐 멜린이 실험한 것과 같은 치료를 통해 우리는 은밀한 자기만의 물속에서 상어를 쫓아내는 데 성공할 수 있다. 하지만 그 비용은 결코 적지 않다. 치료 전문가와 12개월간 진행하는 단체 모임, 각자 집에서 해야 할 숙제, 게다가 치료가 끝난 후에도 전문가가 없는 상황에서 서로를 지원하고 받쳐줄 모임에 참여해야 한다. 하지만 적어도 이 방법은 우리가 스트레스에서 해방되어 살아갈 수 있는 가능성을 제시해준다. 다시 말해, 사회심리적 스트레스가 우리의 삶에 더 이상 해로운 영향을 끼치지 않게끔 할 수 있다. 이는 매우 중요하다.

유해한 스트레스는 질병의 근본적 원인일 뿐 아니라 전 세계적으로 '전염병처럼 널리 퍼진 과체중'과도 긴밀하게 연관되어 있으므로 스트레스 감소는 향후 보건 정책의 중심에 놓을 필요가 있다. 이러한 정치사회적 요구는 모든 과학적 연구 주체의 일반적 관점이기도 하다. 스웨덴 같은 국가는 이에 대한 방법론을 훌륭하게 제시함으로써 우리 모두에게 모범이 되었다. 우리는 앞에서 '누구도 섬은 아니다'는 이야기를 했다. 따라서 불평등과 유해 스트레스가 합쳐져 우리 모두를 병들게 하는 커다란 요인으로 작용한다. '그러지 말고 살이나 좀 빼봐!' 장에서 우리는 살찐 사람들에게 가해지는 차별이 사회생활에서도 이들에게 불이익을 주며, 이로써 사회적 불평등이 심화한다는 것을 배웠다. 불평등과 비만, 그로 인한 불평등과 비만의 증가는 물고 물리는 악순환이다. 이런 악순환을 끊기 위해서는 반反차별 프로그램이 시급히 필요하다. 아울러 객관적 분석과 제대로 된 지식을 통해 우리 몸의 신경생물학적 활동과 그 과정을 사람들에게 이해시키는 것이 중요하다. 뚱뚱하다는 이유만으로 비난받는 사람은 아무도 없어야 한다. 유해한 스트레스의 위험성을 깨닫고 비만도 그 때문임을 깨달아야 한다. 아울러 그로 인한 문제를 해결하기 위해 스트레스를 완화하는 방법을 찾는 것이 우리 사회가 해야 할 일이다. 물론 이 일에는 많은 저항이 따를 것이므로 엄청난 참을성과 확신을 가지고 앞으로 나아가야 한다. 무엇보다 많은 논의가 필요하다. 낡은 지식을 새로운 지식으로 대체하는 것은 결코 쉬운 일이 아니다. 특히 그것이 우리의 식습관 같은 너무나 근본적이고 기본적인 문제일 경우에는 더욱 그렇다. 개인적으로 나는 모든 논쟁과 논의가 시작되는 것만으로도 충분히 만족한다. 이것으로부터 변화의 싹이 틀 수 있기 때문이다. 새로운 과학적 발견은 정확한 사실이므로 확인해보고 싶다면 이 책 뒤에 있는 참고문헌을 모두 검토해보기 바란다. 하나씩 짚어가며 살펴보고 사실과 논쟁을 꼼꼼히 따져서 자신만의 결론을 내보기 바란다.

누가 강도이고 희생자인가? 왜 우리 모두의 삶에는 상어가 있는가

지금까지 나는 '상어 쫓아내기'라는 비유를 통해 유해한 스트레스 요인과 맞설 것을 강조하고, 건강한 삶을 위해 상어와 싸워 이기는 방법을 밝히려고 노력해왔다. 여기서 여러분 자신과 관련한 이 중요한 문제에 대해 솔직하고 겸허하게 스스로를 들여다보는 것이 필요하다. 상어는 늘 타인을 의미하는 것만은 아니다. 모든 사람의 내면에는 상어가 웅크리고 있다. 스트레스를 받고 그 압박에 지나치게 시달리면 우리의 스트레스 시스템은 최고속으로 달리기 시작하고, 우리 자신도 상어 같은 행동을 하게 된다. 참을 만큼 참다가도 스트레스로 인한 압박이 지나치면 주변 사람들—아이들이나 배우자, 친구, 직장 동료, 고용인—에게 짜증을 내게 마련이다. 즉 스트레스 시스템이 지나친 압박을 받으면 어딘가에 대고 심각하게 발산할 수밖에 없다.

물론 갈등이 있으면 그것과 직면해 해결해야 한다. 하지만 그럴 때에도 가능한 한 모든 사람이 동의하는 방향으로 해결하는 것이 옳다. 또한 가끔씩 언쟁이나 싸움이 필요하기도 하다. 공정한 언쟁이나 싸움은 더 이상 스트레스로 축적될 이유가 없다. 자신의 분노나 짜증을 표현하는 것은 무엇보다도 중요하다. 하지만 이때에도 상대에게 상처를 주지 않도록 배려해야 한다. 부모로서 자녀들에게 경계를 정해주는 것은 좋다. 하지만 그 경계가 아이들의 자존감을 해치지 않도록 해야 한다. 타인의 실수에 관심을 기울이는 것도 아주 좋은 일이다. 하지만 여기엔 사랑이 깔려 있어야만 한다.

이런 얘기를 하자면 끝도 없을 것이다. 어떤 이들은 그저 희망 사항일 뿐이라며 비웃을지도 모른다. 분노, 모욕, 비非존중, 공격적 침묵, 싸움을 계속하려는 의지와 감정 폭발, 부당함 등은 우리에게 흥분과 괴로움을 안겨주는 사회심리적 스트레스 요인이다. 하지만 우리 내면의 상어가 우리의 모든 행동을 결정하지는 않는다. 이런 사실은 우리가 우리 삶에서 유해한 스트레스를 몰아낼 가능성이 충분하다는 반증이기도 하다.

용어 설명

• **뇌-당김** 뇌가 에너지를 필요로 할 때 능동적으로 몸에서 에너지를 끌어당기는 힘을 뜻한다. 이 기능을 담당하는 것은 스트레스 시스템, 특히 자율신경계와 스트레스 호르몬인 아드레날린과 코르티솔이다. 뇌에 에너지가 필요하면 뇌는 스트레스 시스템을 가동하고, 이 시스템은 뇌-당김 기능을 수행해 몸에 있는 에너지를 뇌로 끌어당긴다.

• **말초 지방 조직** 이 체지방은 피하지방 조직이라고 일컫기도 하는데, 피부 아래 신체 어디에나 있다. 골격과 심장 근육에 에너지를 공급하는 구실을 한다.

• **복부 지방 조직** 복부 내부 지방 또는 내장 지방이라고 일컫기도 한다. 내장층 사이에 끼어 있으며 필요할 때(사회심리적 스트레스 상황과 배고픈 상태)에는 케톤 생성을 위해 간에 유리 지방산을 보낸다. 뇌에 에너지 공급원 구실을 한다.

- **불균형** 불평등과 비슷한 개념이다. 예컨대 수입 불균형은 이른바 부자와 가난한 사람의 구별을 초래하며, 사회 내부의 경제적 자원을 불평등하게 배분함으로써 발생한다.

- **비만의 역설** 한 신장학자가 신장 투석 환자 중 살찐 사람이 날씬한 사람보다 더 오래 살아남는다는 것을 처음 발견한 데서 비롯된 개념이다. 이 같은 초기의 관찰은 이후 심근경색, 뇌졸중, 패혈증, 제2형 진성 당뇨병을 비롯한 여러 심각한 내과 질환에서도 확인되었다. 새로운 연구 결과에 따르면, 비만의 역설 현상은 일반 사람들 사이에서도 증명할 수 있다고 한다. 2011년 페터스와 매큐언이 처음으로 이기적인 뇌 이론과 스트레스 연구 이론을 기초로 비만의 역설을 설명하기 시작했다.

- **스트레스 시스템** 한편으로는 교감신경계, 다른 한편으로는 호르몬(아드레날린과 코르티솔)을 분비하는 신경계로 구성되어 있다. 뇌는 스트레스 시스템을 통해 내부 기관과 소통한다.

- **습관화** 대체로 쉽고 무의식적인 학습 방식을 말한다. 습관화는 그다지 심각하지 않거나 '물리치기 어려운' 스트레스에 반복적으로 노출되었을 때 시작된다.

- **신경당결핍증** 뇌가 '포도당 결핍'으로 인해 기능을 잃어버릴 때의 상태를 말한다. 이로 인해 집중력 저하, 시력 장애, 언어 장애, 정신 장애, 보행 장애 등이 발생한다. 임상적으로 신경당결핍증 상태에서는 약 400개의 다른 증세가 발생할 수 있다.

- **아드레날린** 부신에서 분비되는 스트레스 호르몬이다. 스트레스 상황에 대한 반응으로 인체는 혈류 속으로 아드레날린을 분비한다. 이 호르몬의 주요 임무 중 하나는 몸으로 향하던 에너지의 흐름을 뇌로 향하도록 바꾸는 것이다.

- **앞이마엽 피질** 대뇌피질의 이마엽 부분에 있다. 앞이마엽 피질은 센서의 신호를 받아 편도체의 기억 부분과 감정 부분을 통합해 기본 행동을 개시한다. 상황에 맞는 행동을 하도록 조절하는 최상부 통제 기관이며 감정 조절과 깊은 연관이 있다. 여기서 습관화 같은 과정이 발생한다.

- **역동 항상성** 생물학적 시스템에서 흔히 나타나는 '변화를 통한 안정화'의 원리다. (예를 들어 체온에 대한) 역동 항상성 조절은 유연한 목표치(=setpoint, 설정값)를 추구한다. 체온의 목표치는 일반적으로 섭씨 37도이지만, 심한 감염 상황에서는 40도이다. 역동 항상성 조절은 유기체 전체의 생존 확률을 최적화한다. 감염이라는 스트레스 조건에서는 높은 체온(예컨대 박테리아로부터 유기체를 보호하는 데)이 유리하다. 역동 항상성 조절은 이런 장점을 얻기 위해 때로는 몸에 해로운 단점을 감수하기도 한다. 역동 항상성 조절의 예로는 혈당 조절, 혈압 조절, 체중 조절을 들 수 있다.

- **역동 항상성 부하** 만성 스트레스를 받으면 인체는 장기적인 스트레스 반응을 나타낸다. 교감신경계가 활성화하고, 스트레스 호르몬인 아드레날린과 코르티솔을 분비한다. 스트레스 반응의 본래 임무는 스트레스 상황에서 인체를 보호하고 스트레스 요인을 물리치는 것

이다. 이런 메커니즘이 장기적으로 활성화함에 따라 인체는 지속적으로 스트레스에 노출된다. 이것을 역동 항상성 부하라고 한다. 이같은 부하는 장기적으로 인체 전체에 손상을 입힌다(예를 들어 우울증, 골다공증, 근육 퇴화, 골 퇴화, 조로).

- **젖산** 포도당의 대체물로서 뇌 에너지 대사에 관여하는 또 다른 에너지원이다. 젖산은 주로 근육 조직에서, 특히 스트레스 시스템이 활성화했을 때 형성된다. 사회심리적 스트레스를 받거나 신체 운동이 활발하거나 심한 병에 걸렸을 때, 젖산은 뇌에 충분한 에너지를 공급하는 데 기여한다.

- **차별** 특정한 부류에 불이익을 주거나 단체 또는 개인을 경멸하는 태도를 일컫는다.

- **체질량지수** 아돌프 케틀레^{Adolphe Quetelet}는 19세기에 체질량지수^{BMI}를 개발해서 '정상 상태'를 기준으로 사람들을 구분했다. 체질량지수= 몸무게$(kg)/$키$(m)^2$

- **케톤** 대뇌에 제공되는 대안적 에너지원인 케톤은 유리 지방산으로 간에서 만들어진다. 유리 지방산은 내장 지방 조직에서 나온다. 배고픈 상태나 사회심리적 스트레스 상황에 처하면 아드레날린과 코르티솔의 영향으로 내장 지방 조직으로부터 유리 지방산이 분비되어 정맥을 통해 간으로 이동한다. 사회심리적 스트레스와 배고픈 상

황에서 케톤은 대뇌 에너지 공급을 보호해주는 구실을 한다.

- **코르티솔** 부신에서 나오는 스트레스 호르몬이다. 스트레스 상황에서 인체는 혈류 속으로 코르티솔을 분비한다. 그러면 코르티솔은 몸과 뇌의 모든 조직에 도달한다. 코르티솔은 에너지의 흐름을 몸 방향에서 뇌 방향으로 돌리는 기능도 한다. 또한 중추신경계에도 영향을 미쳐서 스트레스 시스템을 휴지 상태로 복귀시킨다. 더 나아가 해마와 편도체에서 기억을 형성하는 데도 결정적 구실을 한다.

- **편도체** 대뇌 관자엽에 속한 구역. 이 구역에서 감정적 기억을 형성할뿐더러 스트레스 시스템과 뇌-당김도 설정하고 조절한다.

- **포도당** 단당류로서 인체에서, 특히 뇌 에너지 대사에서 주요 에너지원 구실을 하는 탄수화물이다.

- **표현형 적응성** 환경적 요인으로 인해 개별 생물체의 형태가 심하게 변화할 때를 말한다.

- **허리둘레지수** 복부 지방 조직 덩어리를 측정할 수 있는 의학적 척도이다. 코르티솔의 영향으로 복부 지방 조직이 증가하므로 스트레스 연구자들은 이 지수를 한 사람이 수년 또는 수십 년 동안 겪어온 역동 항상성 부하를 평가하기 위한 척도로 사용한다. 허리둘레지수=허리둘레(m)/키(m)

참고문헌

뚱뚱한 사람이 오래 산다고?

비만의 역설: • Degoulet P, Legrain M, Reach I, Aime F, Devries C, Rojas P, Jacobs C. Mortality risk factors in patients treated by chronic hemodialysis. Report of the Diaphane collaborative study. Nephron 1982; (31): 103-110. • Kopple J D, Zhu X, Lew N L, Lowrie E G. Body weight-for-height relationships predict mortality in maintenance hemodialysis patients. Kidney Int 1999; (56): 1136-1148. • Kalantar-Zadeh K, Abbott K C, Salahudeen A K, Kilpatrick R D, Horwich T B. Survival advantages of obesity in dialysis patients. Am J Clin Nutr 2005; (81): 543-554.

BMI가 높은 사람은 심근경색을 일으켜도 더 오래 산다: • Buettner H J, Mueller C, Gick M, Ferenc M, Allgeier J, Comberg T, Werner K D, Schindler C, Neumann F J. The impact of obesity on mortality in UA/non-ST-segment elevation myocardial infarction. Eur Heart J 2007; (28): 1694-1701.

BMI가 높은 사람은 뇌출혈이나 뇌졸중을 일으켜도 더 오래 산다: • Kim B J, Lee S H, Ryu W S, Kim C K, Lee J, Yoon B W. Paradoxical longevity in obese patients with intracerebral hemorrhage. Neurology 2011; (76): 567-573. • Vemmos K, Ntaios G, Spengos K, Savvari P, Vemmou A, Pappa T, Manios E, Georgiopoulos G, Alevizaki M. Association between obesity and mortality after acute first-ever stroke: the obesity-stroke paradox. Stroke 2011; (42): 30-36.

심각한 폐질환을 앓는 환자와 관련한 비만의 역설: • Hallin R, Gudmundsson G, Suppli U C, Nieminen M M, Gislason T, Lindberg E, Brondum E, Aine T, Bakke P, Janson C. Nutritional status and long-term mortality in hospitalised patients with chronic obstructive pulmonary disease (COPD). Respir Med 2007; (101): 1954-1960.

제2형 당뇨병 위험 환자와 관련한 비만의 역설: • Carnethon M R, De Chavez P J, Biggs M L, Lewis C E, Pankow J S, Bertoni A G, Golden S H, Liu K, Mukamal K J, Campbell-Jenkins B, Dyer A R. Association of weight status with mortality in adults with incident diabetes. JAMA 2012; (308): 581-590.

비만의 역설은 오랫동안 풀리지 않는 문제로 인식되었다. 그러나 2012년 페터스와 매큐언은 처음으로 이기적인 뇌 이론과 현대의 스트레스 연구를 바탕으로 해결책을 제시했다: • Peters A, McEwen B S. Introduction for the allostatic load special issue. In: Allostasis and Allostatic Load/Special Issue. (Eds. McEwen BS, Peters A). Physiology and Behavior, 2012; 1-4.

스트레스 연구의 선구자로서 매큐언은 만성 스트레스의 유해성을 밝혔다: • McEwen B S. Protective and damaging effects of stress mediators. N Engl J Med 1998; (338): 171-179.

사회심리적 스트레스는 사망률을 높이는 위험 요인이며 관상동맥 질환의 유발 인자 이기도 하다: • Brotman D J, Golden S H, Wittstein I S. The cardiovascular toll of stress. Lancet 2007; (370): 1089-1100. • Steptoe A, Kivimaki M. Stress and cardiovascular disease. Nat Rev Cardiol 2012; (9): 360-370. • Surtees P G, Wainwright N W, Luben R N, Wareham N J, Bingham S A, Khaw K T. Psychological distress, major depressive disorder, and risk of stroke. Neurology 2008; (70): 788-794.

기대 수명에 나쁜 영향을 미치는 사회심리적 스트레스는 낮은 사회경제적 지위로 인해 한층 커질 수 있다: • Lazzarino A I, Hamer M, Stamatakis E, Steptoe A. The Combined Association of Psychological Distress and Socioeconomic Status With All-Cause Mortality: A National Cohort Study. Arch Int Med 2012. 이 책은 아직 출판되지 않았다.

코르티솔은 사망률 증가의 위험 요인: • Kumari M, Shipley M, Stafford M, Kivimaki M. Association of diurnal patterns in salivary cortisol with all-cause and cardiovascular mortality: findings from the Whitehall II study. J Clin Endocrinol Metab 2011; (96): 1478-1485. • Schoorlemmer R M, Peeters G M, van Schoor N M, Lips P. Relationships between cortisol level, mortality and chronic diseases in older persons. Clin Endocrinol (Oxf) 2009; (71): 779-786. • Vogelzangs N, Beekman A T, Milaneschi Y, Bandinelli S, Ferrucci L, Penninx B W. Urinary cortisol and six-year risk of all-cause and cardiovascular mortality. J Clin Endocrinol Metab 2010; (95): 4959-4964.

직장 생활의 스트레스가 체중에 미치는 다양한 영향. BMI가 중하인 사람은 체중이 줄어들 가능성이 많고, 중상인 사람은 늘어날 가능성이 많다(스트레스 A형과 B형으로 나뉨): • Kivimaki M, Head J, Ferrie J E, Shipley M J, Brunner E, Vahtera J, Marmot M G. Work stress, weight gain and weight loss: evidence for bidirectional effects of job strain on body mass index in the Whitehall II study. Int J Obes (Lond) 2006; (30): 982-987.

스트레스 A형과 B형, 뇌의 에너지 공급과 체중의 변화(이기적인 뇌 이론): • Peters A, Kubera B, Hubold C, Langemann D. The Selfish Brain: Stress and Eating Behavior. Frontiers in Neuroscience 2011; doi:10.3389/fnins.2011.00047.

날씬한 사람과 살찐 사람을 대상으로 수행한 뤼베크 대학교의 스트레스 연구: • Hitze B, Hubold C, van Dyken R, Schlichting K, Lehnert H, Entringer S, Peters A. How the Selfish Brain Organizes its 'Supply and Demand'. Front Neuroenergetics 2010; (2): doi: 10.3389/fnene.2010.00007. • Kubera B, Hubold C, Zug S, Wischnath H, Wilhelm

I, Hallschmid M, Entringer S, Langemann D, Peters A. The brain's supply and demand in obesity. Front Neuroenergetics 2012; (4): 4. doi: 10.3389/fnene.2012.00004.

젊은 세대일수록 그리고 BMI가 높을수록 생존 기회도 높다(당황스러운 연구 결과): • Berentzen T L, Jakobsen M U, Halkjaer J, Tjonneland A, Overvad K, Sorensen T I. Changes in waist circumference and mortality in middle-aged men and women. PLoS ONE 2010; (5) e 13097 • Cameron A J, Magliano D J, Shaw J E, Zimmet P Z, Carstensen B, Alberti K G, Tuomilehto J, Barr E L, Pauvaday V K, Kowlessur S, Soderberg S. The influence of hip circumference on the relationship between abdominal obesity and mortality. Int J Epidemiol 2012. • Hamer M, Stamatakis E. Metabolically healthy obesity and risk of all-cause and cardiovascular disease mortality. J Clin Endocrinol Metab 2012; (97): 2482-2488.

굶주린 뇌

펠레린과 마기스트레티는, 신경세포는 필요할 경우 혈액에서 젖산을 요구한다는 사실을 발견했다: • Magistretti P J, Pellerin L, Rothman D L, Shulman R G. Energy on demand. Science 1999; (283): 496-497.

이기적인 뇌 이론 I—원리에 관한 도입부: • Peters A, Schweiger U, Pellerin L, Hubold C, Oltmanns K M, Conrad M, Schultes B, Born J, Fehm H L. The selfish brain: competition for energy resources. Neurosci Biobehav Rev 2004; (28): 143-180.

이기적인 뇌 이론 II—이 주제에 대한 심도 깊은 비판적 근거를 제공하는 기본적 문헌: • Peters A, Langemann D. Build-ups in the supply chain of the brain: on the neuroenergetic cause of obesity and type 2 diabetes mellitus. Front Neuroenergetics 2009; (1:2): doi: 10.3389/ neuro.14.002.2009.

자기 공명 실험은 주변 신진대사에 비해 중심 신진대사가 우선한다는 것을 보여준
다: • Oltmanns K M, Melchert U H, Scholand-Engler H G, Howitz M C, Schultes B,
Schweiger U, Hohagen F, Born J, Peters A, Pellerin L. Differential energetic response
of brain vs. skeletal muscle upon glycemic variations in healthy humans. Am J
Physiol Regul Integr Comp Physiol 2008; (294): R12-R16.

이성, 감성, 의지에 관한 다음 문헌을 비교하라: • Marcel Proust, Auf der Suche nach
der verlorenen Zeit, Bd, Frankfurter Ausgabe, 3. Auflage, Suhrkamp Verlag,
Frankfurt am Main, 2003, S. 638-639.

독일에서 뚱뚱한 사람은 때때로 '의지가 약하고' '게으른' 사람으로 여겨진다: • Sikorski
C, Luppa M, Brahler E, Konig H H, Riedel-Heller S G. Obese children, adults and
senior citizens in the eyes of the general public: results of a representative study on
stigma and causation of obesity. PLoS ONE 2012; (7): e46924.

동물 실험에서 '중독' 또는 '당분 중독'이 비만의 원인이라는 결론은 인과관계라는 측
면에서 충분한 증거를 제공하지 못한다. 바트 회벨 팀이 수행한 실험에서 쥐는 음식이
부족할 때 당분에 집착했으나 지방과 단백질을 적게 섭취해 살이 찌지 않았다: • Avena
N M, Hoebel B G. A diet promoting sugar dependency causes behavioral cross-
sensitization to a low dose of amphetamine. Neuroscience 2003; (122): 17-20. •
Colantuoni C, Rada P, McCarthy J, Patten C, Avena N M, Chadeayne A, Hoebel B G.
Evidence that intermittent, excessive sugar intake causes endogenous opioid
dependence. Obes Res 2002; (10): 478-488.

BMI가 높은 어린이와 성인은 식습관을 의식적으로 통제하는 능력(자기 통제력)이
높다는 것을 알 수 있다: • de Lauzon-Guillain B, Basdevant A, Romon M, Karlsson J,
Borys J M, Charles M A. Is restrained eating a risk factor for weight gain in a general
population? Am J Clin Nutr 2006; (83): 132-138. • Gallant A R, Tremblay A, Perusse
L, Bouchard C, Despres J P, Drapeau V. The Three-Factor Eating Questionnaire and

BMI in adolescents: results from the Quebec family study. Br J Nutr 2010; (104): 1074-1079. • Snoek H M, Van S T, Janssens J M, Engels R C. Restrained eating and BMI: a longitudinal study among adolescents. Health Psychol 2008; (27): 753-759. • Timko C A, Perone J. Rigid and flexible control of eating behavior in a college population. Eat Behav 2005; (6): 119-125.

선구적인 연구 작업을 통해 '인간의 에너지 신진대사에서 뇌가 우선 순위임'을 볼 수 있다: Krieger M. Über die Atrophie der menschlichen Organe bei Inanition. Z Angew Anat Konstitutionsl 1921; (7): 87-134.

날씬하든 뚱뚱하든 뇌의 크기는 같다. 요컨대 칼로리 감량 다이어트를 했다고 해서 뇌의 용량이 줄어드는 것은 아니다. 자기 공명 연구: • Peters A, Bosy-Westphal A, Kubera B, Langemann D, Goele K, Later W, Heller M, Hubold C, Muller M J. Why doesn't the brain lose weight, when obese people diet? Obes Facts 2011; (4): 151-157.

뇌는 1분당 96밀리그램의 포도당을 사용하는데 간에서는 1분당 총 112밀리그램의 포도당만 공급한다: • Reinmuth O M, Scheinberg P, Bourne B. Total Cerebral Blood Flow and Metabolism. Arch Neurol 1965; (12): 49-66.

약한 스트레스 상태에서는 뇌의 포도당 흡수율이 12퍼센트 높아지고, 깊은 수면 상태에서는 40퍼센트 감소한다: • Madsen P L, Hasselbalch S G, Hagemann L P, Olsen K S, Bulow J, Holm S, Wildschiodtz G, Paulson O B, Lassen N A. Persistent resetting of the cerebral oxygen/glucose uptake ratio by brain activation: evidence obtained with the Kety-Schmidt technique. J Cereb Blood Flow Metab 1995; (15): 485-491. • Boyle P J, Scott J C, Krentz A J, Nagy R J, Comstock E, Hoffman C. Diminished brain glucose metabolism is a significant determinant for falling rates of systemic glucose utilization during sleep in normal humans. J Clin Invest 1994; (93): 529-535.

다이어트를 위한 약품 설명서?

이기적인 뇌 이론 III—많은 임상 사례를 소개해 쉽게 이해 가능한 도입부: • Peters A, Junge S: Das egoistische Gehirn. Berlin, Ullstein Verlag, 2011.

코르티솔 수치는 칼로리-탄수화물 감량 다이어트를 할 경우 높아진다: • Tomiyama A J, Mann T, Vinas D, Hunger J M, Dejager J, Taylor S E. Low calorie dieting increases cortisol. Psychosom Med 2010; (72): 357-364. • Langfort J, Pilis W, Zarzeczny R, Nazar K, Kaciuba-Uscilko H. Effect of low-carbohydrate-ketogenic diet on metabolic and hormonal responses to graded exercise in men. J Physiol Pharmacol 1996; (47): 361-371. • Nuttall F Q, Gannon M C, Saeed A, Jordan K, Hoover H. The metabolic response of subjects with type 2 diabetes to a high-protein, weight-maintenance diet. J Clin Endocrinol Metab 2003; (88): 3577-3583. • Dikensoy E, Balat O, Cebesoy B, Ozkur A, Cicek H, Can G. The effect of Ramadan fasting on maternal serum lipids, cortisol levels and fetal development. Arch Gynecol Obstet 2009; (279): 119-123.

칼로리 감량 다이어트는 처음에는 체중 감소로 이어지지만 굶주림은 다이어트를 한 지 1년이 지나도록 계속된다: • Sumithran P, Prendergast L A, Delbridge E, Purcell K, Shulkes A, Kriketos A, Proietto J. Long-term persistence of hormonal adaptations to weight loss. N Engl J Med 2011; (365): 1597-1604.

의학계의 '역동 항상성 부하' 개념: • McEwen B S, Stellar E. Stress and the individual. Mechanisms leading to disease. Arch Intern Med 1993; (153): 2093-2101.

스트레스와 '역동 항상성 부하'에 대한 오늘날의 연구. 칼로리 또는 탄수화물 감량 다이어트: • Peters A, McEwen B S. Introduction for the allostatic load special issue. In: Allostasis and Allostatic Load/Special Issue. (Eds. McEwen B S, Peters A). Physiology and Behavior, 2012; 1-4.

체중 감량 다이어트와 역동 항상성 부하: • Tremblay A, Chaput J P. Obesity: The allostatic load of weight loss dieting. In: Allostasis and Allostatic Load/Special Issue. (Eds. McEwen B, Peters A). Physiology and Behavior, 2012; 16-21.

뼈 조직의 감퇴는 스트레스가 계속될 때 높은 코르티솔 분비로 인한 신체 조직의 감소 정도를 알려주는 임상적 지표다. 칼로리 감량으로 체중 줄이기에 성공한 사람은 뼈 조직의 감퇴로 체중이 줄어든 것이다: • Villareal D T, Fontana L, Weiss E P, Racette S B, Steger-May K, Schechtman K B, Klein S, Holloszy J O. Bone mineral density response to caloric restriction-induced weight loss or exercise-induced weight loss: a randomized controlled trial. Arch Intern Med 2006; (166): 2502-2510.

나는 섭식 억제자인가

미네소타의 굶주림에 관한 실험에 대한 1500여 쪽짜리 책 두 권: • Keys A, Brozek J, Henschel A, Mickelsen O, Taylor H L. The biology of human starvation. The University of Minnesota Press, Minneapolis, 1950.

기초 대사량과 관련한 해리스-베네딕트 공식: • Harris J A, Benedict F G. A Biometric Study of Human Basal Metabolism. Proc Natl Acad Sci USA 1918; (4): 370-373.

잘 짜인 다이어트 프로그램의 칼로리 수치: • Ruch C, Weser G. Diäten im Praxisalltag. Diabetes aktuell 10(1), 12-14. 2012.

섭식 억제자는 혈청-코르티솔 수치가 증가한다: • Rutters F, Nieuwenhuizen A G, Lemmens S G, Born J M, Westerterp-Plantenga M S. Hyperactivity of the HPA axis is related to dietary restraint in normal weight women. Physiol Behav 2009; (96): 315-319. • Rideout C A, Linden W, Barr S I. High cognitive dietary restraint is associated with increased cortisol excretion in postmenopausal women. J Gerontol A Biol Sci

Med Sci 2006; (61): 628-633. • Anderson D A, Shapiro J R, Lundgren J D, Spataro L E, Frye C A. Self-reported dietary restraint is associated with elevated levels of salivary cortisol. Appetite 2002; (38): 13-17. • McLean J A, Barr S I, Prior J C. Dietary restraint, exercise, and bone density in young women: are they related? Med Sci Sports Exerc 2001; (33): 1292-1296.

섭식 억제자는 인지 능력이 더 떨어진다: • Brunstrom J M, Davison C J, Mitchell G L. Dietary restraint and cognitive performance in children. Appetite 2005; (45): 235-241. • Green M W, Rogers P J, Elliman N A. Dietary restraint and addictive behaviors: the generalizability of Tiffany's cue reactivity model. Int J Eat Disord 2000; (27): 419-427. • Kemps E, Tiggemann M. Working memory performance and preoccupying thoughts in female dieters: evidence for a selective central executive impairment. Br J Clin Psychol 2005; (44): 357-366. • Kemps E, Tiggemann M, Marshall K. Relationship between dieting to lose weight and the functioning of the central executive. Appetite 2005; (45): 287-294.

섭식 억제 행동은 심각한 우울증의 위험 요인: • Stice E, Hayward C, Cameron R P, Killen J D, Taylor C B. Body-image and eating disturbances predict onset of depression among female adolescents: a longitudinal study. J Abnorm Psychol 2000; (109): 438-444.

섭식 억제 행동은 골 감퇴증 및 생리 불순과 관련이 있다: • Barr S I, Prior J C, Vigna Y M. Restrained eating and ovulatory disturbances: possible implications for bone health. Am J Clin Nutr 1994; (59): 92-97. • McLean J A, Barr S I, Prior J C. Dietary restraint, exercise, and bone density in young women: are they related? Med Sci Sports Exerc 2001; (33): 1292-1296. • Vescovi J D, Scheid J L, Hontscharuk R, De Souza M J. Cognitive dietary restraint: impact on bone, menstrual and metabolic status in young women. Physiol Behav2008; (95): 48-55.

조숙 염색체[텔로미어(Telomer: 염색체 끝에 위치해 노화 현상과 암 세포 성장을 연구하는 데 중요한 부분—옮긴이)). 만성적 섭식 억제자의 염색체는 짧아진다: • Kiefer A, Lin J, Blackburn E, Epel E. Dietary restraint and telomere length in pre- and postmenopausal women. Psychosom Med 2008; (70): 845-849.

섭식 억제자는 알코올과 니코틴을 더 많이 섭취한다: • Higgs S, Eskenazi T. Dietary restraint and disinhibition are associated with increased alcohol use behaviours and thoughts in young women social drinkers. Eat Behav 2007; (8): 236-243. • Facchini M, Rozensztejn R, Gonzalez C. Smoking and weight control behaviors. Eat Weight Disord 2005; (10): 1-7. • Mitchell S L, Perkins K A. Interaction of stress, smoking, and dietary restraint in women. Physiol Behav 1998; (64): 103-109.

식습관의 세 가지 요인(FEV)에 대한 설문: • Pudel V, Westenhoefer J. Fragebogen zum Eßverhalten: Handanweisung. 1989. Goettingen, Hogrefe.

누구도 섬은 아니다

사회심리적 스트레스와 체중 증가로 이어지는 삶의 요인과 조건: • Block J P, He Y, Zaslavsky A M, Ding L, Ayanian J Z. Psychosocial stress and change in weight among US adults. Am J Epidemiol 2009; (170): 181-192.

체중 증가의 위험 요인으로서 불행한 관계/결혼 생활: • Kouvonen A, Stafford M, De V R, Shipley M J, Marmot M G, Cox T, Vahtera J, Vaananen A, Heponiemi T, Singh-Manoux A, Kivimaki M. Negative aspects of close relationships as a predictor of increased body mass index and waist circumference: the Whitehall II study. Am J Public Health 2011; (101): 1474-1480.

특정 법률에 의거해 부와 소득을 분배하는 사회: • Dragulescu A, Yakovenko V M. Exponential and power-law probability distributions of wealth and income in the

United Kingdom and the United States. Physica A 2001; (299): 213-221.

상류층 사람들이 하층민보다 부도덕한 행동을 많이 한다(교통 신호 위반, 비윤리적 결정, 타인의 소중한 재산 가로채기, 업무와 관련한 부도덕한 행위 용인하기): • Piff P K, Stancato D M, Cote S, Mendoza-Denton R, Dacher K. Higher social class predicts increased unethical behavior. PNAS 2012; 109 (11): 4086-91.

소득 불균형은 체중 증가 빈도와 긴밀하게 연관되어 있다. 2개의 독립적인 사회경제적 연구: • Pickett K E, Kelly S, Brunner E, Lobstein T, Wilkinson R G. Wider income gaps, wider waistbands? An ecological study of obesity and income inequality. J Epidemiol Community Health 2005; (59): 670-674. • Kim D, Kawachi I, Hoorn S V, Ezzati M. Is inequality at the heart of it? Cross-country associations of income inequality with cardiovascular diseases and risk factors. Soc Sci Med 2008; (66): 1719-1732.

소득 불균형은 어린이의 낮은 복지 상태와 긴밀한 관련이 있다: • Pickett K E, Wilkinson R G. Child wellbeing and income inequality in rich societies: ecological cross sectional study. BMJ 2007; (335): 1080.

소득 불균형은 여러 가지 사회 문제(사망률 증가, 빈번한 정신질환, 마약 남용, 문맹, 범죄, 체중 증가 등)와 긴밀한 관련이 있다: • Pickett K E, Wilkinson R. Gleichheit ist Glück: Warum gerechtere Gesellschaften für alle besser sind (Übersetzung aus dem Englischen). Tolkemitt at Zweitausendeins, 2010.

가난한 지역에서 더 나은 지역으로 이주한 결과, 정신질환이나 심각한 비만의 치료에 훨씬 긍정적인 효과가 나타났다. 15년간의 대규모 임상 연구: • Ludwig J, Sanbonmatsu L, Gennetian L, Adam E, Duncan G J, Katz L F, Kessler R C, Kling J R, Lindau S T, Whitaker R C, McDade T W. Neighborhoods, obesity, and diabetes—a randomized social experiment. N Engl J Med 2011; (365): 1509-1519. • Ludwig J, Duncan G J, Gennetian L A, Katz L F, Kessler R C, Kling J R, Sanbonmatsu L. Neighborhood effects on the long-term well-being of low-income adults. Science 2012; (337): 1505-1510.

일이 나를 살찌게 만든다?

말초 지방과 복부 지방 증가의 위험 요인인 업무 스트레스: • Brunner E J, Chandola T, Marmot M G. Prospective effect of job strain on general and central obesity in the Whitehall II Study. Am J Epidemiol 2007; (165): 828-837.

직장을 잃는 것에 대한 두려움은 우울증과 긴밀한 관련이 있다: • Ferrie J E, Shipley M J, Newman K, Stansfeld S A, Marmot M. Self-reported job insecurity and health in the Whitehall II study: potential explanations of the relationship. Soc Sci Med 2005; (60): 1593-1602.

업무에 대한 낮은 영향력은 스트레스를 유발하고 불행하게 만든다: • Steptoe A, Willemsen G. The influence of low job control on ambulatory blood pressure and perceived stress over the working day in men and women from the Whitehall II cohort. J Hypertens 2004; (22): 915-920.

업무에 대한 낮은 영향력과 과중한 업무는 관상동맥 질환의 위험성을 증가시킨다: • Kuper H, Marmot M. Job strain, job demands, decision latitude, and risk of coronary heart disease within the Whitehall II study. J Epidemiol Community Health 2003; (57): 147-153.

뇌의 스트레스 모드 활성화와 그것이 집중력과 각성에 미치는 영향: • Hermans E J, van Marle H J, Ossewaarde L, Henckens M J, Qin S, van Kesteren M T, Schoots V C, Cousijn H, Rijpkema M, Oostenveld R, Fernandez G. Stress-related noradrenergic activity prompts large-scale neural network reconfiguration. Science 2011; (334): 1151-1153. • Aston-Jones G, Cohen J D. An integrative theory of locus coeruleusnorepinephrine function: adaptive gain and optimal performance. Annu Rev Neurosci 2005; (28): 403-450. • Valentino R J, Van Bockstaele E. Convergent regulation of locus coeruleus activity as an adaptive response to stress. Eur J Pharmacol 2008; (583): 194-203.

날씬한 사람이 똥배가 나오는 것은 무슨 의미인가

복부 지방 축적은 높은 스트레스 활성화와 관련이 있다. 역동 항상성 부하: • Epel E S, McEwen B, Seeman T, Matthews K, Castellazzo G, Brownell K D, Bell J, Ickovics J R. Stress and body shape: stress-induced cortisol secretion is consistently greater among women with central fat. Psychosom Med 2000; (62): 623-632.

업무 스트레스는 복부 지방의 축적으로 이어진다: • Ishizaki M, Nakagawa H, Morikawa Y, Honda R, Yamada Y, Kawakami N. Influence of job strain on changes in body mass index and waist circumference-6-year longitudinal study. Scand J Work Environ Health 2008; (34): 288-296.

복부 지방이 어떻게 쌓이는지에 대한 생물학적 메커니즘의 설명. 스트레스에 노출되면 교감신경을 통해 복부 지방에 NPY가 분비된다. 코르티솔은 NPY 효과를 강화하고 만성 스트레스에 노출되면 복부 비만 조직이 커진다: • Kuo L E, Kitlinska J B, Tilan J U, Li L, Baker S B, Johnson M D, Lee E W, Burnett M S, Fricke S T, Kvetnansky R, Herzog H, Zukowska Z. Neuropeptide Y acts directly in the periphery on fat tissue and mediates stress-induced obesity and metabolic syndrome. Nat Med 2007; (13): 803-811.

혈청 케톤 농도는 급성 사회심리적 스트레스 상황에서 현저하게 증가한다: • Kubera B, Hubold C, Peters A. Rise in serum beta-hydroxy-butyrate concentrations with psychosocial stress; (in Vorbereitung 2013).

메타 분석을 통해 BMI가 높은 사람이 오래 산다는 것이 확인되었다. 연구에서는 처음에 25kg/m² 정도의 낮은 BMI에 대한 가설을 확인했다. 여기서 역동 항상성 부하에 미치는 BMI의 영향은 그리 크지 않았으며, 따라서 자료가 상당히 정확하다는 것을 알 수 있다: • Flegal KM, Kit BK, Orpana H, Graubard BI. Association of all-cause mortality with overweight and obesity using standard body mass index categories. A systematic review and meta-analysis. —JAMA 2013; (309): 71-82. • Lenz M, Richter T, Muhlhauser I. The morbidity and mortality associated with overweight and obesity in adulthood: a systematic review. Dtsch Arztebl Int 2009; (106): 641-648.

복부 비만을 사망률 증가의 지표로 사용한 획기적인 연구: • Larsson B, Svardsudd K, Welin L, Wilhelmsen L, Bjorntorp P, Tibblin G. Abdominal adipose tissue distribution, obesity, and risk of cardiovascular disease and death: 13 year follow up of participants in the study of men born in 1913. Br Med J Clin Res Ed 1984; (288): 1401-1404.

BMI와 사망률(복부 지방량에 대한 측정 자료나 고려 없음): • Whitlock G, Lewington S, Sherliker P, Clarke R, Emberson J, Halsey J, Qizilbash N, Collins R, Peto R. Body-mass index and cause-specific mortality in 900 000 adults: collaborative analyses of 57 prospective studies. Lancet 2009; (373): 1083-1096.

복부 지방량은 기대 수명에 그다지 우호적인 영향을 미치지 못한다. 반면 BMI가 높은 경우에는 (상호 적응 후) 우호적인 영향을 미치는 것으로 보인다: • Pischon T, et al. General and abdominal adiposity and risk of death in Europe. N Engl J Med 2008; (359): 2105-2120.

여러 나라에서 과체중의 광범위한 분포: • O'Dea J A, Nguyen Hoang T D, Dibley M J. Plateau in obesity and overweight in a cross sectional study of low, middle and high socioeconomic status schoolchildren between 2004 and 2009. Int J Public Health 2011; (56): 663-667. • Olds T, Maher C, Zumin S, Peneau S, Lioret S, Castetbon K, de Bellisle W J, Hohepa M, Maddison R, Lissner L, Sjoberg A, Zimmermann M,

Aeberli I, Ogden C, Flegal K, Summerbell C. Evidence that the prevalence of childhood overweight is plateauing: data from nine countries. Int J Pediatr Obes 2011; (6): 342-360. • Rokholm B, Baker J L, Sorensen T I. The levelling off of the obesity epidemic since the year 1999—a review of evidence and perspectives. Obes Rev 2010; (11): 835-846.

그러지 말고 살이나 좀 빼봐!

미국의 체중 차별: • Puhl R M, Heuer C A. The stigma of obesity: a review and update. Obesity (Silver Spring) 2009; (17): 941-964.

살찐 사람들은 직업 전선에서 불리하다. 때때로 취업 기회에서 불이익을 받으며 월급이 적거나 실업자가 될 가능성이 많다: • Klesges R C, Klem M L, Hanson C L, Eck L H, Ernst J, O'Laughlin D, Garrott A, Rife R. The effects of applicant's health status and qualifications on simulated hiring decisions. Int J Obes 1990; (14): 527-535. • Brunello G, D'Hombres B. Does body weight affect wages? Evidence from Europe. Econ Hum Biol 2007; (5): 1-19. • Tunceli K, Li K, Williams L K. Long-term effects of obesity on employment and work limitations among U.S. Adults, 1986 to 1999. Obesity (Silver Spring) 2006; (14): 1637-1646.

의사나 가족은 체중 차별을 매우 많이 하는 사람들 중 하나다. 미국에서 2449명의 여성을 대상으로 한 조사: • Puhl R M, Brownell K D. Confronting and coping with weight stigma: an investigation of overweight and obese adults. Obesity (Silver Spring) 2006; (14): 1802-1815.

독일 국민의 체중 차별: • Sikorski C, Luppa M, Brahler E, Konig H H, Riedel-Heller S G. Obese children, adults and senior citizens in the eyes of the general public: results of a representative study on stigma and causation of obesity. PLoS ONE 2012; (7): e46924.

• Hilbert A, Rief W, Braehler E. Stigmatizing attitudes toward obesity in a representative population-based sample. Obesity (Silver Spring) 2008; (16): 1529-1534.

독일의 비만 차별 철폐를 위한 조직의 과학적 기여: • von Liebenstein S. Confronting Weight Discrimination in Germany . The Foundation of a Fat Acceptance Organization. Fat Studies: An Interdisciplinary Journal of Body Weight and Society 2012; (1): 166-179.

비만대사 수술: 외과 수술은 어떻게 살찐 사람을 날씬하게 변모시키는가

비만 수술에 대한 공식 지침: • Deutsche Gesellschaft für Allgemein- und Viszeralchirurgie, Deutsche Adipositas Gesellschaft, Deutsche Gesellschaft für Psychosomatische Medizin und Psychotherapie, Deutsche Gesellschaft für Ernahrungsmedizin. S3-Leitlinie: Chirurgie der Adipositas. Stand: Juni 2010.

비만대사 수술 후의 사망률. 무작위 연구 자료가 현저히 부족. 위에서 언급한 자료는 무작위 연구 방법이 아니다: • Adams T D, Gress R E, Smith S C, Halverson R C, Simper S C, Rosamond W D, LaMonte M J, Stroup A M, Hunt S C. Long-term mortality after gastric bypass surgery. N Engl J Med 2007; (357): 753-761. • Sjostrom L, Narbro K, Sjostrom C D, Karason K, Larsson B, Wedel H, Lystig T, Sullivan M, Bouchard C, Carlsson B, Bengtsson C, Dahlgren S, Gummesson A, Jacobson P, Karlsson J, Lindroos A K, Lonroth H, Naslund I, Olbers T, Stenlof K, Torgerson J, Agren G, Carlsson L M. Effects of bariatric surgery on mortality in Swedish obese subjects. N Engl J Med 2007;(357): 741-752.

비만대사 수술 후 늘어난 자살과 심각한 사고: • Tindle H A, Omalu B, Courcoulas A, Marcus M, Hammers J, Kuller L H. Risk of suicide after long-term follow-up from bariatric surgery. Am J Med 2010; (123): 1036-1042. • Omalu B I, Ives DG, Buhari A M, Lindner J L, Schauer P R, Wecht C H, Kuller L H. Death rates and causes of death after bariatric surgery for Pennsylvania residents, 1995 to 2004. Arch Surg 2007; (142): 923-928. • Adams T D, Gress R E, Smith S C, Halverson R C, Simper S C, Rosamond W D, LaMonte M J, Stroup A M, Hunt S C. Long-term mortality after gastric bypass surgery. N Engl J Med 2007; (357): 753-761.

비만대사 수술 후 코르티솔 수치 증가: • Manco M, Fernandez-Real J M, Valera-Mora M E, Dechaud H, Nanni G, Tondolo V, Calvani M, Castagneto M, Pugeat M, Mingrone G. Massive weight loss decreases corticosteroid-binding globulin levels and increases free cortisol in healthy obese patients: an adaptive phenomenon? Diabetes Care 2007; (30): 1494-1500. • Valentine A R, Raff H, Liu H, Ballesteros M, Rose J M, Jossart G H, Cirangle P, Bravata D M. Salivary cortisol increases after bariatric surgery in women. Horm Metab Res 2011; (43): 587-590.

비만대사 수술 후의 심각한 저혈당과 그와 관련한 신경당결핍증 진단(혼란, 실신, 발작, 사고사): • Marsk R, Jonas E, Rasmussen F, Naslund E. Nationwide cohort study of post-gastric bypass hypoglycaemia including 5,040 patients undergoing surgery for obesity in 1986.2006 in Sweden. Diabetologia 2010; (53): 2307-2311.

비만대사 수술 후 불법 마약이나 알코올 또는 니코틴 섭취가 더 늘어난다: • Conason A, Teixeira J, Hsu C H, Puma L, Knafo D, Geliebter A. Substance Use Following Bariatric Weight Loss Surgery. Arch Surg 2012;1-6. • King W C, Chen J Y, Mitchell J E, Kalarchian M A, Steffen K J, Engel S G, Courcoulas A P, Pories W J, Yanovski S Z. Prevalence of Alcohol Use Disorders Before and After Bariatric Surgery. JAMA 2012;1-10.

어린이 먼저

여러 형태의 '유년기의 역경': • Kessler R C, Magee W J. Childhood adversities and adult depression: basic patterns of association in a US national survey. Psychol Med 1993; (23): 670- 690.

전 세계적으로 '유년기의 역경'을 겪는 어린이가 적지 않다: • Kessler R C, McLaughlin K A, Green J G, Gruber M J, Sampson N A, Zaslavsky A M, Guilar-Gaxiola S, Alhamzawi A O, Alonso J, Angermeyer M, Benjet C, Bromet E, Chatterji S, de G G, Demyttenaere K, Fayyad J, Florescu S, Gal G, Gureje O, Haro J M, Hu C Y, Karam E G, Kawakami N, Lee S, Lepine J P, Ormel J, Posada-Villa J, Sagar R, Tsang A, Ustun T B, Vassilev S, Viana M C, Williams D R. Childhood adversities and adult psychopathology in the WHO World Mental Health Surveys. Br J Psychiatry 2010; (197): 378-385.

어린이 비만과 역동 항상성 부하: • Danese A, McEwen B. Adverse childhood experiences, allostasis, allostatic load, and age-related disease. In: Allostasis and Allostatic Load/Special Issue (Eds. McEwen B, Peters A). Physiology and Behavior, 2012; 29-39.

어린 시절의 학대는 장기적으로 성인기의 비만으로 이어진다. 4년간의 장기 연구: • Bentley T, Widom C S. A 30-year follow-up of the effects of child abuse and neglect on obesity in adulthood. Obesity (Silver Spring) 2009;17: 1900-1905. • Noll J G, Zeller M H, Trickett P K, Putnam F W. Obesity risk for female victims of childhood sexual abuse: a prospective study. Pediatrics 2007;120: e61-e67. • Midei A J, Matthews K A, Bromberger J T. Childhood abuse is associated with adiposity in midlife women: possible pathways through trait anger and reproductive hormones. Psychosom Med 2010;72: 215-223. • Rich-Edwards J W, Spiegelman D, Lividoti Hibert E N, Jun H J, Todd T J, Kawachi I, Wright R J. Abuse in childhood and adolescence as a predictor of type 2 diabetes in adult women. Am J Prev Med 2010; 39: 529-536.

상어가 있는 물속에서의 삶

물벼룩의 표현형 분포: • Green J. The distribution and variation of Daphnia lumholtzi (Crustacea: Cladocera) in relation to fish predation in Lake Albert, East Africa. Journal of Zoology: proceedings of the Zoological Society of London 1967; (151): 181-197.

적응을 위한 표현형 적응성—생물학적 원리: • Agrawal A A. Phenotypic plasticity in the interactions and evolution of species. Science 2001; (294): 321-326.

영국 인구 조사에서 A형과 B형의 분포 측정. 스트레스 상황에서는 42퍼센트의 사람이 적게 먹고(A형) 38퍼센트는 더 많이 먹는다(B형): • Oliver G, Wardle J. Perceived effects of stress on food choice. Physiol Behav 1999; (66): 511-515.

스트레스 시스템의 신경해부학적 구조: • Swanson L W. Cerebral hemisphere regulation of motivated behavior. Brain Res 2000; (886): 113-164.

집중적인 스트레스 반응과 당질 코르티코이드의 역할: • Sarabdjitsingh R A, Joels M, de Kloet E R. Glucocorticoid pulsatility and rapid corticosteroid actions in the central stress response. In: Allostasis and Allostatic Load / Special Issue (Eds. McEwen B, Peters A). Physiology and Behavior, 2012; 73-80.

습관화와 엔도카나비노이드 시스템: • Hill M N, McLaughlin R J, Bingham B, Shrestha L, Lee T T, Gray J M, Hillard C J, Gorzalka B B, Viau V. Endogenous cannabinoid signaling is essential for stress adaptation. Proc Natl Acad Sci USA 2010; (107): 9406-9411.

두려움에 가득 찬 환경과 습관화: • Pare D, Quirk G J, LeDoux J E. New vistas on amygdala networks in conditioned fear. J Neurophysiol 2004; (92): 1-9.

DSI 스위치의 기능과 엔도카나비노이드 시스템: • Freund T F, Katona I, Piomelli D. Role of endogenous cannabinoids in synaptic signaling. Physiol Rev 2003; (83): 1017-1066.

스트레스 상황에서 A형인지 B형인지는 유전적 기질에 달려 있다. 이러한 기질은 엔
도카나비노이드 시스템의 특별한 성격을 결정한다. 엔도카나비노이드 시스템 수용
체(CNR) 유전자에는 유전적 다양성이 매우 크다. 장기적 스트레스 상황에서는 DSI
에 정확하게 두 가지 반응이 일어나며(177쪽 그림 참조) 예민한 CNR와 함께 DSI 스
위치가 켜진다. 이는 습관화의 전제 조건으로서 그렇지 않으면 DSI 스위치는 꺼진
상태로 머물러 있다―습관화 발생 없음. 스트레스로 유발된 이런 변화는 분지성과 불
안정성이라는 특징을 갖고 있다. 유전자의 작은 변형으로도 체중 변화에 임상적으로
측정 가능한 영향을 미친다: • Benzinou M, Chevre J C, Ward K J, Lecoeur C, Dina C,
Lobbens S, Durand E, Delplanque J, Horber F F, Heude B, Balkau B, Borch-Johnsen
K, Jorgensen T, Hansen T, Pedersen O, Meyre D, Froguel P. Endocannabinoid
receptor 1 gene variations increase risk for obesity and modulate body mass index in
European populations. Hum Mol Genet 2008; (17): 1916-1921.

2단계―이후의 체중 증가에 대한 위험 요인: 섭식 제한, 지나친 체중 조절 행동, 우울
증: • Stice E, Presnell K, Shaw H, Rohde P. Psychological and behavioral risk factors
for obesity onset in adolescent girls: a prospective study. J Consult Clin Psychol 2005;
(73): 195-202.

체중 증가의 위험 요소로서 섭식 제한: • Chaput J P, Leblanc C, Perusse L, Despres J
P, Bouchard C, Tremblay A. Risk factors for adult overweight and obesity in the
Quebec Family Study: have we been barking up the wrong tree? Obesity (Silver
Spring) 2009; (17): 1964-1970.

3단계―살찐 사람의 뇌는 신진대사가 활발하다: • Kubera B, Hubold C, Zug S,
Wischnath H, Wilhelm I, Hallschmid M, Entringer S, Langemann D, Peters A. The
brain's supply and demand in obesity. Front Neuroenergetics 2012; doi:
10.3389/fnene.2012.0004

만성 폐쇄성 폐질환 환자는 '대뇌 인슐린 억제'를 활성화하기 위해 전형적인 포도당 인슐린 패턴을 보여주는 데 반해 '얼굴빛이 푸르스름한' 환자는 '대뇌 인슐린 억제'가 비활성화한 모습을 보여준다: • Franssen F M, Sauerwein H P, Ackermans M T, Rutten E P, Wouters E F, Schols A M. Increased postabsorptive and exercise-induced whole-body glucose production in patients with chronic obstructive pulmonary disease. Metabolism 2011; (60): 957-964.

EPIC 연구에서 J자 모양의 사망률 곡선. BMI와 허리둘레지수를 고려한 구별 분석: • Pischon T, et al. General and abdominal adiposity and risk of death in Europe. N Engl J Med 2008; 359:2105-2120.

분기점은 생체적 진행 과정에서 일어나는데, 그동안 잠복해 있던 구조가 수학적 특징을 보이면서 시작된다. 이는 '양성 피드백 반응'을 일으킨다(177쪽 도표 참조). 다음도 참조하라: • Angeli D, Ferrell J E, Jr., Sontag E D. Detection of multistability, bifurcations, and hysteresis in a large class of biological positive-feedback systems. Proc Natl Acad Sci USA 2004; (101): 1822-1827.

과학적 증거를 담고 있는 194쪽 도표: 도표는 BMI와 허리둘레는 특정한 의학적 특징에 의해 결정된다는 종단적 자료를 담고 있다. 모두 BMI와 허리둘레를 다변량 모델에서 독립 변수로 분석한 것이다. 아울러 종단적 자료 분석의 기준에 합당할 때에만 자료를 도표에 포함했다. 위에서 언급한 특징 중 스트레스가 미치는 영향이 매우 강력하기 때문에 '역동 항상성 부하' 지표는 더욱 자세한 분석이 필요하다. '스트레스' 요인을 더욱 자세히 분석함으로써 BMI의 영향을 한층 정확하게 판단할 수 있다.

1. Kirschbaum C, Prussner J C, Stone A A et al. Persistent high cortisol responses to repeated psychological stress in a subpopulation of healthy men. *Psychosom Med* 1995; 57: 468-474

2. Kubera B, Hubold C, Zug S et al. The brain's supply and demand in obesity. *Front Neuroenergetics* 2012; doi: 10.3389/fnene.2012.00004

3. Jones A, McMillan M R, Jones R W et al. Adiposity is associated with blunted

cardiovascular, neuroendocrine and cognitive responses to acute mental stress. *PLoS ONE* 2012; 7: e39143

4. Epel E S, McEwen B, Seeman T et al. Stress and body shape: stressinduced cortisol secretion is consistently greater among women with central fat. *Psychosom Med* 2000; 62: 623-632

5. Marin P, Darin N, Amemiya T, Andersson B, Jern S, Bjorntorp P. Cortisol secretion in relation to body fat distribution in obese premenopausal women. *Metabolism* 1992; 41: 882-886

6. Pasquali R, Cantobelli S, Casimirri F et al. The hypothalamic-pituitary-adrenal axis in obese women with different patterns of body fat distribution. *J Clin Endocrinol Metab* 1993; 77: 341-346

7. Peterson H R, Rothschild M, Weinberg C R, Fell R D, McLeish K R, Pfeifer M A. Body fat and the activity of the autonomic nervous system. *N Engl J Med* 1988; 318: 1077-1083

8. Flaa A, Sandvik L, Kjeldsen S E, Eide I K, Rostrup M. Does sympathoadrenal activity predict changes in body fat? An 18-y follow-up study. *Am J Clin Nutr* 2008; 87: 1596-1601

9. Carroll D, Phillips A C, Der G. Body mass index, abdominal adiposity, obesity, and cardiovascular reactions to psychological stress in a large community sample. *Psychosom Med* 2008; 70: 653-660

10. Brunner E J, Chandola T, Marmot M G. Prospective effect of job strain on general and central obesity in the Whitehall II Study. *Am J Epidemiol* 2007; 165: 828-837

11. Phillips A C, Roseboom T J, Carroll D, de R, Sr. Cardiovascular and cortisol reactions to acute psychological stress and adiposity: cross-sectional and prospective associations in the dutch famine birth cohort study. *Psychosom Med* 2012; 74: 699-710

12. Moyer A E, Rodin J, Grilo C M, Cummings N, Larson L M, Rebuffe-Scrive M. Stress-induced cortisol response and fat distribution in women. *Obes Res* 1994; 2: 255-262

13. Berentzen T L, Jakobsen M U, Halkjaer J, Tjonneland A, Overvad K, Sorensen T I. Changes in waist circumference and mortality in middleaged men and women. *PLoS ONE* 2010; 5: e 13097

14. Cameron A J, Magliano D J, Shaw J E et al. The influence of hip circumference on the relationship between abdominal obesity and mortality. *Int J Epidemiol* 2012; 41: 484-94

15. Hamer M, Stamatakis E. Metabolically healthy obesity and risk of allcause and cardiovascular disease mortality. *J Clin Endocrinol Metab* 2012; 97: 2482-2488

16. Pischon T, Boeing H, Hoffmann K et al. General and abdominal adiposity and risk of death in Europe. *N Engl J Med* 2008; 359: 2105-2120

17. Petursson H, Sigurdsson J A, Bengtsson C, Nilsen T I, Getz L. Body configuration as a predictor of mortality: comparison of five anthropometric measures in a 12 year follow-up of the Norwegian HUNT 2 study. *PLoS ONE* 2011; 6: e26621

18. Glueck C J, Morrison J A, Friedman L A, Goldenberg N, Stroop D M, Wang P. Obesity, free testosterone, and cardiovascular risk factors in adolescents with polycystic ovary syndrome and regularly cycling adolescents. *Metabolism* 2006; 55: 508-514

19. Manneras-Holm L, Leonhardt H, Kullberg J et al. Adipose tissue has aberrant morphology and function in PCOS: enlarged adipocytes and low serum adiponectin, but not circulating sex steroids, are strongly associated with insulin resistance. *J Clin Endocrinol Metab* 2011; 96: E304-E311

20. de Pergola G, Tartagni M, d'Angelo F, Centoducati C, Guida P, Giorgino R. Abdominal fat accumulation, and not insulin resistance, is associated to oligomenorrhea in non-hyperandrogenic overweight/obese women. *J Endocrinol Invest* 2009; 32: 98-101

21. Hamer M, Endrighi R, Venuraju S M, Lahiri A, Steptoe A. Cortisol responses to mental stress and the progression of coronary artery calcification in healthy men and women. *PLoS ONE* 2012; 7: e31356

22. Seldenrijk A, Hamer M, Lahiri A, Penninx B W, Steptoe A. Psychological distress,

cortisol stress response and subclinical coronary calcification. *Psychoneuro-endocrinology* 2012; 37: 48-55

23. Gianaros P J, Hariri A R, Sheu L K, Muldoon M F, Sutton-Tyrrell K, Manuck S B. Preclinical atherosclerosis covaries with individual differences in reactivity and functional connectivity of the amygdala. *Biol Psychiatry* 2009; 65: 943-950

24. Canoy D, Luben R, Welch A et al. Fat distribution, body mass index and blood pressure in 22,090 men and women in the Norfolk cohort of the European Prospective Investigation into Cancer and Nutrition (EPIC-Norfolk) study. *J Hypertens* 2004; 22: 2067-2074

25. Schneider H J, Friedrich N, Klotsche J et al. The predictive value of different measures of obesity for incident cardiovascular events and mortality. *J Clin Endocrinol Metab* 2010; 95: 1777-1785

26. Canoy D, Boekholdt S M, Wareham N et al. Body fat distribution and risk of coronary heart disease in men and women in the European Prospective Investigation Into Cancer and Nutrition in Norfolk cohort: a population-based prospective study. *Circulation* 2007; 116: 2933-2943

27. Parker E D, Pereira M A, Stevens J, Folsom A R. Association of hip circumference with incident diabetes and coronary heart disease: the Atherosclerosis Risk in Communities study. *Am J Epidemiol* 2009; 169: 837-847

28. Yu N W, Chen C Y, Liu C Y, Chau Y L, Chang C M. Association of body mass index and depressive symptoms in a Chinese community population: results from the Health Promotion Knowledge, Attitudes, and Performance Survey in Taiwan. *Chang Gung Med J* 2011; 34: 620-627

29. Li Z B, Ho S Y, Chan W M et al. Obesity and depressive symptoms in Chinese elderly. *Int J Geriatr Psychiatry* 2004; 19: 68-74

30. Vogelzangs N, Kritchevsky S B, Beekman A T et al. Depressive symptoms and change in abdominal obesity in older persons. *Arch Gen Psychiatry* 2008; 65: 1386-1393

31. Rivenes A C, Harvey S B, Mykletun A. The relationship between abdominal fat,

obesity, and common mental disorders: results from the HUNT study. *J Psychosom Res* 2009; 66: 269-275

32. Batty G D, Whitley E, Kivimaki M, Tynelius P, Rasmussen F. Body mass index and attempted suicide: Cohort study of 1,133,019 Swedish men. *Am J Epidemiol* 2010; 172: 890-899

33. Kaplan M S, McFarland B H, Huguet N. The relationship of body weight to suicide risk among men and women: results from the US National Health Interview Survey Linked Mortality File. *J Nerv Ment Dis* 2007; 195: 948-951

34. Mukamal K J, Kawachi I, Miller M, Rimm E B. Body mass index and risk of suicide among men. *Arch Intern Med* 2007; 167: 468-475

35. Mukamal K J, Rimm E B, Kawachi I, O'Reilly E J, Calle E E, Miller M. Body mass index and risk of suicide among one million US adults. *Epidemiology* 2010; 21: 82-86

36. Magnusson P K, Rasmussen F, Lawlor D A, Tynelius P, Gunnell D. Association of body mass index with suicide mortality: a prospective cohort study of more than one million men. *Am J Epidemiol* 2006; 163: 1-8

37. Osler M, Nybo Andersen A M, Nordentoft M. Impaired childhood development and suicidal behaviour in a cohort of Danish men born in 1953. *J Epidemiol Community Health* 2008; 62: 23-28

38. Bjerkeset O, Romundstad P, Evans J, Gunnell D. Association of adult body mass index and height with anxiety, depression, and suicide in the general population: the HUNT study. *Am J Epidemiol* 2008; 167: 193-202

39. Chang S S, Wen C P, Tsai M K, Lawlor D A, Yang Y C, Gunnell D. Adiposity, its related biologic risk factors, and suicide: a cohort study of 542,088 taiwanese adults. *Am J Epidemiol* 2012; 175: 804-815

40. Lafortuna C L, Maffiuletti N A, Agosti F, Sartorio A. Gender variations of body composition, muscle strength and power output in morbid obesity. *Int J Obes (Lond)* 2005; 29: 833-841

41. Hulens M, Vansant G, Lysens R, Claessens A L, Muls E, Brumagne S. Study of

differences in peripheral muscle strength of lean versus obese women: an allometric approach. *Int J Obes Relat Metab Disord* 2001; 25: 676-681

42. Lazzer S, Pozzo R, Rejc E, Antonutto G, Francescato M P. Maximal explosive muscle power in obese and non-obese prepubertal children. *Clin Physiol Funct Imaging* 2009; 29: 224-228

43. Maffiuletti N A, Jubeau M, Munzinger U et al. Differences in quadriceps muscle strength and fatigue between lean and obese subjects. *Eur J Appl Physiol* 2007; 101: 51-59

44. Paddon-Jones D, Sheffield-Moore M, Cree M G et al. Atrophy and impaired muscle protein synthesis during prolonged inactivity and stress. *J Clin Endocrinol Metab* 2006; 91: 4836-4841

45. Kim K C, Shin D H, Lee S Y, Im J A, Lee D C. Relation between obesity and bone mineral density and vertebral fractures in Korean postmenopausal women. *Yonsei Med J* 2010; 51: 857-863

46. Snijder M B, Dekker J M, Visser M et al. Associations of hip and thigh circumferences independent of waist circumference with the incidence of type 2 diabetes: the Hoorn Study. *Am J Clin Nutr* 2003; 77: 1192-1197

47. Carnethon M R, Golden S H, Folsom A R, Haskell W, Liao D. Prospective investigation of autonomic nervous system function and the development of type 2 diabetes: the Atherosclerosis Risk In Communities study, 1987-1998. *Circulation* 2003; 107: 2190-2195

48. Metcalf B S, Hosking J, Jeffery A N, Voss L D, Henley W, Wilkin T J. Fatness leads to inactivity, but inactivity does not lead to fatness: a longitudinal study in children (EarlyBird 45). *Arch Dis Child* 2011; 96: 942-947

49. Mork P J, Holtermann A, Nilsen T I. Effect of body mass index and physical exercise on risk of knee and hip osteoarthritis: longitudinal data from the Norwegian HUNT Study. *J Epidemiol Community Health* 2012; 66: 678-683

50. Wills A K, Black S, Cooper R et al. Life course body mass index and risk of knee osteoarthritis at the age of 53 years: evidence from the 1946 British birth cohort

study. *Ann Rheum Dis* 2012; 71: 655-660

51. Lohmander L S, Gerhardsson d, V, Rollof J, Nilsson P M, Engstrom G. Incidence of severe knee and hip osteoarthritis in relation to different measures of body mass: a population-based prospective cohort study. *Ann Rheum Dis* 2009; 68: 490-496

52. Grotle M, Hagen K B, Natvig B, Dahl F A, Kvien T K. Obesity and osteoarthritis in knee, hip and/or hand: an epidemiological study in the general population with 10 years follow-up. *BMC Musculoskelet Disord* 2008; 9: 132

53. Janssen I, Mark A E. Separate and combined influence of body mass index and waist circumference on arthritis and knee osteoarthritis. *Int J Obes* (Lond) 2006; 30: 1223-1228

과체중 여성이 많은 나라의 출산율이 가장 높다: • Brooks R, Maklakov A. Sex differences in obesity associated with total fertility rate. PLoS ONE 2010; (5): e10587.

'뇌졸중 후 고혈당'—뇌 혈류가 감소할 때 혈당이 증가한다: • Scott J F, Robinson G M, French J M, O'Connell J E, Alberti K G, Gray C S. Prevalence of admission hyperglycaemia across clinical subtypes of acute stroke. Lancet 1999; (353): 376-377.

뇌 혈류가 감소할 때 '대뇌 인슐린 억제'가 발생한다: • Harada S, Fujita W H, Shichi K, Tokuyama S. The development of glucose intolerance after focal cerebral ischemia participates in subsequent neuronal damage. Brain Res 2009; (1279): 174-181.

'중추 피로'—신체가 오랫동안 스트레스에 노출될 때 뇌는 피로를 느낀다: • Nybo L. CNS fatigue and prolonged exercise: effect of glucose supplementation.. Med Sci Sports Exerc 2003; (35): 589-594.

'칼로리 제한과 붉은털원숭이의 사망률'에 대한 자료는 서로 모순된다: • 효과 없음: Mattison J A, Roth G S, Beasley T M, Tilmont E M, Handy A M, Herbert R L, Longo D

L, Allison D B, Young J E, Bryant M, Barnard D, Ward W F, Qi W, Ingram D K, de C R. Impact of caloric restriction on health and survival in rhesus monkeys from the NIA study. Nature 2012. • 효과 확인: Colman R J, Anderson R M, Johnson S C, Kastman E K, Kosmatka K J, Beasley T M, Allison D B, Cruzen C, Simmons H A, Kemnitz J W, Weindruch R. Caloric restriction delays disease onset and mortality in rhesus monkeys. Science 2009; (325): 201-204.

음식이 부족할 때는 생존 전략의 일환으로 에너지 절약 모드로 돌입한다: • Kimura K D, Tissenbaum H A, Liu Y, Ruvkun G. daf-2, an insulin receptor-like gene that regulates longevity and diapause in Caenorhabditis elegans. Science 1997; (277): 942-946.

체중 증가의 위험 요인으로서 '식량 불안': • Adams E J, Grummer-Strawn L, Chavez G. Food insecurity is associated with increased risk of obesity in California women. J Nutr 2003; (133): 1070-1074. • Bhattacharya J, Currie J, Haider S. Poverty, food insecurity, and nutriti-onal outcomes in children and adults. J Health Econ 2004; (23): 839-862.

상어가 있는 물속에서 탈출하기

Look-AHEAD 연구의 포기에 대한 보고서: • 불충분한 성공으로 인해 다이어트와 운동에 대한 연구를 중단했다(Deutsches Ärezteblatt, 2012년 10월 22일 월요일). • Look-AHEAD 연구의 중간 결과에 대한 출판물: Rejeski W J, Ip E H, Bertoni A G, Bray G A, Evans G, Gregg E W, Zhang Q. Lifestyle change and mobility in obese adults with type 2 diabetes. N Engl J Med 2012; (366): 1209-1217.

인지 행동 치료에 기초한 스트레스 감소와 체중 감량 프로그램: • Mellin L. The Solution: Six Winning Ways to Permanent Weight Loss. Harper Collins, New York

1997. • Schweiger U, Sipos V. Dialektisch-Behavoriale Therapie für Patienten mit Borderline-Störung und Essstörungen (DBT-Essstörungen). Kohlhammer Verlag, (publication), Stuttgart 2010.

마음챙김 명상에 기초한 인지 치료는 코르티솔 수치, 사회적 스트레스에 대한 감정적 대응 및 체중을 줄일 수 있다. 주의력 개선, 만성 스트레스와 코르티솔 수치의 개선은 내장 지방 감소와 결부되어 있다: • de Brouwer S J, Kraaimaat F W, Sweep F C, Donders R T, Eijsbouts A, van K S, van Riel P L, Evers A W. Psychophysiological responses to stress after stress management training in patients with rheumatoid arthritis. PLoS ONE 2011; (6): e27432. • Britton W B, Shahar B, Szepsenwol O, Jacobs W J. Mindfulnessbased cognitive therapy improves emotional reactivity to social stress: results from a randomized controlled trial. Behav Ther 2012; (43): 365-380. • Mellin L M, Slinkard L A, Irwin C E, Jr. Adolescent obesity intervention: validation of the Shapedown Program. J Am Diet Assoc 1987; (87): 333-338. • Daubenmier J, Kristeller J, Hecht F M, Maninger N, Kuwata M, Jhaveri K, Lustig R H, Kemeny M, Karan L, Epel E. Mindfulness Intervention for Stress Eating to Reduce Cortisol and Abdominal Fat among Overweight and Obese Women: An Exploratory Randomized Controlled Study. J Obes 2011; (2011): doi: 10.1155/2011/651936.

인지 행동 치료(2시간씩 20회 모임)는 치명적인 또는 가벼운 심근경색의 발생률을 낮추고 수명을 늘린다: • Gulliksson M, Burell G, Vessby B, Lundin L, Toss H, Svardsudd K. Randomized controlled trial of cognitive behavioral therapy vs standard treatment to prevent recurrent cardiovascular events in patients with coronary heart disease: Secondary Prevention in Uppsala Primary Health Care project (SUPRIM). Arch Intern Med 2011; (171): 134-140. • Orth-Gomer K, Schneiderman N, Wang H X, Walldin C, Blom M, Jernberg T. Stress reduction prolongs life in women with coronary disease: the Stockholm Women's Intervention Trial for Coronary Heart Disease (SWITCHD). Circ Cardiovasc Qual Outcomes 2009; (2): 25-32.

감사의 글

이 책의 초고에 대한 비평적 제안과 충고를 아끼지 않았으며 자료 탐색에 큰 도움을 준 브리타 쿠베라^{Britta Kubera}, 크리스티안 후볼트^{Christian Hubold} 그리고 사비네 비트네벨^{Sabine Wittnebel}에게 따뜻한 감사의 말을 전하고 싶다. 또한 살찐 것이 질병이 아니라 하나의 표현형이라는 것을 각인시켜준, 케임브리지 대학교에서 진화생물학을 연구하는 레아 괴츠^{Lea Götz}에게도 감사의 말을 전한다.

아울러 뛰어난 편집 능력을 발휘해준 에바 로젠크란츠^{Eva Rosenkranz}에게도 감사의 말을 전한다.

이 책을 쓰는 동안 협조를 아끼지 않은 세바스티안 융게^{Sebastian Junge}에게도 감사드린다. 이보다 더 멋진 공동 작업은 지금까지 없었다.

사진 출처

P. 69   Time & Life Pictures/Wallace Kirkland/Getty Images, München

P. 125(위 사진)   열심히 탐색했음에도 인쇄를 시작할 때까지 출처를 찾지 못했습니다. 이 사진의 저작권을 갖고 있는 개인 또는 단체는 출판사로 연락 바랍니다.

P. 125(아래 사진)   http://izismile.com

P. 161   http://blogs.babycenter.com, Photo Tony Alter, Georgia Children's Health Alliance

P. 170   Christian Laforsch/Science Photo Library/Getty Images, München

옮긴이의 글: 비만과 편견

현대 사회에서 살찐 사람으로 살아간다는 것은 끊임없는 주위의 편견 과 무시 속에서 살아간다는 것을 의미한다. TV 속 선남선녀의 이미지 는 날씬하다 못해 병약해 보이는 바짝 마른 사람들로 채워져 있고, 뚱 뚱한 사람들은 코미디 프로에서 희화하거나 조롱을 받으면서도 넉살 좋게 수모를 감수하는 역할로 각인된다. 이러한 편견과 차별의 근거에 는 뚱뚱한 사람들은 대체로 게으르고 자신을 가꾸는 것을 등한시하며, 따라서 체질적으로 허약할 수밖에 없다는 인식이 자리 잡고 있다.

그러므로 이들이 겪는 수모는 게으름과 나태함으로 인해 지불해 야 할 대가라는 생각이 우리 사회에서 은밀한 공감대를 이루고 있는 것이다. 그 결과 대중들은 현재 엄청난 규모의 다이어트 및 헬스 시장 에 휩쓸리길 거듭한다. 그런데도 해마다 이른바 산업 국가라는 나라의 비만율은 높아만 가고 있다. 이 책은 이처럼 다이어트에 미친 세상에 경종을 울린다.

이 책의 저자 아힘 페터스는 첫 번째 책《이기적인 뇌》에서 우리의 뇌는 다이어트를 거부한다는 것을 과학적 연구 결과를 통해 보여주었다. 저자가 궁극적으로 주장하는 것은 '다이어트는 부질없다'는 것이다. 다이어트는 뇌의 관점에서 볼 때 심각한 에너지 위기다. 뇌로 영양을 공급하는 체내 물질대사의 균형이 깨지고, 이러한 스트레스 때문에 스트레스 호르몬인 코르티솔을 과다 분비한다는 것이다. 저자는 코르티솔이 과다 분비되면 뼈 조직이나 근육의 감퇴 또는 복부 비만으로 이어지고, 이것이 우울증이나 자신감 저하 같은 정신적 부작용뿐 아니라 심근경색이나 뇌졸중 같은 심혈관계 질환을 유발할 수도 있다고 주장한다.

그렇다면 왜 다이어트가 우리의 건강에 이처럼 적대적 영향을 미치는 것일까?

저자는 이것을 스트레스 연구와 관련해 설명한다. 수많은 스트레스 요인에 둘러싸여 사는 현대인은 스트레스라는 위기 속에 노출되면 반응 양식에 따라 두 가지 유형으로 나뉜다. 하나는 먹는 양을 늘려 살이 찌는 유형이고, 다른 하나는 스트레스로 인해 살이 빠지는 유형이다. 따라서 살이 찐다는 것은 스트레스로 인해 균형을 잃은 뇌가 더 많은 에너지를 요구함으로써 균형을 되찾는 과정에서 비롯된 현상이다. 하지만 다이어트를 하면 영양분이 부족해진 뇌가 지속적인 스트레스 상태에 놓이고, 위에서 말한 수많은 부작용에 노출되는 것이다. 결과적으로 살찐 사람은 그렇지 않은 사람보다 더 건강하고 오래 살 수 있다는 얘기다.

스트레스 연구 분야에서 발견해낸 이 같은 놀라운 뇌와 몸의 관계에 대해 이제 현대 의학이 답해야 할 차례지만 그 속도는 매우 느리고,

날씬해지고자 하는 사회의 욕망은 너무나 강하다. 《비만의 역설》은 이렇게 잘못된 욕망으로 인해 위험한 다이어트 전쟁에 돌입하는 평범한 사람들을 위한 책이다. 물론 저자의 주장이 과학적 보편성을 얻으려면 앞으로 의학과 스트레스 연구의 성과를 좀더 심도 있고 긴밀하게 결합해야 할 것이다.

매우 복잡하고 어려운 의학적 설명을 쉽고 간결하게 풀어서 이야기해주는 이 책이 다이어트에 수없이 실패한, 좌절한 살찐 사람들에게 큰 위로와 격려가 되길 바란다. 또한 의학적 편견과 아집으로 무장한 채 살찐 사람들을 다이어트 전쟁으로 내몰고 있는 의사와 다이어트 전문가 그리고 이런 시류에 아무 생각 없이 휩쓸리는 우리 모두의 각성이 뒤따랐으면 좋겠다. 《비만의 역설》은 살이 쪄서 불행하다는 우리 사회의 통념을 통쾌하게 뒤집는 책이다.

찾아보기